1일 1페이지
고전 수업
365

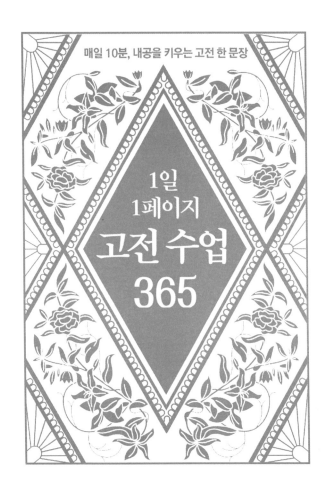

매일 10분, 내공을 키우는 고전 한 문장

1일 1페이지 고전 수업 365

미리내공방 엮음

정민미디어

시작하는 말

《맹자》에 이런 구절이 있다.

'사람이 좋은 옷을 입고 배불리 먹으며 따뜻한 곳에서 잠만 잔다면 개돼지와 뭐가 다르겠는가?'

살아가는 데 무엇보다 중요한 것은 의식주다. 하지만 그것만 가지고는 사람답게 살 수 없다. 정신이 가난하면 아무리 풍족한 의식주를 누릴지라도 근본적 결핍 문제에서 벗어나지 못할뿐더러 사람들에게 인정받지 못한다. 맹자는 바로 이 점을 꿰뚫어 보고 정신적 풍요의 중요성을 우리에게 역설했다.

동서고금을 막론하고, 동양고전은 우리의 정신을 풍요롭게 살찌우는 데 더없이 좋은 도구이다. 하지만 많은 이가 그 사실을 알면서도 그냥 지나치거나 접할 기회를 다음으로 미루기 일쑤다. 이는 아무래도 한자를 기반으로 하기에 난해하고 고루할 것이라는 막연한 선입견 때문일 터이다.

'동양고전을 좀 더 쉽게 풀어내며 독자들의 인문학적 소양 함양과 정신적 풍요를 날마다 꾀한다.'

이것이 바로 이 책의 출발점이다. 이 책은 《논어》,《맹자》,《중용》,《대학》 등의 사서를 비롯하여 《명심보감》,《채근담》,《손자병법》,

《목민심서》 등에서 추려낸 명문을 토대로 1년 365일 매일 한 페이지씩 음미할 수 있도록 구성했다. 여기에는 인과 예, 효와 충절, 믿음과 우애, 지식과 탐구 등 인간으로서 갖춰야 할 것이 총망라되어 있다. 그런 만큼 이 책은 생을 살아가는 데 꼭 필요한 정신적 양식서이자 인생의 지침서라고 하겠다.

책을 통해 동양고전에 입문하고 그 주옥같은 명문들로 마음을 닦으며 향후 조예가 깊어진다면 더 바랄 나위가 없겠다. 한 번 주어진 일생을 제대로 살고자 하는 성인들에게, 특히 나름의 비전으로 인생을 펼쳐나갈 청소년들에게 날마다 이 책의 일독을 권한다.

미리내공방

나만의 기준과 요구 조건을 갖추라

대목수는 서투른 목수 때문에 먹줄과 먹통을 고치거나 버리지 아니하며, 궁술의 명인 예는 서투른 사수를 위하여 그의 활 당기는 방법을 바꾸지 아니한다.

대목수는 솜씨 없고 우둔한 직공이 있다 해서 자신의 척도를 바꾸거나 포기하지 않고, 하나라 궁술의 명인인 예는 서투른 궁수가 있다 하여 활을 당기는 기준과 방법을 낮춰 바꾸지 않는다.

실무와 실속에 더 큰 무게를 실어야 하는 경우라면, 당연히 몸을 낮추고 이치를 주장하기에 앞서 활용성과 친화성에 더 중점을 두어야 한다. 반대로 이상을 강조해야 하는 경우라면, 다른 사람에게 끌려가거나 아쉬운 대로 참고 견디며 그들의 기준에 맞추는 것이 아니라 자신만의 높은 기준과 엄격한 요구 조건을 철저히 고수해야 한다. 그렇게 할 때 비로소 궁극의 목표를 이룰 수 있다.

大匠 不爲拙工 改廢繩墨 羿 不爲拙射 變其彀率
대 장 불 위 졸 공 개 폐 승 묵 예 불 위 졸 사 변 기 구 율

역경과 곤궁함이 호걸을 단련한다

DAY 004
菜根譚
채근담

역경과 곤궁함은 호걸을 단련하는 하나의 용광로와 망치다. 능히 그 단련을 받으면 몸과 마음이 모두 이로울 것이지만, 그 단련을 받지 못하면 몸과 마음이 모두 해로울 것이다.

월트 디즈니의 젊은 시절은 몹시 가난했다. 하지만 그는 자신의 환경을 비관하지 않았다. 즐거운 마음으로 밤새 그린 그림을 들고 유명 신문사 편집국장에게 찾아가 삽화를 그리게 해달라고 요청할 정도로 패기가 넘치는 젊은이였다.

그가 기거하는 차고에는 동거자가 있었다. 생쥐였다. 어느 날, 그는 문득 생쥐를 그려보기로 했다. 그때부터 그의 스케치북에는 온통 생쥐 그림들만 담겼다.

시간이 흘러 그는 미키마우스라는 캐릭터로 애니메이션을 만들었다. 그것은 대성공이었다. 세계의 어린이들은 미키마우스에 열광했고, 그로 인해 그는 엄청난 돈을 벌었다. 이후 그는 자신의 불우한 어린 시절을 생각하며 어린이들에게 꿈과 희망을 심어주고자 디즈니랜드를 만들었다. 만약 그가 차고생활을 비관하여 그곳을 뛰쳐나왔다면 미키마우스도, 엄청난 부도 손에 쥘 수 없었을 것이다.

橫逆困窮 是煅鍊豪傑的一副鑪錘
횡 역 곤 궁 시 단 련 호 걸 적 일 부 로 추
能受其煅鍊 則心身交益 不受其煅鍊 則心身交損
능 수 기 단 련 즉 심 신 교 익 불 수 기 단 련 즉 심 신 교 손

탄탄하게 내실을 다져야 한다

물은 그 원천으로부터 용솟음치며 밤낮없이 쉬지 않고 흘러 갖가지 웅덩
이를 가득 메우며 사해로 흘러 들어간다. 물이 멈추지 않고 끊임없이 흐르
는 힘은 바로 풍부한 원천에서 나온다고 할 수 있다.

'상선약수(上善若水)', 즉 지극히 좋은 것은 물과 같다. 이 말은 물이
겸허하고 임기응변에 능한 덕성(德性)을 갖추었을뿐더러 그 미덕이
마르지 않고 늘 충만한 근본과 원천에 있음을 상찬하고 있다.

근원은 바로 내실이다. 이것은 학문·사고·경험을 통해 얻어지
는데, 이런 것들이 쌓여야 사고의 틀과 세계관이 만들어지고 깨달음
과 득도의 경지에 이를 수 있다.

내실이 있어야 기세가 살아나고, 그 내실이 축적되어야 비로소 올
바른 사고의 틀과 인생관, 세계관이 형성될 수 있다. 이것이 바로 물
이 우리에게 주는 교훈이다.

源泉混混 不捨晝夜 盈科而後進 放乎四海
원 천 혼 혼   불 사 주 야   영 과 이 후 진   방 호 사 해

능력 있는 사람을 다룰 줄 알라

DAY
006

大學
대학

어진 사람을 보고 천거하지 않거나 등용해놓고도 얼른 쓰지 않는다면 이
것은 태만이다.

천하의 인재들을 불러들일 방법을 찾지 못한 연나라 소왕은 현자
곽외에게 조언을 구했다.

"천하의 인재들은 곳곳에 숨어 있습니다. 그들을 일일이 찾아가
불러온다는 것은 거의 불가능합니다. 그러니 제 발로 오도록 만들어
야 합니다. 먼저 저를 쓰십시오."

곽외는 이어서 곧바로 천리마 이야기를 꺼냈다.

옛날 한 왕이 천리마를 얻으려 애썼으나 몇 년째 찾지 못했다. 어느
날 말단 관리가 왕에게 일천 금을 주면 천리마를 구해 오겠다고 아뢰
었다. 왕은 일천 금을 내주었고, 관리는 그 돈으로 죽은 천리마의 머
리를 오백 금이나 주고 사 왔다. 죽은 천리마의 머리가 오백 금이라
면 살아 있는 천리마는 훨씬 비싼 값을 받을 거라고 생각한 것이다.

이야기의 속뜻을 알아챈 소왕은 곽외를 즉시 높은 직위로 등용했
다. 곽외가 연나라에서 최고 대우를 받고 있다는 소문이 퍼지자,
과연 천하의 인재들이 소왕에게 몰려들었다.

 見賢而不能擧 擧而不能先 命也
견 현 이 불 능 거 거 이 불 능 선 명 야

14

세 가지 경지로 성숙한 인생을 이룬다

(한 사람의 성장은) 시를 통해 시작되고, 예의를 통해 바로 서고, 음악을 통해 완성된다.

첫 번째 경지의 인생은 시와 같다. 그야말로 인생은 시처럼 아름답다. 감정이 풍부하고 진지하며 엎치락뒤치락 변화무쌍한 매력을 뽐내면서 사람의 마음을 사로잡는다.

두 번째 경지의 인생은 예와 같다. 공손하게 인사를 나누고, 안색을 살피고, 예법을 따르고, 명령에 따라 처리한다. 그러니 순조롭고 흐트러짐이 없다. 학문과 수양이 훌륭하게 성취되어 경외감을 불러일으킨다.

세 번째 경지의 인생은 음악과 같다. 기개가 넘치고 격앙되었다가도 완곡하게 차분히 흐르는데, 그 여음(餘音)이 들보를 맴돌며 오래도록 끊이지 않는다. 모든 희로애락과 시시비비가 그 안에 담겨 한 사람만의 아름다운 곡조를 만들어간다.

興於詩 立於禮 成於樂
흥 어 시 입 어 례 성 어 악

융통성 있는 삶을 살아야 한다

강물에 빠뜨린 칼을 뱃전에 새겨 찾는다.

전국 시대, 초나라의 젊은이가 배를 타고 양자강을 건너던 중 깜박 졸다가 손에 들고 있던 보검을 강물에 빠뜨렸다.

당황한 그는 강물에 손을 넣어 보검을 주우려고 했지만 보검은 벌써 강물 깊은 곳까지 가라앉은 상태였다. 보검을 잃은 그는 허리춤에 차고 있던 단검을 빼어 뱃전에다 'X' 표시를 해두었다. 그 광경을 보고 있던 다른 이가 궁금해서 이유를 묻자 젊은이가 대답했다.

"내 보검이 이곳에 떨어졌지만 이제 이렇게 표시를 해두었으니 곧 찾을 수 있을 것이오."

잠시 후에 배가 나루터에 닿자 젊은이는 얼른 표시를 해둔 뱃전 밑 강물 속으로 뛰어 들어갔다. 물론 그곳에 보검이 있을 리 만무했다. 하지만 그는 오랜 시간 동안 뱃전 이곳저곳을 뒤졌고, 그의 뒤에서는 구경꾼들이 손가락질하며 조소를 보내고 있었다.

刻舟求劍
각 주 구 검

고집과 품격을 갖추라

도가 아니면 한 줌의 음식이라도 남에게 받아먹어서는 안 된다.

자신이 가야 할 길이 아니라면 설사 약간의 장점이 있다 해도 절대 받아들여서는 안 된다. 이 말이 편협하게 들릴 수도 있겠지만 그런 결정 속에 나름의 고집과 품격이 내공으로 쌓인다.

옳고 그름은 정도의 차이 없이 고작 선 하나에 경계를 오가는 경우가 많다. 이 선을 넘는 순간 잘못된 길로 들어서고, 선을 넘지 않으면 정도를 지킬 수 있는 식이다.

따라서 늘 경계를 늦추지 않고 사소한 부분에 눈이 멀어 자신의 원칙을 무너뜨리지 않도록 주의해야 한다. 그래야 계속 선을 넘지 않고 정도를 향해 걸어갈 수 있다.

非其道 則一簞食不可受於人
비 기 도 즉 일 단 식 불 가 수 어 인

낙관적인 태도로 인생을 살라

끊임없이 노력하며 한 가지 일에 몰두하고 밥 먹는 것조차 잊은 채 그 즐거움만을 생각하니, 걱정 근심을 모르고 늙는 것조차 알지 못한다.

인생은 낙관적인 태도가 바탕이 되어야 한다. 또한 단정하고, 적극적이고, 긍정적이고, 충실한 마음가짐을 늘 유지할 줄 알아야 한다. 이것이 바로 누구나 부러워하며 동경하는 사람됨의 핵심이다.

낙관은 목표를 향한 노력과 연관되어 있다. 어떤 목표를 향하는 충실한 인생은 근심을 잊고 낙관적으로 사는 삶의 바탕이 된다. 근심을 잊는 것은 즐거움의 여부보다 충실한지의 여부에 달려 있다.

근심을 잊는 것은 즐거움만을 좇는 게 아니라 목표, 사업, 성과를 위해 끊임없이 노력하며 밥 먹는 것조차 잊을 정도로 그 일에 몰두하면서 동시에 즐거움을 생각하는 것이다. 낙은 목표를 향해 노력하는 과정에서 생기는 부산물로, 찬란한 인생으로 이끄는 태도이기도 하다.

 發憤忘食 樂以忘憂 不知老之將至云爾
발 분 망 식　낙 이 망 우　부 지 로 지 장 지 운 이

운명은 있다

때가 이르니 바람이 불어 등왕각으로 보내고, 운이 없으니 벼락이 천복비를 때렸다.

당나라 때 선비 왕발은 "네게 순풍을 줄 터이니 어서 등왕각으로 가라"는 신령을 꿈을 꿨다. 잠에서 깬 그는 곧장 남창 7백 리를 하룻밤 사이에 갔다. 그곳에서는 마침 등왕각을 증수(增修)하고 선비들에게 그 서문을 짓게 하는 중이었다. 그 또한 일필휘지로 등왕각의 서문을 지어 올렸다. 그 명문에 좌중은 놀랐고, 그 후 그는 천하에 명성을 떨치게 됐다.

송나라 때 구래공의 문객 중 가난한 선비가 있었다. 그는 강서성 파양현에 있는 천복사의 비문을 탁본해 오면 후한 값을 쳐주겠다는 한 부자의 제안을 받고 당장 길을 떠났다. 천신만고 끝에 천복사에 도착한 그는 날이 저문 데다 비바람이 몰아치는 통에 탁본을 다음 날로 미루었다. 그런데 공교롭게도 그날 밤 비문에 벼락이 떨어져 그의 노력은 헛수고가 되었다.

이 두 사람의 이야기는 운명론의 대표적인 사례로 오늘날에도 회자되고 있다.

 時來風送滕王閣 運退雷轟薦福碑
시 래 풍 송 등 왕 각 운 퇴 뇌 굉 천 복 비

DAY 012

大學
대학

운명 앞에서 태연하라

선하면 천명을 얻을 것이고, 선하지 않으면 천명을 잃게 될 것이다.

공자가 송나라에 머물던 어느 날, 송나라 병사들이 그를 연행하려 들이닥쳤다. 제자 자로가 다급히 말했다.

"지금 심히 위급한 상황인데 어찌 노래만 부르고 계십니까? 속히 피하시지요."

"나는 오로지 운명에 따를 뿐이다. 나는 지금까지 내 뜻을 천하에 펼치기 위해 많은 나라를 돌아다녔고, 또 많은 사람을 만났지만, 여전히 제자리걸음만 하는 상황이다. 이것은 내가 때를 잘못 타고났기 때문이니라. 내 운명은 이미 하늘이 정해두었거늘. 저들에게 잡혀갈 운명이면 잡혀가는 거고, 잡혀가지 않을 운명이면 잡혀가지 않을 터. 이는 내가 발버둥 친다고 해결될 문제가 아니다."

이윽고 송나라군의 지휘관이 공자에게 다가오더니 말했다.

"죄송하게 되었습니다. 선생의 일행을 우리가 쫓던 도적 떼로 오해했습니다. 부디 용서하십시오."

 道善則得之 不善則失之矣
도 선 즉 득 지 불 선 즉 실 지 의

넘치는 자신감으로 무장하라

지금 세상에 나 말고 어느 누가 이 중요한 임무를 맡을 수 있겠는가?

"천하가 태평하게 다스려지기를 원한다면, 이 중차대한 임무를 맡을 자가 지금 이 세상에 나 말고 또 누가 있겠는가?"

이 말은 자신감으로 가득 찬 맹자의 자화자찬이기도 하다. 이 말에는 그의 호연지기와 거침없는 자신감, 원대한 이상과 포부, 폭넓은 세계관, 인생관, 사명감이 고스란히 담겨 있다.

누구나 어렵고 힘든 일을 짊어졌을 때 끝까지 견지하고 나아가야 할 것이 바로 이런 확고한 신념과 자신감, 강인한 정신력이다.

넘치는 자신감은 늘 우리를 성공으로 이끌어준다.

當今之世 捨我其誰也
당 금 지 세 사 아 기 수 야

이치에 어긋나는 말은 안 하는 것만 못하다

유회가 말했다. 말이 이치에 맞지 않으면, 말하지 않는 것만 못하다.

제나라에 전중이라는 은자가 살고 있었다. 어느 날, 굴곡이라는 송나라 사람이 그를 찾아왔다.

"선생께서는 의를 지키며 남의 신세를 지지 않고 모든 걸 자급자족한다 들었습니다. 실은, 이번에 거둬들인 표주박 하나가 돌처럼 단단하고 두꺼워서 구멍을 뚫을 수 없더군요. 선생께 그것을 드리고자 하는데 어떻겠습니까?"

"뭐요? 표주박을 심는 이유는 나중에 구멍을 뚫어 사용하기 위해서요. 그런데 구멍을 낼 수도 없는 표주박을 어디에 쓰겠소? 필요 없소."

"그 말씀 참으로 지당하십니다. 실은 저도 그 표주박을 버릴 생각이었습니다."

그제야 전중은 깨달았다. 그는 다른 사람의 신세를 지지 않고 살아간다고는 했지만, 그렇다고 다른 이들을 위해 이익이 되는 일을 한 것도 아니었다. 그 또한 그 쓸모없는 표주박과 다를 바 없었던 것이다.

劉會曰 言不中理 不如不言
유 회 왈 언 부 중 리 불 여 불 언

천박한 사람이 되지 말라

손가락이 남들과 같지 않으면 그것을 싫어할 줄 알면서, 마음이 남들만 못
하면 그것을 싫어할 줄 모른다.

사람은 고작 손가락 하나라도 타인과 다르면 그것이 마음에 들지
않아 무슨 수를 써서라도 고쳐야 한다고 생각하게 마련이다. 그런데
자신의 마음이 다른 사람보다 못하다면 또 어떨까? 오히려 이런 경
우에는 부끄러움을 몰라 그것을 고칠 생각조차 하지 못한다.

이 이치는 아주 간단하다. 손가락이 다른 사람과 같지 않으면 눈
에 잘 띄지만, 마음은 다른 사람만 못해도 눈에 보이지 않기 때문이
다. 누가 그 못난 마음을 쉽게 알아챌 수 있겠는가?

그래서 천박한 사람은 체면만 따질 뿐 내면 따위에 신경 쓰지 않
는다. 지식이나 경험이 깊지 않고 수양이 덜 된 사람은 자신의 천박
한 내면을 절대 들여다볼 수 없으니 어쩌면 당연한 결과일 수밖에
없다. 이런 부류야말로 우리가 지양해야 할 인간상이다.

指不若人 則知惡之 心不若人 則不知惡
지 불 약 인 즉 지 오 지 심 불 약 인 즉 부 지 오

DAY
018

茶根譚
채근담

오만의 배에서 뛰어내려라

뽐내고 오만한 것 중 객기가 아닌 것이 없으므로 객기를 물리친 뒤에야 바른 기운이 자랄 수 있다. 욕망과 사사로운 탐닉은 모두가 망상이므로 이런 마음을 물리친 뒤에야 진심이 나타나게 된다.

오만한 노학자가 나룻배를 탔다. 뱃사공은 아직 앳된 소년이었다.

배가 출발하자 노학자는 강 건너 숲을 바라보며 소년에게 물었다.

"얘야, 저 숲에 대해 깊이 생각해본 적이 있느냐?"

"아니요."

"그렇다면 너는 인생의 반의반을 잃은 셈이란다."

강 한복판에 이르자 노학자가 다시 물었다.

"이 강줄기를 보거라. 너는 이 세상의 오묘한 이치를 아느냐?"

"아니요."

"오, 딱하구나! 그렇다면 너는 인생의 반을 잃은 셈이란다."

그때 갑자기 소년이 큰 소리로 외쳤다.

"소용돌이에요! 어서 강물로 뛰어드세요!"

노학자가 놀라 앞을 보니 저만치에서 큰 소용돌이가 일고 있었다.

"강물로 뛰어들라고? 나는 수영을 못하는데!"

"그래도 강물로 뛰어들어야 해요. 안 그러면 할아버지는 인생 전부를 잃게 될 거예요."

❀ 矜高妄傲 無非客氣 降伏得客氣下 而後正氣伸
　　궁고망오　무비객기　항복득객기하　이후정기신
　　情欲意識 盡屬妄心 消殺得妄心盡 而後眞心現
　　정욕의식　진속망심　소살득망심진　이후진심현

26

겉모습으로 사람을 평가하지 말라

말하는 것이 미덥고 조리 있어 그를 인정해준다면 그가 군자다운 사람이라는 것인가? 겉모습만 그럴싸한 사람이라는 것인가?

어떤 가치이든 그것을 인정하는 과정에서 진위를 가리기 힘든 번거로움이 생길 수 있다. 소인배와 위선자 중 과연 누가 더 문제가 될까? 이것을 가리는 문제는 늘 우리를 곤혹스럽게 만든다.

이럴 때 공인된 가치 기준을 지키지 않고 무시해서는 안 되며, 도덕 허무주의와 적나라한 실리주의에 빠져서도 안 된다. 또한 가치가 인정된다고 해서 가치 위조, 가치 패권에 대한 폭로와 비판의 고삐를 늦춰서는 안 된다.

설령 한 사람이 이미 성공의 본보기가 되어 도덕적 기치가 되었을지라도, 우리는 그의 향후 행보를 주시하면서 그가 새로운 공을 세우고 더 발전할 수 있도록 도와야 한다.

누구나 성실하고 충직한 사람을 추앙하고자 한다. 문제는 그런 사람이 과연 진짜 군자인지, 아니면 겉모습만 그럴싸한 사람인지 알 수 없다는 데 있다.

論篤是與 君子者乎 色莊者乎
논 독 시 여 군 자 자 호 색 장 자 호

욕심으로 자기 무덤을 파지 말라

큰 집이 천간이라도 밤에 눕는 곳은 여덟 자뿐이고, 좋은 밭이 만 평이 있다고 해도 하루에 먹는 것은 두 되뿐이다.

먼 옛날, 러시아의 어느 시골에 바홈이라는 욕심 많은 농부가 살고 있었다. 어느 날, 많은 땅을 소유한 갑부 하나가 바홈에게 제안했다.

"내게 천 루블만 준다면, 날이 밝을 때부터 해가 질 때까지 당신이 밟은 땅을 모두 주겠소. 단 해가 지기 전에 반드시 출발점으로 돌아와야 하오."

이튿날 아침, 바홈은 자신의 전 재산을 갑부에게 걸고 길을 떠났다. 그는 좀 더 많은 땅을 차지하기 위해 점심도 거른 채 작열하는 태양 아래서 쉼 없이 앞으로, 앞으로 내달렸다.

해 질 녘, 그제야 그는 정신이 번쩍 들었다. 그러나 그는 너무 멀리 와 있었다. 그는 출발점을 향해 뛰기 시작했다.

"이렇게 많은 땅을 포기할 수는 없지……."

온종일 먹은 것도 없어 탈진 직전이었지만, 그는 사력을 다해 출발점으로 돌아왔고 숨을 헐떡이며 엎어졌다.

"축하하오. 지금까지 밟았던 땅은 이제……."

그러나 그는 갑부의 말을 끝까지 들을 수 없었다. 결국 그는 겨우 자신이 묻힐 작은 땅만 차지한 채 세상을 떠났다.

❀ 大廈千間 夜臥八尺 良田萬頃 日食二升
　　대 하 천 간　야 와 팔 척　양 전 만 경　일 식 이 승

선을 좋아하라

선을 좋아하면 천하를 다스리고도 남으니, 선량한 미덕은 천하의 모든 것
보다 더 우월하고 가치 있다.

동양문화의 특징 중 하나는 범(泛)도덕론인데, 이는 범선론(泛善論)
이라고도 부를 수 있다.

문제는 선악(善惡)의 차이가 고작 잘못된 생각 하나 때문에 만들어
지는 것이 결코 아니라는 데 있다.

권력, 종족, 국가, 지역, 자원, 지리적 환경, 기상변화, 발전 수준,
각자의 이익, 문화적 관습, 가치관이 서로 달라 계급 갈등, 민족 갈
등, 지역 갈등, 신앙 갈등 등이 빚어진다. 또한 인간과 자연의 부조화
로 말미암아 기아, 질병, 자연재해, 생활물자의 부족과 같은 문제가
발생한다.

이런 갖가지 골칫거리는 선(善)에 대한 이해를 하나로 통일하는 데
도 당연히 걸림돌이 된다. 그렇기에 우리는 선을 좋아하는 마음을
가져야 한다.

好善優於天下
호 선 우 어 천 하

천하를 크게 바라본다

장군의 능력은 지혜와 신용, 인간애와 용기 그리고 엄격함에 있다. 법이란 군대의 편제와 군의 직제와 군비 보급을 말한다.

제나라의 선왕이 맹자에게 청했다.

"이웃 나라와 사귀는 데 좋은 방법이 있으면 알려주시오."

"그렇게 하지요. 오직 어진 군주라야 큰 나라이면서도 작은 나라를 얕보지 않고 예의를 갖춰 외교할 수 있는 것입니다. 그렇기에 은나라 탕왕은 갈나라와 외교했고, 주나라 문왕은 서쪽 변경의 오랑캐 민족 곤이와 외교했던 것입니다. 오직 지혜 있는 군주라야 작은 나라이면서도 큰 나라에 예의를 갖추고 외교할 수가 있습니다. 그렇기에 주나라 태왕은 북쪽 변경의 민족 훈육과 외교하고 구천이 오나라를 섬길 수 있었던 것입니다. 큰 나라이면서 작은 나라와 외교하는 것은 만물의 하찮은 것까지 포용하는 하늘의 도리를 즐기는 것이며 작은 나라이면서 큰 나라와 외교를 하는 것은 천리(天理)의 공정함을 알고 있으면서 하늘의 도리를 두려워하여 무모한 짓을 하지 않는 행동입니다. 하늘의 도리를 즐기는 자는 천하를 보전할 수 있으며 하늘의 도리를 두려워하는 자는 자신의 나라를 보전할 수가 있습니다. 《시경》에는 '하늘의 위엄을 두려워하고 그럼으로써 나라를 보전할 수 있었노라'는 구절도 있습니다."

將者 智信仁勇嚴也 法者 曲制官道主用也
장 자 지 신 인 용 엄 야 법 자 곡 제 관 도 주 용 야

세 가지 일을 잘하면 큰 성과를 거둘 수 있다

지(知)가 그 자리에 이르고, 인(仁)이 그 자리를 지키고, 정중함으로 그 자리에 임한다.

첫째, 인(仁)이다. 어질지 못하면 아무것도 지킬 수 없다. 어질지 못한 자는 추대를 받거나 친화적인 관계를 유지할 수 없다. 또한 지식과 지혜가 아무리 뛰어난들 그 어디에도 발붙일 수 없다. 재능은 뛰어나지만 부덕한 인생을 살다가 끝내 추태를 드러낸 채 나락으로 떨어진 예는 동서고금을 통틀어 수없이 많다.

둘째, 맡은 일을 충실히 해내는 것이다. 인과 애를 가졌다 해도 일처리가 허술하고 성실하지 못하면 결국 헛수고하는 셈이니, 큰 성과를 거둘 수 없을뿐더러 심지어 일을 망치기도 한다. 그 대표적 예가 지난날의 망국 군주들, 그리고 탁상공론만 일삼던 세도가들이다.

셋째, 지혜로운 태도다. 인과 애뿐 아니라 성실한 태도와 지혜까지 가지고 있다면 외면과 내면이 모두 완벽하다고 할 수 있다.

知及之 仁能守之 莊以涖之
지 급 지 인 능 수 지 장 이 리 지

목민관의 철학이 필요하다

DAY 024
牧民心書
목민심서

다른 벼슬은 다 욕심을 부려 구해도 좋지만, 목민관만큼은 욕심내어 구할
것이 못 된다.

'목민관'이란 백성을 다스려 기르는 관리라는 뜻으로, 고을의 원이
나 수령 등의 외직 문관을 통틀어 이르는 말이다. 지금으로 따지면,
군수나 시장급의 관료들을 일컫는다.

다산은 관직을 수행하는 일은 매우 어렵고도 중요한 일이라고 인
식했다. 목민관은 비록 제후들보다 낮은 관직이기는 하나 제후보다
도 그 임무가 백배나 더하다고 했다. 그러니 어찌 함부로 그 관직에
욕심을 내겠느냐는 말이다.

목민관은 비록 덕망을 갖추었다고 하더라도 위엄이 없으면 하기
어렵고, 하고 싶은 뜻이 있을지라도 명철하지 못하면 수행하지 못하
는 관직이다. 만약 능력 없는 자가 목민관이 되면 백성들은 곧바로
그 해를 입게 되어 가난하고 고통스러운 삶을 살 수밖에 없다. 그뿐
아니라 백성들의 원망과 원혼들의 저주를 받아 그 재앙이 자손들에
게까지 미칠 것이므로 절대 욕심을 부려서는 안 되는 자리다.

사실, 이러한 목민관의 철학이 비단 관리에게만 필요한 것은 아니다. 조직을 이끌어 가야 할 위치에 있는 리더에게도 꼭 필요한 것
이다.

 他官可求 牧民之官 不可求也
타 관 가 구   목 민 지 관   불 가 구 야

큰 무리의 꼴찌보다 작은 무리의 우두머리가 되는 것이 낫다

닭의 부리가 될지언정 쇠꼬리는 되지 말라.

전국 시대 때 소진이라는 사람이 있었다. 그는 진나라의 동진정책이 두려워 어찌할 바를 몰라 하는 한나라, 위나라, 조나라, 연나라, 제나라, 초나라 등을 돌며 각국의 왕들에게 연합할 것을 설득하고 다녔다.

진나라와 조나라에서 환영받지 못한 소진은 한나라 선혜왕을 만나 이렇게 말했다.

"전하, 한나라는 토지가 비옥하고, 성곽은 견고한 데다 군사도 용맹하고 훌륭한 무기도 갖추고 있습니다. 그리고 현명한 대왕까지 계십니다. 그런데 싸우지도 않고 진나라를 섬긴다면 천하의 웃음거리가 될 것입니다. 만일 진나라가 요구하는 땅을 주면 그들이 계속해서 더 많은 걸 요구할 것은 불을 보듯 뻔한 일입니다. 이 기회에 이웃의 여섯 나라가 힘을 합쳐 진나라의 침략을 막고 국토를 지키십시오. 옛말에 '차라리 닭의 부리가 될지언정 쇠꼬리는 되지 말라'고 했습니다."

선혜왕은 소진의 말에 전적으로 동의했다.

여섯 나라의 군왕을 설득하는 데 성공한 소진은 마침내 여섯 나라의 재상을 겸임하는 대정치가가 되었다.

寧爲鷄口勿爲牛後
영 위 계 구 물 위 우 후

현재를 살아가라

DAY 026
論語 논어

모난 술잔이 모가 나지 않으면, 모난 술잔이겠는가! 모난 술잔이라고 하겠는가!

천지 만물은 시대와 더불어 변하며 속박의 굴레에 갇혀 있지 않다. '강산은 시대마다 인재를 배출하고, 각 시대의 문학 작품들은 수백 년을 이어져 내려왔다.'

술잔은 늘 같은 모양일 수 없고, 술도 늘 같은 술일 수 없으며, 마시는 방법도 시대마다 다르다. 문화는 축적을 거쳐 고착되다가도 어느새 퇴색하고 사라져버리는 특징을 가지고 있다.

누구나 어린 시절을 그리워하고, 첫사랑의 기억을 쉽게 잊지 못한다. 하지만 과거는 이미 지나가 다시 돌아오지 않고, 함께 술잔을 기울이던 사람도 결국 예전의 그가 아니다. 지나간 것에 대한 그리움을 탄식하듯 토로하는 건 지극히 자연스러운 현상이다. 하지만 어린 시절이나 첫사랑으로 돌아가기 위해 애쓸 필요는 전혀 없다.

앞을 향해 나아가는 것이 삶이다. 설령 지난날이 아무리 아름다웠던들 과거는 과거일 뿐이다. 미래를 위해 현재를 살아갈 뿐이니, 과거에 얽매이는 것은 어리석은 짓이다. 모든 것은 그 나름대로 존재 의미가 있다. 모가 난 술잔은 모가 난대로, 둥근 술잔은 둥근 대로 그 존재가치를 지니고 있다.

觚不觚 觚哉 觚哉
고 불 고 고 재 고 재

항상 동정심을 품어라

사람은 누구나 타인의 고통을 외면하지 못하는 마음을 가지고 있다.

사람은 누구나 타인의 고통을 외면하지 못하는 마음을 가지고 있다. '외면하지 못하는 마음'은 타고난 동정심과 공감 능력을 가리킨다. 바로 이런 마음이 있었기 때문에 지난 역사 속에서 인류는 힘을 합쳤고 지금의 문명사회를 만들어낼 수 있었다.

인간이 하는 모든 행동은 그 어떤 순간에도 선량한 인성과 양심에서 벗어나서는 안 된다. 이 말이 복잡하거나 심오하지는 않지만, 절대불변의 진리다.

자신을 세상에서 가장 위대하다고 여기며 측은지심을 저버리는 이는 타고난 선량한 마음을 포기한 것과 같으니, 사람이라고 할 수 없다.

人皆有不忍人之心
인 개 유 불 인 인 지 심

DAY 028

明心寶鑑
명심보감

현실을 직시해야 한다

공자가 말했다. 높은 낭떠러지를 보지 않으면 어찌 굴러떨어지는 환란을
알 것이고, 깊은 샘에 가지 않으면 어찌 빠져 죽을 환란을 알 것이며, 큰 바
다를 보지 않으면 어찌 풍파의 환란을 알 것인가.

이 수십 마리가 돼지 몸의 한 부분에만 붙어 서로 심하게 다투고
있었다. 그때 지나가던 다른 이 한 마리가 물었다.

"돼지의 몸은 넓고도 넓은데 도대체 왜들 싸우는 거야?"

"우리는 더욱 많은 피를 빨아먹기 위해 돼지의 살찐 곳을 차지하
려고 다투는 거야."

지나가던 이는 한심하다는 듯 말했다.

"이것들 봐. 앞으로 며칠 있으면 섣달그믐이 된다는 사실 몰라? 그
때가 되면 사람들은 제사를 지내기 위해 그 돼지를 불에 그슬릴 거
야. 그리되면 너희들도 함께 타버릴 텐데, 그런 큰 환란은 근심하지
않고 계속 싸우기만 하다니……."

돼지 몸에 달라붙어 있던 이들은 그 말을 듣고 서로 힘을 합해 돼
지의 온몸에 퍼져 피를 빨아먹기 시작했다.

사흘이 지나자, 돼지는 몸이 바짝 말라붙어 제물로 바쳐지기도 전
에 죽고 말았다.

子曰 不觀高崖 何以知顚墜之患
자왈 불관고애 하이지전추지환
不臨深泉 何以知沒溺之患 不觀巨海 何以知風波之患
불임심천 하이지몰익지환 불관거해 하이지풍파지환

36

미래를 준비하라

부귀한 처지에 있을 때는 마땅히 빈천한 처지의 고통을 알아야 하고, 젊을 때는 모름지기 노쇠한 처지의 괴로움을 생각해야 한다.

옛날에 부잣집 노인에게 아들 하나가 있었는데, 아들은 아버지 재산만 믿고 게으른 데다 거만했다. 어느 날, 노인이 아들을 불러 말했다.

"네 힘으로 돈 한 냥만 벌어 오거라."

아들은 돈 버는 방법을 몰랐으므로 그저 멍하니 앉아 있었다. 이를 보다 못한 어머니가 몰래 한 냥을 주었다. 하지만 노인은 이 사실을 알고 아들과 부인을 엄히 꾸짖었다.

다음 날, 아들은 온종일 땀 흘려 한 냥을 벌어 왔다.

"아버님, 여기 제가 번 돈입니다."

노인은 아들이 건넨 한 냥을 돌연 화롯불 속에 내던졌다.

"내가 보기엔 네 힘으로 번 것 같지 않다!"

놀란 아들이 화로 속에 냅다 손을 넣어 엽전을 집어 들었다.

"아버님! 이 귀중한 돈을 왜 화로에 내던지십니까?"

노인이 그제야 환히 웃었다.

"그래, 이제야 정신을 차렸구나!"

處富貴之地 要知貧賤的痛癢 當小壯之時 須念衰老的辛酸
처 부 귀 지 지   요 지 빈 천 적 통 양   당 소 장 지 시   수 념 쇠 로 적 신 산

능력 밖의 현실을 수긍하라

죽고 사는 것은 운명 소관이고, 부귀는 하늘의 뜻에 달려 있다.

삶과 죽음, 빈부귀천을 나눌 때 정해진 운명은 당연히 존재하지 않는다. 하지만 살다 보면 개인의 노력, 사회적 환경처럼 불가항력적 요소 외에도 우연, 확률 등의 필연적이지 않은 요소, 상황, 결과 등도 확실히 존재한다.

이런 필연적이지 않은 요소와 맞닥뜨리면 행동과 사고력은 한계에 부딪히고, 마치 소설처럼 운명의 소용돌이에 자신을 맡길 수밖에 없다.

이런 현실적 한계를 이해해야만 자기 능력 밖의 일 때문에 마음 쓰고 초조해하며 헛된 생각에 빠지는 일을 막을 수 있다. 물론, 그렇다고 해서 능력의 한도 내에서 최선을 다하는 노력까지 포기해서는 안 된다.

死生有命 富貴在天
사 생 유 명 부 귀 재 천

임기응변도 사용할 때가 있다

세운 계책이 유리하고 장수가 이를 잘 따르면 유리한 세력을 만들 것이며 그 외의 상황도 나아질 것이다. 아군에게 유리한 형세란 이득을 얻기 위해 얼마나 나를 유연하게 통제할 수 있느냐는 것이다.

제나라의 웅변가 순우곤이 맹자에게 물었다.

"남녀 간에 손으로써 물건을 주고받지 않는 게 예의입니까?"

"그렇소. 그것이 예의지요."

"그렇다면 자기 형수가 물에 빠졌을 때도 손을 내밀어 꺼내주지 말아야 한다는 것인가요?"

"그런 상황에서 가만히 있는다면 그건 짐승 아니겠소? 남녀 간에 물건을 손으로 주고받지 않는 것은 예의지만 물에 빠진 형수를 손잡아 꺼내주는 건 임기응변, 즉 권도(權道)인 것이오."

"지금 천하의 모든 사람은 물에 빠졌다고 할 수 있는데 선생께서 손을 뻗어 건져주지 않으시니 어찌 된 일입니까?"

"물에 빠진 천하의 사람들을 건져내는 데는 임기응변이 아닌 정도 (正道)가 필요한 것이고 물에 빠진 형수를 건져내는 데는 손이 필요한 것이오. 그대는 천하도 손으로 끌어낼 수 있다고 생각하오?"

맹자의 말에 순우곤은 아무 말도 하지 못했다.

計利以聽 乃爲之勢 以佐其外 勢者 因利而制權也
계 리 이 청 내 위 지 세 이 좌 기 외 세 자 인 리 이 제 권 야

二月

2월

입은 사람을 상하게 하는 도끼요,
말은 혀를 베는 칼이니,
입을 막고 혀를 깊이 감추면
몸이 어느 곳에 있으나
편안할 것이다.

《명심보감》

노력하고도 안되면 한계를 받아들일 줄 알라

가고 멈추는 것은 사람이 할 수 있는 게 아니다. 길을 가는 것은 누가 그리 시켜서이고, 멈추는 것도 누가 가로막아서이니, 이는 모두 하늘의 뜻이다.

어떤 일을 결심하고 추진하기로 했다면 그 이면에는 그렇게 할 수밖에 없는 이유가 존재한다. 어떤 일을 중단할 때도 그런 결정을 내리도록 만든 제약 요소가 분명히 있다. 일의 추진과 중단은 사람이 늘 좌우할 수 있는 영역이 아니다. 그것은 우연처럼 보이는 몇 가지 필연적 단서가 얽히고설킨 결과물이기 때문이다.

우리는 개인의 노력이 일에 미치는 긍정적 영향도 인식해야 하지만 인력으로 안되는 일도 있다는 것을 겸허히 받아들여야 한다. 지나친 집착은 모든 일에 도움 되지 않을뿐더러 때로는 고통을 수반하기도 한다. 그러므로 집착이 집념이 되어서는 안 된다.

行止 非人所能也
행 지 비 인 소 능 야

나아갈 때와 물러날 때를 알라

내가 안회와 더불어 온종일 이야기를 나누었을 때 그는 어리석은 사람처럼 아무런 문제 제기도 하지 않았다. 그런데 나중에 그의 생활을 들여다보니 그는 내가 말한 것을 충분히 이해하면서 실천하고 있었다. 그 말인즉슨 안회는 어리석은 사람이 아니었다.

겉으로 똑똑함을 드러내는 사람은 시선을 끌고 질투와 경계, 공격의 대상이 되기 쉽다. 능력을 드러내는 사람은 남의 환심을 사려고 아첨하거나 분수 이상의 과한 욕심을 부리는 것처럼 보일 수 있다.

북송의 시인 소식이 아이의 잔칫날에 장난삼아 지은 시에는 이런 구절이 나온다.

'사람들은 아이를 키우며 똑똑하기를 바라지만, 나 자신은 똑똑하게 살다 일생을 그르쳤네. 그래서 바라건대 내 아이는 둔하고 어리석어 재앙도 난관도 없이 공경대부에 올랐으면.'

이는 뼈저린 경험을 바탕으로 한 그의 진심이자 처세술이다. 똑똑해 보이지만 실속이 없는 삶을 사느니, 차라리 겉으로 어리석어 보일지라도 속이 꽉 찬 사람이 되는 편이 낫다고 본 것이다. 세상 모든 부모가 자식들을 똑똑하게 키우고 그들이 입신양명해 부귀영화를 누리길 바란다. 하지만 한편으로는 반짝반짝 빛나는 그 총명함이 도리어 독이 되고 모난 돌이 정을 맞듯 세인의 공격과 시기의 대상이 될 수 있다. 소식 역시 이런 점을 염려하며 자신의 오랜 경험에 비춘 삶의 지혜를 시로 녹여냈다.

 吾與回言終日 不違 如愚 退而省其私 亦足以發 回也不愚
오 여 회 언 종 일 불 위 여 우 퇴 이 성 기 사 역 족 이 발 회 야 불 우

정도에 어긋난 학문으로 나서지 말라

학문을 굽혀 세상에 아첨한다.

한나라 6대 황제인 경제가 어진 선비를 찾던 중 원고생이라는 시인을 등용하기로 했다. 원고생은 90세의 고령임에도 직언을 잘하는 대쪽 같은 선비로 소문이 자자했다. 이에 사이비 학자들은 원고생을 모략하는 상소를 올려 그의 등용을 강력히 반대했다. 그럼에도 경제는 원고생을 청렴결백하다고 여겨 청하왕의 태부(太傅)로 임명했다.

당시 원고생과 함께 등용된 공손홍 역시 원고생을 늙은이라고 깔보며 무시했다. 그러나 원고생은 전혀 개의치 않고 공손홍에게 말했다.

"지금, 학문의 정도는 어지러워지고 속설이 유행하고 있네. 이대로 놔두면 유서 깊은 학문의 전통은 결국 사설로 말미암아 그 본연의 모습을 잃고 말 것일세. 자네는 다행히 젊은 데다가 학문을 좋아하는 선비라는 말을 들었네. 그러니 부디 올바른 학문을 열심히 닦아서 세상에 널리 전파하길 바라네. 결코 자신이 믿는 '학설을 굽히어 세상 속물들에게 아첨하는 일'이 있어서는 안 되네."

그 말을 들은 공손홍은 절조를 굽히지 않는 원고생의 고매한 인격과 높은 학식에 감탄하고, 자신의 무례함을 부끄러워했다.

이후 공손홍은 모든 일을 사과하고 원고생의 제자가 되었다.

曲學阿世
곡 학 아 세

DAY 035

孟子
맹자

계산과 비교로 인생을 낭비하지 말라

군자에게 평생의 번민은 있을지언정 하루아침에 생기는 마음의 동요란 없다.

인품과 덕을 갖춘 이가 다다른 경지는 차원이 다르므로 그의 포부, 자질, 내면의 깊이는 다른 사람들과 비교가 되지 않을 정도로 비범하다.

그들의 걱정거리는 하찮고 자질구레한 것이 아니라 완수하지 못한 사명, 실현하지 못한 꿈, 최대치로 끌어올리지 못한 자신의 가치, 재능, 충정, 공헌 같은 것이다.

그들은 한때의 영예와 치욕, 이해와 득실을 돌아볼 때조차도 과실이 자기에게 있다고 생각할지언정 절대 남과 하늘을 원망하지 않는다. 매일 불안에 떨며 사소한 것에 연연하고 계산과 비교를 반복하며 사는 사람은 결코 크게 될 수 없다.

 君子有終身之憂 無一朝之患也
군 자 유 종 신 지 우 　 무 일 조 지 환 야

은혜와 의리를 널리 베풀라

《경행록》에서 말했다. 은혜와 의리를 널리 베풀라. 인생 어느 곳에서든 서로 만나지 않으랴? 원수와 원한을 맺지 말라. 길 좁은 곳에서 만나면 피하기가 어렵지 않은가.

옥리로 일하던 제자 자고가 어느 죄인의 발목을 자른 일이 있었다. 그 후 발목을 잘린 죄인은 문지기가 됐다. 그 무렵 공자를 시기하는 자가 있었는데, 모함을 꾸며 공자가 난을 일으키려 한다고 군주에게 일러바쳤다. 이에 군주는 체포령을 내렸으나, 공자와 그의 일행은 모두 달아났다. 공자 일행 중 마지막으로 남은 자고는 관군들 때문에 피신이 쉽지 않았다. 그때 발목 잘린 문지기가 "이쪽으로" 하며 그를 도왔다. 문지기를 알아본 자고가 물었다.

"그때 나는 법령을 받들어 당신 발목을 잘랐소. 당신에게 나는 원수일 텐데 어째서 나를 도와준 거요?"

"내 발이 잘린 것은 그에 상응하는 죄를 지었기 때문입니다. 고로 당연히 벌을 받아야 했지요. 하지만 당신은 그때 날 처결하면서 수차례 법령을 살폈고, 또 날 변호하여 형을 감해주려고 애썼습니다. 결국 판결하고 당신은 몹시 안타까워했습니다. 이는 나에 대한 사사로운 인정 때문이 아니라 당신의 천성이 인자하기 때문입니다. 그래서 지금 당신을 도운 겁니다."

자고는 문지기의 말을 듣고서야 고개를 끄덕였다.

景行錄曰 恩義廣施 人生何處不相逢 讐怨莫結 路逢狹處 難回避
경 행 록 왈 은 의 광 시 인 생 하 처 불 상 봉 수 원 막 결 노 봉 협 처 난 회 피

오래 엎드려 있던 새는 반드시 높게 난다

오래 엎드려 있던 새는 반드시 높게 날고 먼저 핀 꽃은 홀로 일찍 떨어진다. 사람도 이런 이치를 알면 가히 발을 헛디딜 근심을 면할 수 있고, 가히 초조한 생각을 없앨 수 있다.

초나라 장왕이 즉위한 지 3년이 지났는데도, 정사에 신경을 쓰지 않고 허송세월하는 듯했다. 어느 날, 신하 하나가 감히 말했다.

"남쪽 산의 새 한 마리가 삼 년 동안 날지도, 울지도 않은 채 웅크리고만 있었습니다. 이 새의 이름을 뭐라 붙이는 게 좋겠습니까?"

"삼 년 동안 날지 않은 것은 장차 더 높이 날고자 날개의 힘을 기르고 있었던 것이다. 또한 소리 내어 울지 않은 것은 주변을 관찰하기 위함이었다. 때가 되면 까마득히 날아오를 것이고, 모든 사람이 놀랄 만큼 크게 울 것이다. 지금 과인에게 빗댄 것임을 잘 알고 있으니, 그대는 걱정하지 말라."

얼마 뒤, 장왕은 마침내 힘껏 정사를 펼치기 시작했다. 그는 그간 살펴온 것을 토대로 잘못된 10가지 법령을 폐지하고, 꼭 필요한 9가지 법령을 새로 만들어 시행했으며, 무능한 관료 5명을 벌하고, 숨은 인재 6명을 등용했다. 또한 군사를 일으켜 제나라와 진나라를 치고 마침내 패자(霸者)의 자리에 등극했다.

伏久者 飛必高 開先者 謝獨早 知此
복구자 비필고 개선자 사독조 지차
可以免蹭蹬之憂 可以消躁急之念
가이면충등지우 가이소조급지념

이 보 전진을 위해 일 보 후퇴하라

영무자는 나라에 도가 바로 서 있을 때는 지혜롭고, 나라가 혼란스럽고 임금이 무도할 때는 어리석게 굴었다. 그 지혜로움은 따라잡을 수 있다고 해도, 그 어리석음은 따라잡기 어렵다.

맹자는 '궁할 때는 자신을 돌보고, 일이 잘 풀릴 때 비로소 천하를 다스린다(窮則獨善其身궁즉독선기신, 達則兼濟天下달즉겸제천하)'라고 했다. 이것은 이 보 전진을 위한 일 보 후퇴이다. 또한 자신을 둘러싼 객관적 상황을 파악하고 고집만으로 문제가 해결되지 않으니, 모든 일에는 때가 있다는 말이기도 하다.

매사에 잘난 면을 드러내고 앞을 다투는 것만이 처세의 정답은 아니다. 이런 점이 도리어 자신의 천박하고 유치하고 비속한 면을 드러내는 데 일조한다. 영험할 때는 영험하고, 무뎌질 때는 무뎌지고, 나설 때와 물러설 때를 알아야 비로소 자신의 인격과 가치를 지킬 수 있다.

甯武子 邦有道則知 邦無道則愚 其知可及也 其愚不可及也
영 무 자 방 유 도 즉 지 방 무 도 즉 우 기 지 가 급 야 기 우 불 가 급 야

항상 교만심을 경계하라

군자에게는 철칙이 있다. 반드시 성실함과 믿음을 지니고 있으면 군자의 지위를 얻고, 교만함과 건방진 마음이 있으면 군자의 지위를 잃게 될 것이다.

천하의 명궁이라고 자부하는 사내가 있었다. 어느 날 그는 들판에서 사냥했는데, 쏘는 족족 새를 떨어뜨렸다. 그의 주변에는 기름통을 짊어진 채 그 모습을 바라보는 노인이 있었다.

"하하, 내 활 솜씨가 어떻습니까?"

"뭐, 놀랄 만한 솜씨는 아니군."

"놀랄 만한 솜씨가 아니라니요? 다른 이들은 내가 활을 쏠 때마다 모두 탄성을 지르는데, 노인장은 어찌 나를 얕보는 겁니까?"

노인은 대답 대신 기름통을 번쩍 들어 올린 다음, 작은 호리병을 가리켰다. 호리병 위에는 엽전 하나가 놓여 있었는데 노인은 돌연 기름통을 들어 그 엽전 구멍에다 기름을 붓기 시작했다. 놀랍게도 기름은 그 작은 엽전 구멍 밖으로 한 방울도 튀지 않고 온전히 다 들어갔다. 호리병에 기름이 가득 차자, 노인은 기름통을 내려놓으며 말했다.

"지금 내가 보여준 기술도 별것 아닐세. 젊어서부터 수십 년간 기름 장사를 하다 보니 그저 손에 익은 것뿐이지. 나는 이 기술이 그리 대단하다고 여기지 않네."

깨달음을 얻은 그는 정중히 고개를 숙여 예를 갖추었다.

君子有大道 必忠信以得之 驕泰以失之
군 자 유 대 도   필 충 신 이 득 지   교 태 이 실 지

가장 근본적인 관념을 파악하라

만물이 모두 내 안에 갖추어져 있다. 인간의 '본아(本我)'는 세상 만물을 배려하고 끌어들이는 힘을 가지고 있다(본아가 깨닫는 것은 바로 세상 만물의 본성과 규율이다).

'만물이 모두 내 안에 갖추어져 있다'라는 맹자의 말처럼 사람은 누구나 무한한 능력을 갖고 있다. 맹자의 이런 관념은 크게 두 가지로 볼 수 있다. 하나는 주체와 객체의 융합이고, 또 하나는 만물과 하나로의 융합이다. 불교에 등장하는 만법귀일(萬法歸一, 모든 것이 마침내 한군데로 돌아감)은 세상의 통합과 통일을 의미하며, 근본적인 만고 불변의 진리를 추구한다.

사람들은 세상에 존재하는 근본적인 관념, 즉 가치와 도리를 깨우치기만 하면 모든 것을 정확히 처리할 수 있다고 믿는다. 이것은 삶에 엄청난 자신감과 즐거움을 불어넣는 힘이다.

그래서 우리는 내면의 이드(Id, 원초아, 무의식 속에 가지고 있는 선천적이고 본능적인 에너지의 원천)를 추구하며 단련을 통해 내공을 쌓아가야 한다. 더불어 외적으로는 관대하고 인자한 도를 베풀며, 처지를 바꾸어 생각하려는 노력이 필요하다. 이때 용서는 인(仁)에 가까워야 한다. 그래야만 말뿐인 용서에서 벗어나 적을 만들지 않고 자멸을 막을 수 있다.

萬物皆備於我矣
만 물 개 비 어 아 의

널리 배우고 뜻을 두텁게 하라

공자가 말했다. 널리 배워서 뜻을 두텁게 하고, 간절하게 묻고 가까운 것부터 생각하면 인(어짊)이 바로 그 안에 있다.

이탈리아의 화가이자 조각가인 레오나르도 다 빈치는 철두철미하게 조사하고 검증한 뒤 확신을 가졌을 때 작업에 들어가곤 했다.

어느 날, 그는 교회 강단 뒤에 하나님의 성령이 깃든 그림을 그려달라는 부탁을 받았다. 이번에도 그는 금방 작업에 들어가지 않았다. 매일 들과 바다로 돌아다니며 스케치북에 뭔가를 그려 넣기만 했다. 교회 신자들은 갖가지 새와 들판에서 일하는 농부 따위의 그림만 있는 그의 스케치북을 보고는 비난을 쏟아냈다.

"이것은 하나님을 모독하는 것이오. 어찌 이런 그림을 성스러운 교회에 그리려 한단 말이오? 이번 일은 없던 것으로 합시다!"

"여러분은 바다 위의 새나 들판에서 일하는 농부에 대해 얼마나 알고 있습니까? 새와 농부도 하나님의 창조물입니다. 지금도 하나님은 애정을 가지고 그들을 보살피고 계시죠. 나 역시 지금까지 내가 그리고자 하는 대상에 애정을 가지고 살펴보았을 뿐입니다. 그동안 나는 엉뚱한 일을 한 적이 없으며, 오직 여러분이 부탁한 그림을 그릴 생각만 하고 있었습니다."

그의 말을 듣고 신자들은 고개를 숙인 채 아무 말도 하지 못했다.

 子曰 博學而篤志 切問而近思 仁在其中矣
자왈 박학 이 독 지 절 문 이 근 사 인 재 기 중 의

명성을 좇되 그 명성을 더 소중히 여겨라

군자는 사는 동안 자신의 이름이 칭송받지 못할까 봐 두려워한다.

군자는 명예와 명성을 추구해야 한다. 하지만 이것은 우리가 흔히 비판하는 명리와 구분된다. 명리의 '이(利)'는 이익이고, 명예와 명성은 헛된 명성이나 남의 이름을 도용하는 것과 달리, 어떤 분야에서 성과와 덕을 바탕으로 세상에 공을 세우고 영향력을 끼치는 것을 의미한다.

헛된 명성을 얻었을 때 자중하며 기고만장해서는 안 된다. 물론 평생 아무런 성과도 거두지 못한 채 자기 연민에 빠져 한탄만 하는 것도 병이라고 할 수 있다.

사람들의 동정을 받은 쿵이지(루쉰의 단편소설 〈쿵이지〉의 주인공)를 예로 들어보자. 그가 사는 동안 그를 질투하고 시기한 사람이 설마 단 한 명도 없었을까? 그에게 타인을 화나게 하거나 구제 불능이라고 여길 만한 일면이 과연 단 하나도 없었을까?

자신의 명성 관련 문제를 고려하다 보면 한 가지 좋은 점이 있다. 바로 자신의 말과 행동에 기준점이 생기고, 존엄을 유지하게 되며, 예와 도를 어기는 행동이나 그런 부류와 거리를 두게 된다.

君子疾沒世而名不稱焉
군 자 질 몰 세 이 명 불 칭 언

의심받을 행동은 처음부터 하지 말라

오이밭에서 신을 고쳐 신지 말고, 오얏나무 아래서 갓을 고쳐 쓰지 말라.

간신 주파호의 국정농단으로 제나라가 심히 어지러워지자, 후궁 우희가 위왕에게 아뢰었다.

"주파호는 음흉한 사람이니 그를 내치시고, 북곽 선생과 같은 어진 선비를 등용하시옵소서."

이 소식을 들은 주파호는 우희와 북곽 선생이 서로 좋아하는 사이라고 모함했다. 위왕은 우희를 옥에 가두고 관원에게 철저히 조사하라고 명했다. 하지만 이내 위왕은 우희를 직접 신문했다.

"저의 결백은 푸른 하늘의 해처럼 명백합니다. 저에게 죄가 있다면 '오이밭에서 신을 고쳐 신지 말고, 오얏나무 아래서 갓을 고쳐 쓰지 말라'는 교훈을 망각한 것입니다. 이제 저에게 죽음의 형벌을 내리신다 해도 더 이상 변명치 않겠습니다. 다만 주파호 같은 간신만은 부디 내쳐주십시오."

우희의 충심 어린 호소에 자신의 잘못된 판단을 깨달은 위왕은 주파호 일당을 죽이고 어지러운 나라를 바로잡았다.

瓜田李下
과 전 이 하

모든 일의 자초지종을 파악하라

행하면서도 왜 그렇게 해야 하는지 모르고 습관적으로 할 뿐 그 이유를 알
지 못하니, 평생을 행하면서도 그 도를 깨우치지 못하는 자가 많다.

 분명 무언가를 했지만 무엇을 했는지 모르고, 익숙해졌지만 무엇
에 익숙해졌고 왜 익숙해졌는지 깨닫지 못하고, 사는 내내 정해진
이치에 따라 움직였을 뿐 그것이 어떤 이치인지 모른다. 이것은 대
다수 사람이 겪는 상황이기도 하다.

 사실 사회 속에서 어떤 일을 하다 보면 일정한 가치판단, 규칙, 관
습에 따라 움직일 수밖에 없다. 문제는 대부분의 사람이 오랫동안
사회적 실천을 통해 인정된 것을 따르기만 할 뿐 그 속에 담긴 경위
는 묻지도 따지지도 않는다는 데 있다. 이렇게 되면 삶이 수동적일
뿐더러 어리석어진다.

 큰 뜻을 세운 사람이라면 이런 상황을 반드시 피해야 한다.

行之而不著焉 習矣而不察焉 終身由之而不知其道者衆也
행 지 이 부 저 언 습 의 이 불 찰 언 종 신 유 지 이 부 지 기 도 자 중 야

천성이 맑으면 심신이 편안하다

천성이 맑으면 기갈을 면할 정도만으로 심신을 건강하게 할 수 있지만, 심지가 혼미하여 걷잡을 수 없이 흔들리면 비록 선을 이야기하고 부처의 진리를 풀이한다 해도 이는 모두가 정신을 희롱하는 일일 뿐이다.

세종 때의 정승 허조는 청백리로 불릴 만큼 생활이 청빈한 인물이었다. 어느 날, 밤늦도록 책을 읽고 있는데 밖에서 하인이 급히 아뢰었다.

"집에 도둑이 든 것 같습니다!"

허조의 부인도 허둥지둥 밖으로 나왔다.

"대감, 도둑이 패물함도 다 들고 갔어요…… 아니, 대감께서는 초저녁부터 지금까지 계속 깨어 있었으면서 도둑이 왔다 간 걸 어찌 모를 수 있습니까…… 대답 좀 해보세요!"

부인이 목소리를 높이며 다그치자, 허조가 나직이 말했다.

"내, 도둑과 싸우느라 힘들었으니 그만하시오."

"도둑과 싸우셨다고요? 그 도둑의 얼굴을 보았단 말입니까?"

"아니, 얼굴은 없는 놈이었소."

"그게 무슨 말씀이세요?"

"내 마음속에 물건을 훔쳐 간 도둑보다 더 큰 도둑이 들어왔소. 바로 물욕과 잡념이라는 도둑이었소. 그놈을 없앴으니 얼마나 다행이오."

性天澄徹 卽饑喰渴飮 無非康濟身心
성 천 징 철 즉 기 식 갈 음 무 비 강 제 신 심
心地沈迷 縱談禪演偈 總是播弄精魂
심 지 침 미 종 담 선 연 게 총 시 파 롱 정 혼

두려움 속에 복이 깃들어 있다

제사를 지낼 때 공경할 수 있도록 노력하고, 상을 당했을 때 슬픔을 생각한 다면 선비로서의 기본적인 자질을 갖추었다고 할 수 있다.

　사회가 현대화될수록 미혹을 향한 사람들의 두려움도 점점 사라지고 있다. 이는 인간의 자기해방일 수 있다. 하지만 제멋대로 행동하는 경향이 강해지면 결과적으로 재앙이 초래될 수도 있다. 두려움이나 제약조차 없이 무소불위의 기세로 미혹에 휩쓸렸을 때 선악의 갈림길에서 어떤 결과가 만들어질지 숙고해봐야 한다.

　두려운 마음을 어느 정도 가진 사람에게 복이 깃든다고 했다. 두려운 마음은 근본을 지켜야 하기에 생기고, 그 마음을 어느 정도 품어야 이해관계에 얽혔을 때 근본을 망각하는 일을 피할 수 있다. 일말의 두려움이나 근심조차 없이 행해진 절대적 허무, 그러한 자유 안에서는 아무런 생명력도 기대할 수 없다.

 祭思敬 喪思哀 其可已矣
　　　제 사 경　상 사 애　기 가 이 의

빈손으로 왔다가 빈손으로 간다

석 자 되는 땅속으로 돌아가지 않고서는 백 년의 몸을 보전하기 어렵고, 이미 석 자 되는 땅속으로 돌아가서는 백 년 동안 무덤을 보전하기 어렵다.

여우 한 마리가 포도밭을 기웃거렸다. 여우는 어떻게든 포도밭 안으로 들어가려 했으나 울타리가 너무 촘촘하게 세워져 있어서 좀처럼 들어갈 수 없었다.

'반드시 저 포도를 먹고 말 거야.'

여우는 사흘간 굶었다.

'음, 이 정도면 되겠지……'

그래도 울타리 안으로 들어가기에는 몸이 비대했다. 여우는 다시 이틀을 더 굶었다. 그렇게 살을 뺀 여우는 마침내 울타리 사이를 비집고 포도밭 안으로 들어갔다. 여우는 입에 닿는 족족 포도를 먹어치웠다. 어느덧 사흘이 흘렀다.

'이제 먹을 만큼 먹었으니 울타리 밖으로 나가자.'

하지만 몸이 불어 울타리 밖으로 나갈 수가 없었다. 여우는 또다시 사흘을 굶어 살을 뺀 다음 울타리 밖으로 나왔다. 여우는 문득 허무함을 느꼈다.

"결국 내 몸집은 들어갈 때나 나올 때나 똑같이 되고 말았군."

사람의 삶도 이와 다르지 않다. 빈손으로 왔다가 빈손으로 간다.

未歸三尺土 難保百年身 已歸三尺土 難保百年墳
미 귀 삼 척 토 난 보 백 년 신 이 귀 삼 척 토 난 보 백 년 분

DAY 048

孟子
맹자

열정을 예술로 승화시켜라

하늘을 우러러보면서 밤낮으로 생각하고, 다행히 묘안이 떠오르면 날이 밝을 때까지 앉아서 기다렸다.

진리와 큰 도를 추구하고, 자신만의 흥미와 취미가 있는 사람은 진정 행복하다.

무언가에 빠져들면 먹고 자는 것조차 잊을 만큼 밤낮으로 그 일에 매달릴 줄 알아야 한다. 이러한 집념이 최고의 자리에 올려놓는 원동력이다.

영국의 철학자이자 수학자인 버트런드 러셀은 말했다.

"인류가 이룩한 성과 중 가장 위대한 것들은 늘 모종의 심취에서 비롯되었다."

이렇게 심취해야만 비로소 욕망을 열정으로, 열정을 다시 예술로 승화시킬 수 있다.

 仰而思之 夜以繼日 幸而得之 坐以待旦
앙 이 사 지 야 이 계 일 행 이 득 지 좌 이 대 단

전쟁과 병은 초기에 잡아라

군대를 이용하여 전쟁할 때는 빠른 승리처럼 귀중한 것이 없다. 전쟁이 오
래 지속되면 병사가 둔해지고 예기가 꺾이고 성을 공격하면 아군의 힘이 소
진된다. 오랫동안 군사를 바깥으로 노출하면 국가 재정이 부족해진다.

중국 고대의 전설적인 명의 편작이 채나라의 환공을 진찰할 때마
다 환공은 편작의 충고를 무시했다.

시간이 흐르고, 또다시 진료를 마친 편작은 이번에는 아무 말도
하지 않고 서둘러 궁궐을 빠져나갔다. 이상하게 여긴 환공이 사람을
시켜 이유를 알아 오라고 했다. 편작은 이렇게 말했다.

"병이 살갗에 있을 때는 더운물 찜질로 고칠 수 있었고, 병이 살
속과 피부에 있을 때는 침으로 고칠 수 있었다. 병이 위장에 있을 때
는 약을 달여 먹으면 고칠 수 있었다. 하지만 병이 골수에 있게 되면
운명을 맡아보는 신의 소관이어서 사람으로서는 어찌할 수 없다. 그
런데 지금 전하의 병은 골수에 있다."

과연 며칠 후 환공의 병이 악화돼 편작을 찾았으나 그는 이미 멀
리 도망간 뒤였다. 어차피 자기 힘으로는 고치지 못할 병이므로 공
연히 치료한답시고 나섰다가 환공의 노여움을 사면 자기 목숨마저
위태로워질 거라고 생각했기 때문이다. 이처럼 병도 초기에 잡아
야 하듯 전쟁도 초기에 속전속결로 끝내야 인적, 물적 부담을 덜 수
있다.

其用戰也貴勝 久則鈍兵挫銳 攻城則力屈 久暴師則國用不足
기 용 전 야 귀 승 구 즉 둔 병 좌 예 공 성 즉 력 굴 구 폭 사 즉 국 용 부 족

DAY 050

論語
논어

어리석은 삶에서 벗어나라

어질지 못한 사람은 곤궁한 상황에 오래 머물지 못하며, 오래도록 안락하게 지내지도 못한다.

안목이 짧고 눈앞의 이익에만 급급한 모습은 나약하고 어리석은 사람의 전형적 특징이다. 그런 이들은 좌절과 억울함을 감당하지 못하고, 멀리 내다볼 줄 모르며, 자신을 통제하지 못한다.

그래서 그들에게는 긍정적 요소를 총동원해 화를 피할 방도가 없고, 좋은 벗은 물론 믿고 따를 만한 사람 또한 곁에 남아 있지 않다.

실패와 성공 그리고 빈부와 귀천을 결정짓는 과정에서 주변 사람의 역할도 중요한데, 이런 부류의 사람을 곁에 두는 순간부터 함께 나락으로 떨어질 수밖에 없다.

어질지 못한 자는 소박하고 청빈한 생활 속에 오래 머물지 못할 뿐 아니라 즐겁고 행복한 삶을 오래 지속할 수 없다.

최소한의 인과 덕을 갖추지 못한 사람은 어떤 환경에서도 겉돌게 되므로 늘 마음속에 불만이 사라지지 않는다.

 不仁者不可以久處約 不可以長處樂
불 인 자 불 가 이 구 처 약 불 가 이 장 처 락

청렴을 의식하라

이부자리와 솜옷 외에 책을 한 수레 싣고 간다면 청렴한 선비의 행장이라 할 수 있다.

조선 중기 때 우의정과 좌의정을 거쳐 1544년에 영의정에 오른 문신 홍언필은 검소한 생활로 백성들의 본이 된 인물이다. 그의 아들 홍섬 또한 영의정을 세 번씩이나 지낸 명재상이었다.

홍섬이 판서로 있을 때의 일이다. 한번은 홍섬의 어머니가 아들이 호사스러운 가마에 올라 행차하는 모습을 보고 매우 흡족히 여기고는 홍언필에게 자세히 일렀다.

"우리가 그래도 자식 참 의젓하게 키웠지요?"

부인의 말을 전해 들은 홍언필은 격노하면서 즉시 아들을 집으로 불러들였다.

"아직도 내 뜻을 헤아리지 못했구나. 판서라면 백성들에게 모범을 보여야 할 위치이거늘 사치스러운 모습을 보이다니……. 그것이 결국 네 인덕을 짓밟는 일이라는 사실을 어찌 모른단 말이냐!"

서릿발 같은 훈계를 마친 홍언필은 아들이 탔던 가마를 다시 갖고 오라고 하여 아들을 가마에 오르게 했다. 그런 다음 가마를 마당에서 계속 돌게 하고 자신은 그 뒤를 쫓아 종종걸음으로 수없이 맴돌았다. 이후, 홍섬은 다시는 호사스러운 가마에 오르지 않았다고 한다.

衾枕袍繭之外 能載書一車 淸士之裝也
금 침 포 견 지 외 능 재 서 일 거 청 사 지 장 야

인문적 특징을 유지하라

사람이 금수와 다른 점은 사실 그리 많지 않다.

인간의 내면에 존재하는 인문적 특징을 상실하면 사람도 금수와 다를 바 없는 존재가 될 수 있다.

훌륭한 인격과 덕을 갖춘 사람은 자신의 인문적 특징을 한결같이 유지하고 보호하는 데 탁월한 능력을 발휘할 줄 안다. 물론 그들 역시 식욕, 색욕, 물욕에서 자유로울 수 없다. 하지만 그들은 인(仁)과 의(義)의 도리를 따르는 원칙과 예법의 규율 속에서 자신을 다스릴 줄 안다.

반면, 소인은 전혀 그렇지 못하다. 그들은 사리사욕에 정신이 팔려 의를 저버리고, 색(色)에 취해 예(禮)를 상실하고, 권력에 눈이 멀어 인(仁)을 잊는 등 너무 쉽게 동물적 본능에 휩쓸린다. 그 결과 악덕이 난무하고, 악인이 횡행하고, 악습이 판을 치고, 예법이 무너져 내린다. 이 모든 것이 때로는 생각의 한 끗 차이에 달려 있기도 하다.

자신의 인문적 특징을 유지하는 것만이 인격과 인품을 갖춘 진정한 사람이 되는 길이다.

 人之所以異於禽獸者幾希
인 지 소 이 이 어 금 수 자 기 희

DAY 053 新唐書 신당서

웃음 뒤의 칼을 경계하라

입으로 꿀 같은 말을 하지만 가슴에는 칼을 품고 있다.

당나라 현종 때 이림보라는 재상이 있었다. 그는 뇌물로 환관과 후궁들의 환심을 샀고, 현종에게 아첨하여 재상이 되었다. 또한 양 귀비에게 빠져 정사를 멀리하는 현종을 부추기며 조정을 자기 마음 대로 휘둘렀다.

이림보에 의해 바른말을 하는 충신과 그의 권위에 위협적인 신하 는 가차 없이 제거되었다.

그런데 그는 정적을 제거할 때 먼저 상대방을 한껏 칭찬하여 우쭐 하게 만든 다음 뒤통수를 치는 수법을 썼다. 그 때문에 많은 벼슬아 치가 그를 두려워하며 이렇게 말했다.

"이림보는 입으로 꿀 같은 말을 하지만 가슴에는 칼을 품고 있다!"

口蜜腹劍
구 밀 복 검

우선 좋은 사람이 되라

제자가 집에 들어가서는 부모님께 효도하고, 밖에 나가서는 언행을 삼가고 신의를 지키며, 널리 사람들을 사랑하며, 사람다운 도리를 실천하는 이를 가까이하며, 그러고도 여력이 남으면 학문에 힘써야 한다.

사람은 죽을 때까지 겸손하게 사람의 도리를 배우는 일을 게을리 하면 안 된다. 이것은 한 사람의 됨됨이와 인품에 영향을 미치는데, 이런 사람됨은 평생에 걸쳐 완성된다.

사람됨의 기준은 평생 겸손하게 사람의 도리를 배우는 것이며, 이를 위해 우선 자신의 품격 및 인생관과 가치관을 마련하고, 사람됨의 기본 원칙을 제대로 파악하고, 자신의 기본적 인격을 형성하기 위해 노력하고, 그러고 난 후 여력이 생기면 학문과 기술에 매진해야 한다.

사람됨, 인간관계, 도덕과 자율성을 키우는 일이 최우선이 되어야 한다. 배움과 문화적 소양, 일의 성과, 출세와 공명은 그다음 문제다.

弟子 入則孝 出則弟 謹而信 汎愛衆 而親仁 行有餘力 則以學文
제 자 입 즉 효 출 즉 제 근 이 신 범 애 중 이 친 인 행 유 여 력 즉 이 학 문

입은 양날의 검이다

입은 사람을 상하게 하는 도끼요, 말은 혀를 베는 칼이니, 입을 막고 혀를
깊이 감추면 몸이 어느 곳에 있든 편안할 것이다.

한 부자가 하인을 불러 심부름을 시켰다.

"시장에 가서 가장 비싸고 맛있는 것 좀 사 오너라."

하인은 시장으로 달려가서 혀를 사 왔다.

며칠 후, 부자가 다시 하인을 불러 심부름을 시켰다.

"시장에 가서 가장 값싼 것을 사 오너라."

하인은 이번에도 혀를 사 왔다. 부자가 의아해하며 하인에게 물었다.

"가장 비싸고 맛있는 것을 사 오라고 해도 혀를 사 오고, 가장 값
싼 것을 사 오라고 해도 혀를 사 오니, 도대체 어찌 된 일이냐?"

하인이 대답했다.

"혀가 비싸고 좋기로 치자면 그 이상 가는 것이 없습니다. 하지만
값싸고 나쁘기로 칠 때도 그보다 더한 것은 없습니다. 그래서 혀를
사 온 것입니다."

 口是傷人斧 言是割舌刀 閉口深藏舌 安身處處牢
구 시 상 인 부 언 시 할 설 도 폐 구 심 장 설 안 신 처 처 뢰

사람됨의 마지노선, 양지를 사수하라

사람이 배우지 않고도 잘할 수 있는 것은 양능(良能)이고, 생각하지 않아도
아는 것은 양지(良知)이다.

예로부터 훈련을 통해 배우지 않고도 잘할 수 있는 것을 양능(良能), 생각하지 않아도 알 수 있는 지식을 양지(良知, 양심)라고 불렀다. 지금까지도 양능과 양지, 이 두 용어는 여전히 거대하고 강렬한 현실적 의미와 사람 마음을 움직이는 감동의 힘을 가지고 있다. 그것은 상식, 인지상정, 도리에 호소하는 독특한 매력을 발휘한다.

오늘날 일반적으로 말하는 양지와 양능은 논란을 최소한도로 낮추는 인간의 품덕(品德, 인품과 덕성)과 인지의 마지노선 혹은 보편적 가치를 의미한다. 예컨대 종족 말살, 민간인 대량 학살, 잔혹한 형벌 및 고문 등이 지금 인류의 양지, 양능을 위배하는 행위라고 말한다면, 핵심은 그 능력을 갖추고 태어났는지, 그 지식을 저절로 알게 된 것인지 여부가 아니라 그것이 인간으로서의 마지노선을 위배했다는 데 있다.

人之所不學而能者 其良能也 所不慮而知者 其良知也
인 지 소 불 학 이 능 자 기 양 능 야 소 불 려 이 지 자 기 양 지 야

자연과 하나가 되라

눈이 내린 뒤 달 밝은 밤을 맞이하면 심경이 밝아지고, 봄바람의 화창한 기운을 만나면 마음 또한 절로 부드러워지니, 자연과 사람은 흔연히 융합되어 조금의 틈도 없다.

《열자》〈역명편〉에 보면 자연에 대한 그의 시각이 잘 나타나 있다. 무릇 사람이 자연의 질서에 따라 살 수 있을 때 사는 것은 자연이 준 혜택이며, 죽을 수 있을 때 죽는 것 또한 자연이 준 혜택이다. 이와 반대로 사람이 자연의 질서에 따라 살 수 있을 때 살지 못하는 것은 자연이 준 형벌이고, 죽을 수 있을 때 죽지 못하는 것 또한 자연이 준 형벌이다.

자연의 질서에 따라 살 만할 때 살고, 죽을 만할 때 죽는 것은 자연스럽게 나서 자연스럽게 죽는 것이며, 살 만할 때 살지 않고, 죽을 만할 때 죽지 않는 것은 부자연스럽게 살다가 부자연스럽게 죽는 것이다.

그런데 사람이 살기도 하고 죽기도 하는 것은, 나 아닌 어떤 물(物)이 그렇게 시키는 것도 아니고, 또 내가 그러고 싶어서 그렇게 하는 것도 아니다. 이는 모두 자연의 명령이다. 결코 인간의 지혜를 가지고는 어찌할 수가 없는 것이다. 그러므로 자연의 법칙은 저절로 돌아가며, 천지도 어길 수 없고, 성자(聖者)와 지자(智者)도 간섭할 수 없다.

當雪夜月天 心境便爾澄徹 遇春風和氣
당 설 야 월 천 심 경 변 이 장 철 우 춘 풍 화 기
意界亦自沖融 造化人心 混合無間
의 계 역 자 충 융 조 화 인 심 혼 합 무 간

속전속결하려면 왕을 잡아라

군대를 운용하는 일은 졸속으로 빨리 끝내야 한다는 말은 들어봤지만, 기교를 부리며 오래 끌어야 좋다는 말은 들어본 적이 없다.

일을 시작하려면 반드시 그 요점을 파악해야 하고, 악을 없애려면 그 뿌리부터 잘라내야 한다. 이러한 맥락으로 전쟁을 빨리 끝내려면 적장을 사로잡거나 죽임으로써 적 내부를 무너뜨려야 한다.

당나라에서 안록산의 난이 일어났을 때, 수양성을 지키던 장순의 전력은 윤자기가 이끄는 13만의 반란군에 크게 뒤졌다. 장순은 '사람을 쏘려면 먼저 말을 쏘고 적을 잡으려거든 먼저 왕을 잡아라'라는 병서의 전술로 전세를 뒤집을 묘책을 강구했다. 그는 반란군이 대대적인 공격을 감행해 올 때 병사들로 하여금 건초 화살을 쏘게 했다. 그러고는 전장을 주시하며 명궁을 대기시켰다. 이윽고 건초 화살을 비웃으며 보고 받는 적장을 확인한 순간 명궁에게 진짜 화살을 쏘라 명했다. 마침내 눈에 화살을 맞고 적장이 쓰러졌으니 그게 바로 윤자기였다. 순식간에 오합지졸이 된 반란군은 혼란 속에서 수십 리 밖으로 후퇴할 수밖에 없었다.

故兵聞拙速 未睹巧之久也
고 병 문 졸 속 미 도 교 지 구 야

DAY 059 용감함을 학습하라

論語 논어

용감한 것을 좋아하되 배우기를 좋아하지 않으면 거칠고 무모하게 돌진하며 소란을 일으키기 쉽다.

용감함은 긍정적인 덕목이다. 하지만 배움을 통해 그 덕목을 갈고 닦지 않으면 거친 천성의 영향을 받아 다소 편파적으로 변질될 수 있다.

정직하고 거침없는 성격이라고 자처하지만 말이나 행동으로 환심을 사는 사람, 부리기 쉽고 쓸모 있는 사람이라고 자처하지만 천박하게 영합하며 잇속을 차리는 사람, 정의감이 넘치는 사내대장부라고 자처하지만 큰소리치며 주목받고 싶어 할 뿐 내실이 없는 사람, 만사에 능통하다고 자처하지만 만사에 느슨한 사람, 착실하다고 자처하지만 우둔하고 배신을 일삼는 사람, 독립적인 인격을 가지고 있다고 자처하지만 온갖 수단을 동원해 명예를 추구하는 사람, 추진력이 있다고 자처하지만 거드름만 피울 뿐 성과가 없는 사람……. 지금도 우리 주위에는 이런 사람들이 넘쳐난다.

好勇不好學 其蔽也亂
호 용 불 호 학 기 폐 야 란

자신의 덕행을 귀히 대접하라

사람은 누구나 자신만의 귀한 것을 가지고 있다. 다만 그들이 그것을 알아채지 못하고 있을 따름이다.

사실 누구나 내면에 자신만의 고귀한 능력을 갖추고 있다. 다만 많은 이가 그 능력이 이끄는 방향으로 사고하려 들지 않을 뿐이다. 인간에게 가장 중요한 것은 높은 지위, 권세나 돈이 아니라 정신적 고귀함이다. 자신의 덕행을 충실하게 다져온 사람은 권력과 돈에 의지하지 않고, 권세를 가진 자의 인정에 의존할 필요도 없다.

'사람은 누구나 자신만의 귀한 것을 가지고 있다. 다만 그들이 그것을 알아채지 못하고 있을 따름이다.'

맹자의 이 가르침은 간단명료하면서도 명쾌한 깨우침을 선사한다. 문제는 더할 나위 없이 고결하고 진귀하며 타고난 자신의 능력 가치를 소중하게 여기지 못한 채 타인의 '추악한 성공'만을 부러워하는 어리석고 좁은 소견에 사로잡힌 사람이 너무 많다는 것이다.

그들은 벼락부자가 되는 식의 성공, 비루한 지식과 경험을 바탕으로 내실 없이 운 좋게 이룩한 성공, 거드름을 피우며 무게만 잡는 성공, 소인배의 손에 칼자루를 쥐어주는 식의 성공, 남의 힘을 빌려 이룩한 성공일지라도 오로지 그 결과만 부러워하며 자신을 하찮은 존재로 전락시킨다.

 人人有貴于己者 弗思耳矣
　　　　인 인 유 귀 어 기 자　불 사 이 의

三月

3월

형체, 행동거지와 용모, 기색은
모두 타고나는 것이며,
오로지 성인(聖人)만이
하늘이 부여한 형색의 능력을
제대로 발휘하며 살아갈 수 있다.

《맹자》

변절을 경계하라

군자로서 위선적인 행동을 한다면, 소인이 악을 거침없이 행하는 것과 같다. 군자로서 변절한다면, 소인이 잘못을 뉘우치는 것만도 못하다.

일제 강점기 때 조선미술협회 창립을 위한 기념행사에 월남 이상재가 초청받았다. 그날 행사에는 일본인과 이완용, 송병준 등의 친일파가 대다수였지만, 그는 조금도 굽힘이 없었다. 그는 옆자리에 앉은 이완용에게 슬쩍 말을 건넸다.

"선생께서는 우리 조선에서 사실 게 아니라 동경에서 사시는 게 어떻겠습니까?"

"무슨 말씀이지?"

"지금까지 저는 선생이 하시는 일을 쭉 지켜보았습니다. 선생께서는 남을 망하게 하는 데 천부적인 소질을 갖고 계신 듯합니다."

"예?"

"선생이 동경에서 사신다면 머지않아 일본도 망하지 않고는 못 배길 게 아닙니까? 하하하……."

이상재의 악담에 이완용은 아무 대꾸도 하지 못했다. 행사가 끝날 때까지 이완용은 좌불안석인 채로 앉아 있었고, 이상재는 당당하고도 여유 있는 자세로 앉아 있었다.

君子而詐善 無異小人之肆惡 君子而改節 不及小人之自新
군 자 이 사 선   무 리 소 인 지 사 악   군 자 이 개 절   불 급 소 인 지 자 신

독단이 마음을 해친다

이욕(利慾)이 마음을 해치는 것이 아니라, 독단적인 생각이 마음을 해치는 해충이다. 여색이 도를 가로막는 것이 아니라, 오히려 총명함이 도를 가로막는 장애물이다.

산중 암자에 기거하는 두 스님이 아침 일찍 마을로 내려와 볼일을 본 뒤 저녁 무렵 돌아가는 중이었다. 다리 없는 냇가에 당도했을 때 저만치에서 웬 처녀가 발을 동동 구르고 있었다.

상황을 파악한 한 스님은 처녀에게 등을 보이며 업히라는 시늉을 했다. 처녀는 잠시 머뭇거리다가 스님의 등을 빌려 내를 건넜다. 그 사이 다른 스님도 내를 건넜다. 두 스님이 다시 길을 걷기 시작했다. 그런데 나중에 내를 건넌 스님이 버럭 화를 냈다.

"처자의 몸에 손을 대다니, 대체 정신이 있는 겐가?"

처녀를 도운 스님은 아무런 대꾸도 하지 않았다.

한 시간쯤 지나자 두 스님은 암자 입구로 들어서게 되었다. 그때까지도 나중에 내를 건넌 스님은 처녀를 도운 스님을 계속 비난하고 있었다. 암자 앞에 거의 다다랐을 때 처녀를 도운 스님이 말했다.

"자넨 힘들지도 않나? 나는 그 처자를 이미 한 시간 전에 내려놓았는데, 자네는 아직도 업고 있으니 말일세. 이제 그만 처자를 내려놓게. 암자 안까지 업고 들어갈 셈인가?"

利慾未盡害心 意見乃害心之蟊賊 聲色未必障道 聰明乃障道之藩屏
이 욕 미 진 해 심 의 견 내 해 심 지 모 적 성 색 미 필 장 도 총 명 내 장 도 지 번 병

자기 주관을 너무 맹신하지 말라

여러 맹인이 코끼리를 더듬는다.

　인도의 경면왕이 어느 날 맹인들에게 코끼리를 알려주려고 그들을 궁중으로 불러 모았다. 왕은 신하를 시켜 코끼리를 끌어오게 한 다음, 맹인들에게 만져보게 했다. 그런데 맹인들은 자기가 만져본 부위에 따라 말이 달랐다.

　상아를 만진 맹인은 "무 같습니다"라고, 귀를 만진 맹인은 "키와 같습니다"라고, 머리를 만진 맹인은 "돌과 같습니다"라고, 코를 만진 맹인은 "절굿공이 같습니다"라고 했다. 또한 다리를 만진 맹인은 "널빤지와 같습니다"라고, 배를 만진 맹인은 "독과 같습니다"라고, 꼬리를 만진 맹인은 "새끼줄과 같습니다"라고 했다.

　여기서 코끼리는 석가모니를 비유한 것이고, 맹인들은 중생을 비유한 것이었다. 즉, 중생은 석가모니를 부분적으로밖에 이해할 수 없다는 것이다. 결국 중생에게는 석가모니가 각각 따로 존재한다는 것을 말한다.

群盲撫象
군 맹 무 상

착한 사람 콤플렉스에서 벗어나라

군자에게는 세 가지 변화가 있다. 멀리서 바라보면 엄숙하고, 가까이 다가
가면 온화하고, 그의 말을 들어보면 명확하다.

타고난 성향 자체가 정직하고 진지하고 온화해 보이는 것은 무골
호인이어서가 아니다. 누군가가 그에게 다가오면, 그는 선심과 존중
심으로 상대를 대하기 때문이다. 말이 엄격하고 매섭게 느껴지는 것
은 그의 눈빛이 날카롭고, 의식이 깨어 있고, 통찰력이 뛰어나 온갖
종류의 저급한 수단을 정확히 꿰뚫어 보기 때문이다.

군자일수록 까다로운 일면을 가지고 있다. 지혜, 도덕과 율령, 앎
의 경지는 상대방을 주눅 들게 만들곤 하는데, 소인배일수록 그 압
박에서 벗어나지 못한다. 너무 높이 올라서면 소인배는 그런 압박을
느낄 수밖에 없다.

君子有三變 望之儼然 即之也溫 聽其言也厲
군 자 유 삼 변 망 지 엄 연 즉 지 야 온 청 기 언 야 려

나 자신을 돌아본다

《성리서》에서 말했다. 사물을 대하는 요체는, 자기가 하기 싫은 일은 남에게 베풀지 말고, 행하고서도 얻지 못하는 것이 있거든 자기에게서 원인을 찾아라.

어느 날, 짐새가 독사를 만나자 부리를 세우며 노렸다. 화들짝 놀란 독사가 짐새에게 말했다.

"세상 사람들이 널 독이 있는 새라고 하는 것은 날 잡아먹기 때문이야. 그러니 네가 날 잡아먹지 않는다면 독이 있다는 소리를 듣지 않을 거야."

"그래서 널 잡아먹지 말라고?"

"그래."

"하지만 너는 일부러 사람을 물어 독을 퍼뜨리잖아? 너나 나나 사람들한텐 독이 있는 동물일 뿐이야. 어차피 우리에게 독이 있다는 건 중요한 게 아니지. 네가 독이 있으니 잡아먹지 말라는 건 네 얄팍한 속임수일 뿐이야."

"하지만 날 잡아먹는다고 그들에게 그리 도움 줄 수는 없잖아?"

"넌 사람을 물어 독을 퍼뜨리지? 네가 사람에게 해를 끼치는 걸 막기 위해 널 잡아먹는다면 사람들이 좋아하지 않을까?"

독사는 말문이 막혔고, 짐새는 얼른 독사를 쪼아 먹었다.

性理書 云 接物之要 己所不欲 勿施於人 行有不得 反求諸己
성 리 서 운 접 물 지 요 기 소 불 욕 물 시 어 인 행 유 부 득 반 구 제 기

사람은 마땅히 사람다워야 한다

DAY 066

孟子
맹자

형체, 행동거지와 용모, 기색은 모두 타고나는 것이며, 오로지 성인(聖人)만 이 하늘이 부여한 형색의 능력을 제대로 발휘하며 살아갈 수 있다.

사람이라면 사람답게 형식과 내용, 겉과 속이 일치해야 한다. 인간은 온몸이 털로 뒤덮이고 네발로 기어 다니는 짐승의 모습이 아니라 오관(五官, 눈, 코, 혀, 귀, 피부)과 사지(四肢)를 가진 모습으로 태어난 만물의 영장이다. 따라서 이에 걸맞은 모습으로 자신을 만들고 드러낼 수 있어야 한다.

사람의 형상을 하고 태어난 이들을 진정으로 사람답게 만드는 것은 바로 그들의 선량한 천성을 끌어내고 발전시키는 데 있다.

안타까운 것은 사람의 형상만 가지고 있는 그런 이들이다. 비록 그들은 사람의 탈을 쓰고 있다 하나 뱀, 전갈, 호랑이, 늑대와 하등 다를 바 없다.

 形色 天性也 惟聖人然後 可以踐形
형 색 천 성 야 유 성 인 연 후 가 이 천 형

마음을 맑게 하라

청렴은 목민관의 기본 임무이고, 모든 선의 근원이며 모든 덕의 근본이다.
청렴하지 않은 마음으로 목민관 노릇을 할 수 있는 자는 아무도 없다.

'청심(淸心)'이란 말 그대로 마음을 맑고 깨끗하게 하는 것이다. 고
을을 다스리는 목민관이 청렴하지 않으면 온갖 비리가 생겨나고 그
비리로 인해 기강이 해이해져 백성들은 도탄과 무질서에 빠질 수밖
에 없다. 청렴에 관하여 다산은 이렇게 논했다.

'청렴이란 목민관의 기본 의무이자 모든 선(善)의 원천이요, 모든
덕의 근본이다. 청렴하지 않고 목민관을 할 수 있는 자는 없다. 비록
재물을 얻은 것을 마음에 두었다 하더라도 마땅히 청렴한 관리가 되
어야 하는 이유는, 지체와 문벌이 화려하고 재주와 명망이 가득한
사람도 돈 수백 꾸러미 때문에 모함에 빠져 관직을 잃고 유배를 떠
나 10년이 지나도록 관직에 다시 복귀하지 못하는 일이 허다하기
때문이라. 비록 세력이 높고 상황이 유리하여 형벌을 면할지라도 여
론은 그 비루함에 비난을 퍼부을 것이요, 청아한 명망은 되찾을 수
없으리라.'

廉者 牧之本務 萬善之源 諸德之根 不廉而能牧者 未之有也
염자 목지본무 만선지원 제덕지근 불염이능목자 미지유야

남을 배려할 때 세상도 살 만해진다

자기가 하기 싫은 일은 남에게도 하게 해서는 안 된다.

세상에는 골치 아픈 일들이 넘쳐난다. 그 과정에서 누구도 손해 입기를 원치 않지만 무심코 혹은 의도적으로 다른 사람에게 피해를 줄 수 있다.

억지로 억울한 일을 당하고 싶은 사람이란 없다. 그러나 자기중심적 사고, 지나친 권력욕을 가진 이라면 주변 사람을 억울한 상황으로 몰아가기도 한다.

누구나 옆 사람의 우쭐거리는 모습이나 까칠하고 이기적인 모습을 보고 싶어 하지 않는다. 그렇기에 자신은 절대 그렇지 않을 거라고 장담해서는 안 된다.

그런 의미에서 자기가 하기 싫은 일은 물론 하고 싶은 일을 남에게 강요해서는 안 된다. 남을 배려할 줄 알아야 자신을 둘러싼 세상도 훨씬 살 만해진다.

己所不欲 勿施於人
기 소 불 욕 물 시 어 인

남에게는 관대하고, 나에게는 엄격하라

남의 허물은 용서해야 하지만 자기의 허물은 용서해서는 안 되며, 자기의 고통은 굳게 참아야 하지만 남의 고통에 대해서는 방관하지 말라.

너그럽고 공정한 정책을 펼쳐 백성들의 신임을 두텁게 얻고 있는 왕이 있었다. 어느 날, 왕이 감옥을 시찰했다. 왕이 감옥에 들어서자마자 죄수들은 아우성이었다. 왕이 한 죄수에게 물었다.

"너는 무슨 죄를 짓고 감옥에 오게 되었느냐?"

"저는 아무 죄도 없습니다. 믿어주십시오."

왕은 아무 대꾸도 없이 다음 죄수에게 같은 질문을 했다.

"저는 정말 너무 억울합니다. 누명을 쓰고 이 고생입니다."

왕의 질문에 하나같이 무죄를 호소하며 사면을 애걸했다. 그런데 고개를 푹 숙이고 있는 한 죄수는 달랐다.

"저는 사람을 크게 다치게 한 죄로 이곳에 오게 되었습니다. 큰 죄를 지었기에 마땅히 벌을 받는 중입니다."

"여봐라, 이자를 당장 내보내라. 이 감옥에는 모두 죄 없는 자들뿐인데 유독 이 자만 죄를 지었다고 하니 큰일 아닌가? 죄 없는 자들이 이자에게 악행을 배울까 걱정이구나."

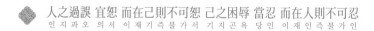

人之過誤 宜恕 而在己則不可恕 己之困辱 當忍 而在人則不可忍
인 지 과 오 의 서 이 재 기 즉 불 가 서 기 지 곤 욕 당 인 이 재 인 즉 불 가 인

인성을 중시하라

이는 운명이 부여한 것이지만, 인성의 성장에 의지해야 비로소 완벽한 모습을 갖출 수 있다. 도덕에 대한 성인(聖人)의 이런 잣대는 그들의 운명이 결정한(우연성, 상대성) 일면을 강조하지 않는다.

인성(人性)에는 생리적 요구, 이른바 '식색, 성야(食色, 性也, 인생은 음식과 남녀를 떠나 살 수 없다)'가 있다. 하지만 그것은 명(命), 즉 생명과 운명이라는 이 한 면만을 강조할 뿐이라서 타고난 자질, 추구와 욕구, 양심 역시 인성이라는 것을 강조하는 데 적합하지 않다.

인의예지(仁義禮智), 하늘의 도리와 같은 정신적 특징과 추세 역시 마찬가지로 생명과 운명의 의미를 담고 있다. 하지만 이것이 강조하는 것은 생명과 운명이 아니라 인성이다. 인성의 정신적, 도덕적 측면을 강조하는 것이야말로 동양 전통문화의 특징 중 하나다.

 命也 有性焉 君子不謂命也
명 야 유 성 언 군 자 불 위 명 야

DAY 071

明心寶鑑
명심보감

공은 부지런함으로 이루어진다

무릇 유희는 이익이 없고, 오직 부지런한 것만이 공이 이루어진다.

한 농부가 밭을 갈고 있는데, 숲에서 갑자기 토끼 한 마리가 뛰어 나왔다. 그런데 토끼는 너무 급히 튀어나오는 바람에 쓰러진 나뭇가 지에 목이 걸려 죽고 말았다. 농부는 얼른 달려가 토끼를 주워 그물 망에 담았다.

집으로 돌아온 그는 곰곰이 생각했다.

'힘들게 농사를 짓기보다는 가만히 앉아 있다가 오늘처럼 토끼나 주워 오는 편이 훨씬 낫겠어.'

다음 날부터 농부는 농사를 때려치우고 밭둑에 앉아 토끼가 튀어 나오기만 기다렸다.

하지만 그날 이후 토끼는 한 마리도 튀어나오지 않았다. 몇 달이 지나도록 농부는 토끼를 기다렸고, 어느새 농부의 밭에는 잡초만 무 성하게 자랐다.

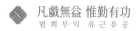

凡戱無益 惟勤有功
범 희 무 익 유 근 유 공

어리석음을 물리고 마음을 바로 세우라

마음에 있지 않으면 보아도 보이지 않고, 들어도 들리지 않으며, 먹어도 그
맛을 알지 못한다. 이래서 몸을 닦는 일은 자신의 마음을 바르게 하는 데
있다고 하는 것이다.

돈은 많으나, 어리석은 남자가 있었다. 어느 날, 그는 이웃 마을의
3층짜리 부잣집을 방문했다. 으리으리한 집을 보며 시샘한 그는 즉
시 돌아와 목수를 불렀다.

"이웃 마을의 그 부잣집과 똑같은 집을 지어주게나."

목수는 그의 요청대로 터를 닦고 벽돌을 올리기 시작했다. 2층쯤
올라갔을 때 그가 고개를 갸웃하며 목수에게 물었다.

"지금 뭘 짓고 있는 겐가?"

"말씀대로 삼 층짜리 집을 짓고 있습니다만."

"일 층하고 이 층은 필요 없네. 삼 층만 화려하게 지었으면 좋겠으
니 그렇게 해주게."

"아니, 그런 집이 어디 있습니까? 그건 불가능합니다."

"자네는 유능한 목수 아닌가? 한번 해보게."

목수는 그 길로 집짓기를 관두고 돌아섰다.

3층 건물 전체보다는 오로지 3층 한 칸의 화려함에 목을 맨 그는
세상 사람들의 웃음거리가 되고 말았다.

 心不在焉 視而不見 聽而不聞 食而不知其味 此謂修身 在正其心
심 부 재 언 시 이 불 견 청 이 불 문 식 이 부 지 기 미 차 위 수 신 재 정 기 심

이중 잣대로 사람을 대해서는 안 된다

비록 이적의 나라에 가더라도 버려서는 안 된다.

공자는 처신을 공손히 하고, 일 처리를 신중하게 하며, 사람 대할 때 충심을 다해야 하는데, 이런 태도는 이적(오랑캐)의 나라에 가더라도 버려서는 안 된다고 했다. 이 말처럼 먼 나라의 문화가 다르다고 해서 이런 원칙을 버린 채 이중 잣대로 그 문화와 사람을 평가하고 깎아내려서는 안 된다.

우리에게는 자신에게 익숙한 세상과 사람을 기준으로 삼고, 부정적인 시각으로 주변을 평가하고 배척하는 나쁜 습성이 있다. 공자는 바로 이러한 이중 잣대를 지적하며 늘 한결같은 원칙과 태도로 사람을 대하고 존중할 것을 강조했다.

雖之夷狄 不可棄也
수 지 이 적 불 가 기 야

잘못된 생각과 행동으로 스스로를 망치지 말라

분수에 넘치는 생각은 몸을 상하게 할 뿐이요, 허망한 행동은 재앙만 불러 일으킨다.

환어라는 물고기는 크기가 엄청나고 낚시에 걸려들지 않기로 유명했다. 제나라에서는 환어를 잡아 오는 자에게는 벼슬을 내리겠다는 영이 내려진 상태였다.

어느 날, 벼슬에 눈먼 선비 하나가 며칠간 낚시하다가 마침내 환어를 잡았다. 선비가 낚아 올린 환어는 그 크기가 수레만 했다. 그 소식을 듣고 자사가 그에게 찾아가 물었다.

"환어는 잡기 어려운 고기라고 들었는데 어떻게 잡아 올렸소?"

"머리를 좀 썼지요. 처음에 낚시를 드리우면서 물고기 한 마리를 미끼로 썼습니다. 그런데 환어는 그림자도 비치지 않았습니다."

"그래서 어떻게 했소?"

"그다음에는 닭 한 마리를 미끼로 썼지요. 그랬더니 환어가 얼씬거리기는 하지만 낚시를 물지는 않았습니다. 그래서 이번에는 돼지를 미끼로 썼습니다. 그랬더니 환어가 덥석 물었습니다."

이 말을 듣고 자사가 탄식하며 말했다.

"환어는 낚시에 걸려들지 않기로 유명한 고기지만 욕심 때문에 미끼를 물었고, 선비는 봉록에 눈이 어두워 마음을 그르쳤구나……."

 濫想徒傷身 妄動反致禍
남 상 도 상 신 망 동 반 치 화

기회는 본성 속에 있다

일찍 죽고 늦게 죽는 것을 개의치 않고, 흔들림 없이 하던 바를 다하고, 몸과 마음을 바로잡으며 천명을 기다려야 비로소 몸이 편해지고 마음이 안정된다.

　몸과 마음이 편안해지고자 신에게 빌고, 요행을 찾고, 미신에 의지하는 것은 옳지 않다.

　그럴 바에야 인심, 인성, 양지, 양능으로 내실을 다지고, 몸과 마음을 바로잡으며 기회를 기다리는 편이 낫다.

　이렇게 하는 것이 신에게만 의지하며 닿을 수 없고 만질 수 없는 모호한 느낌에 빠진 것보다 더 현실적이고 깊은 깨우침을 준다.

　몸과 마음이 모두 편안한 삶은 내면과 본성에서 구해야 하며, 하늘이 주는 기회는 본성과 양심 속에 존재한다.

夭壽不貳 修身以俟之 遂以立命也
요 수 불 이　수 신 이 사 지　수 이 입 명 야

좋은 기회를 잘 활용하라

진귀한 물건을 사서 잘 보관해두면 훗날 큰 이익을 얻는다.

전국 시대 말, 한나라에 여불위라는 큰 장사꾼이 살고 있었다.

여불위는 조나라 도읍 한단에 볼모로 잡혀 있던 진나라 소양왕의 손자 자초를 찾아갔다. 그는 자초를 투자할 만한 가치(奇貨)가 있다고 여긴 것이다.

"머지않아 안국군께서 왕위에 오르실 것입니다. 하지만 화양부인에게는 소생이 없습니다. 그러면 당신을 포함한 스무 명의 서출(庶出) 왕자 중에서 누가 대를 이을지는 솔직히 알 수 없습니다. 볼모로 잡혀 있는 당신까지 차례가 오기란 어려울 것입니다. 하지만 제가 힘을 써서 태자가 되도록 해드리겠습니다."

자초와 굳은 약속을 한 여불위는 진나라로 가 많은 돈을 써서 화양부인의 환심을 샀고, 자식이 없었던 화양부인을 설득해 자초를 아들로 입적시켜 태자가 되도록 했다. 그러고는 자신의 자식을 임신하고 있던 애첩 조희까지 자초의 아내로 주어 자초를 완전히 손아귀에 넣었다. 이윽고 자초가 왕위에 오르자, 여불위는 재상이 되어 부귀영화를 누렸다. 그리고 조희가 낳은 아들은 훗날 시황제가 되었다.

 奇貨可居
기 화 가 거

학습으로 인격을 수양하라

안회는 하나를 들으면 열을 알고, 저는 하나를 들으면 둘을 압니다.

배우기를 좋아하고, 배움에 능통하며, 하나를 들으면 열을 아는 것은 두뇌뿐 아니라 인격의 문제와도 연결되어 있다.

배우기를 좋아하면 적어도 그 사람이 겸허한 마음가짐으로 더 나아지기 위해 노력하고, 인과 덕과 도를 한마음으로 추구하며 하찮은 이익에 절대 연연하지 않을 수 있다.

배움에 능하면 독선적이거나 아집에 사로잡혀 제자리걸음을 하지 않고 지식의 폭을 넓히며 시대에 뒤처지지 않는다.

명석하면 일의 경중과 완급을 조절해 저속한 공리와 득실에 넘어가지 않고 감정에 치우치지 않게 이성적 태도로 일을 처리할 수 있다. 사리에 밝으면 포용력이 생기고 시야가 넓어져 선입견 없이 세상을 볼 수 있다.

 回也聞一以知十 賜也聞一以知二
회 야 문 일 이 지 십 사 야 문 일 이 지 이

DAY
078

明心寶鑑
명심보감

마음을 다스려 화를 피하라

마음을 안정시켜 사물에 응할 수 있다면 비록 글을 읽지 않았더라도 덕이 있는 군자가 될 수 있다.

서문표라는 사람은 성미가 매우 급했다.

그래서 그는 자신의 성미를 고치기 위해 부드러운 채찍을 허리에 늘 차고 다녔다.

그는 마음이 급해지려고 할 때마다 그것을 보면서 진정했다.

동안우라는 사람은 마음이 매우 느긋했다.

그래서 그는 자신의 성미를 고치기 위해 활시위를 옆구리에 늘 차고 다녔다.

그는 마음이 느슨해지려고 할 때마다 그것을 보면서 긴장했다.

 定心應物雖不讀書 可以爲有德君子
정 심 응 물 수 불 독 서 가 이 위 유 덕 군 자

선은 마음의 자양분이 될 수 있다

선을 내세워 타인을 정복하려 한다면 누구도 굴복시킬 수 없다. 선으로 자양분을 주고 감복시킬 수 있어야 비로소 천하를 따르게 할 수 있다.

힘의 각축전을 벌일 때 고비가 찾아오면 선은 늘 무능함을 감추는 도구로 사용됐다. 반면에 승자는 '독종', '악에 받쳐 눈에 보이는 것이 없는 존재', '선수를 치고 이긴 자', '모루가 되느냐, 망치가 되느냐'(게오르기 디미트로프가 독일 국회의사당 방화 사건의 배후 인물로 재판에 회부되어 최후 변론을 할 때 괴테의 시에서 인용한 문구)와 같은 말로 비하되곤 했다.

하지만 힘과 폭력으로 얻은 성공과 평화 역시 결코 오래갈 수 없다는 것을 우리는 역사 속에서 늘 보아왔다. 그들이 천하를 얻었을지는 몰라도 다스릴 수는 없었다.

힘과 폭력이 권력이 되는 가운데 현실적으로 선이 사람을 복종시키는 절대 반지가 될 수 없음을 인정해야 할 때가 있다. 그러나 선이 마음의 자양분이 될 수 있다는 사실만은 명확히 짚고 넘어가야 한다. 마음으로부터 우러나는 복종을 얻어낼 수 없다면 한때의 승리는 얻을 수 있을지 몰라도 그 성공을 절대 오래 유지할 수 없다.

以善服人者 未有能服人者也 以善養人 然後能服天下
이 선 복 인 자 미 유 능 복 인 자 야 이 선 양 인 연 후 능 복 천 하

DAY
080

孫子兵法
손자병법

융통성 없으면 참패한다

군대를 잘 운용하는 장군은 백성들의 생명을 책임지고 국가의 안위를 주관하는 사람이 된다.

조나라의 명장군 조사에게는 괄이라는 아들이 있었는데, 그는 병서를 많이 읽어 병법에 매우 밝았다. 그런 아들에게 조사는 말했다.

"병법을 이론적으로만 논하는 것은 장군이 취할 태도가 아니다. 장차 네가 장군이 된다면 조나라는 큰 변을 당할 것이다."

심지어 조사는 부인에게 나라에서 괄을 대장으로 삼지 않도록 말려달라는 유언까지 했다.

훗날 진나라는 '진나라가 조괄을 두려워한다'는 유언비어를 퍼뜨리며 조나라를 침략하자 왕은 조괄을 대장으로 임명하려 했다. 그때 충신 인상여가 적극 반대하고 나섰다.

"괄은 한낱 그의 아버지가 준 병서만 읽었을 뿐 시기와 상황에 따라 융통성 있는 판단을 내릴 줄을 모릅니다."

그러나 왕은 끝내 조괄을 대장으로 임명했다. 조괄은 병서에 적혀 있는 대로 군영들을 뜯어고치고 독단으로 작전을 전개했다. 결국 실전 경험이 전혀 없는 조괄은 이론대로 작전을 감행했고, 40만 대군을 몰살시키는 중국 역사상 최악의 참패를 가져왔다.

 故 知兵之將 民之司命 國家安危之主也
고 지 병 지 장 민 지 사 명 국 가 안 위 지 주·야

옛것을 익히고 그것으로 새것을 알라

옛것을 익히고 새로운 것을 알면 다른 이의 스승이 될 수 있다.

일반 학자들은 자료를 손에 넣고, 옛 종이 더미 속으로 파고 들어가는 것에 치중하며, 이거야말로 옛것을 알기 위한 노력이라고 말한다. 하지만 옛것을 아는 옛 종이 더미 속으로 파고 들어가는 '온고' 자체의 진짜 목적이 단지 그 종이에 담긴 뜻과 지식을 알아내는 것에 그쳐서는 안 된다. 그 핵심은 옛것을 통해 새것을 알아내고, 흐름을 파악하고 미래를 예측하는 일이다.

책을 읽는 것뿐 아니라 그 안에서 세상살이의 이치를 간파할 수 있어야 한다. 지식도 중요하지만 그 속에 지혜와 사상, 판단을 담을 줄 알아야 한다. 지식과 학문을 갖춘 사람은 많을지 몰라도 지혜와 사상, 올바른 판단력을 갖춘 진취적이고 혁신적인 인물은 그리 많지 않다.

溫故而知新 可以爲師矣
온 고 이 지 신 가 이 위 사 의

즐거이 덕을 심고 은혜를 베풀라

평민이라도 즐거이 덕을 심고 은혜를 베풀면 벼슬 없는 재상이 되고, 고관 대작이라도 권세를 탐하고 은총을 판다면 마침내 벼슬 있는 걸인이 되고 만다.

후한 말엽, 덕망 높은 현령 진식이라는 사람이 있었다.

모진 흉년이 든 어느 날, 그는 백성들을 구제할 방법을 궁리하고 있었다. 그때 지붕 대들보 위에서 인기척이 들렸다. 그는 도둑이 들었음을 알았지만 모른 척하고 아들을 불렀다. 아들이 방으로 들어오자, 그는 갑자기 훈계를 시작했다.

"도둑도 본래부터 악했던 것은 아니다. 자라면서 습관이 잘못 들어 그것이 마치 자기 본성처럼 되었을 뿐이다. 지금 저 위에 있는 자도 처음부터 도둑질하진 않았을 것이다. 모두가 자라면서 망령된 생각이 깃들어 그리된 것이니, 너는 지금부터 습관을 잘 들이거라."

그 말소리에 대들보 위에 있던 도둑이 황급히 아래로 내려와 그 앞에 무릎을 꿇었다.

"죽을죄를 지었습니다. 다시는 도둑질하지 않고, 지금부터 선량한 마음을 기르겠습니다."

그가 보니 도둑의 얼굴에 참회의 빛이 역력했으니, 그는 명주 두 필을 주어 돌려보냈다. 이 일은 고을에 금세 퍼졌고, 사람들은 진식의 너그러움에 다시 한번 감복했다.

 平民肯種德施惠 便是無位的公相 士夫徒貪權市寵 竟成有爵的乞人
평 민 긍 종 덕 시 혜 변 시 무 위 적 공 상 사 부 도 탐 권 시 총 경 성 유 작 적 걸 인

선의 힘을 믿어라

선한 말 한마디를 듣고 선한 행동 하나를 보면 장강과 황하의 제방이 터지는 것처럼 세차게 쏟아져 나와 아무도 그것을 막을 수 없다.

선과 덕이 넘치는 아름다운 언어를 듣고 그런 행동을 보게 된다면, 누구라도 선의 힘을 느끼고 나아가 선과 덕을 행하고 구하게 될 것이다.

이런 힘은 큰 강의 제방이 터져 그 물이 쏟아져 나오는 것처럼 막을 길이 없다.

우리 주위를 둘러보면 폭력, 무기, 음모, 사기 등 듣기만 해도 두렵고 우울해지는 악의 힘이 점점 사회 전체에 만연해지고 있는 듯하다.

하지만 한 가지 확실한 사실은, 그런 악에 휘둘리지 않고 우리를 정화할 수 있는 것은 선이라는 힘이다.

 聞一善言 見一善行 若決江河 沛然莫之能御也
문 일 선 언 견 일 선 행 약 결 강 하 패 연 막 지 능 어 야

DAY 084
論語 논어

나만의 로드맵을 그려라

성현의 가르침과 행적을 따르지 못하면 궁극적인 도에 이르지 못한다.

사람마다 쓸모 있는 인물이 되는 길은 제각각이다. 어떤 사람은 지난한 과정을 인내하며 목표를 이루고, 어떤 사람은 포부와 지혜의 끈을 잡고 꿈을 이룬다. 어떤 사람은 고생을 감내하며 자신의 분수를 지키는 데 치중하고, 어떤 사람은 뛰어난 재주와 원대한 지략으로 비바람을 휘몰아치게 하고, 어떤 사람은 대담하고 걸출하며, 어떤 사람은 후덕한 마음으로 만물의 조화를 이끌고, 어떤 사람은 막중한 책임을 짊어진다.

'나를 배우려는 자는 살고, 나를 베끼려는 자는 죽는다.'

제나라 백석 노인의 그림에 관한 이치는 사람됨의 이치와도 상통한다.

타인을 무조건 모방하려 해서는 안 된다. 한 사람의 개성과 특징을 억지로 따라 하려고만 하면 자신만의 색을 잃는다. 그러므로 자신만의 로드맵에 따라 자신의 목표와 특색을 유지하며 타인의 장점을 습득할 줄 알아야 한다.

 不踐跡 亦不入於室
불 천 적 역 불 입 어 실

분노로 불온에 빠지지 말라

《근사록》에서 말했다. 분노를 징계하기를 옛 성인처럼 하고, 욕심 막기를
물을 막듯이 하라.

백공승이라는 자는 분노에 휩싸인 채 오래전부터 모반을 일으킬
뜻을 품고 있었다.

어느 날, 그는 조정에서 물러 나와 모반의 계책을 숙고하는데, 너
무 생각에 몰두한 나머지 말의 채찍을 거꾸로 쥐고 있다는 사실도
모르고 있었다. 그런데 말채찍의 뾰족한 끝부분이 그의 턱을 찔러
피가 뚝뚝 떨어지는데도 그것을 깨닫지 못했다.

이런 일을 전해 들은 중신들이 왕에게 간했다.

"자기 턱에 피가 나는 줄도 모른 채 뭔가를 열심히 생각할 정도라
면, 장차 무슨 일을 저지를지 모릅니다. 그자를 그대로 두어서는 안
될 것입니다."

近思錄 云 懲忿如故人 窒慾如防水
근 사 록 운 징 분 여 고 인 질 욕 여 방 수

잔인한 것보다 착한 연기를 하는 게 낫다

군자는 짐승을 대할 때 살아 있는 모습은 보아도 죽어가는 모습은 차마 보지 못하고, 죽어가면서 애처롭게 우는 소리를 듣고는 차마 그 고기를 먹지 못한다.

우리 주변에는 인간의 도덕적 마지노선을 뛰어넘는 일들이 분명 존재한다. 그것은 도저히 참을 수 없거나 용납되지 않고 하물며 직접 나서서 할 리도 없는 그런 일들이다. 예를 들어 짐승이 잔인하게 죽어가는 모습을 아무렇지 않게 지켜보거나, 그것이 죽어가며 처절하게 우는 소리를 듣고도 죽은 후에 그 고기를 먹는 것은 분명 도덕적 마지노선을 뛰어넘는 일이다.

이런 도덕적 마지노선은 논리, 판단, 실리에 따른 선택이라기보다 타고난 양심, 선량한 감정, 연민, 용서와 자비라고 말하는 편이 낫다.

사람은 누구나 실리를 따지면 잔혹해질 수 있고, 선을 좇으면 본연의 양심을 드러내는 자가당착의 모습을 가지고 있다. 하지만 선을 표현하고 더 나아가 그걸 연기하는 것이 실리만 좇거나 전혀 착하지 않은 것보다 오히려 낫다. 철두철미하게 잔인한 것보다 이런 것이 차라리 훨씬 더 인간적이다.

 君子之於禽善也 見其生 不忍見其死 聞其聲 不忍食其肉
군 자 지 어 금 수 야 견 기 생 불 인 견 기 사 문 기 성 불 인 식 기 육

불리하면 도망가는 게 상책이다

적보다 아군의 능력이 우세하면 전쟁을 벌여도 되지만 적보다 능력이 모자란다면 도망하여 피해야 한다. 그러므로 약한 군대가 적을 맞아 견고하게 수비를 한다면 강한 적에게 포로가 되고 만다.

서기 876년, 당나라 왕실에서는 황소, 왕선지 등이 이끄는 농민군을 진압하기 위해 송위 장군을 출정시켰다. 그리하여 농민군은 기주에서 포위되고 말았다. 당시는 7월 중순이라 태양이 작열하고 있었다. 기주성 안에 있던 농민군들은 물과 양식이 떨어지자, 목마름과 배고픔에 지쳐가고 있었다.

그때 당나라 송위 장군이 항복 권고문을 보내왔다. 왕선지는 이를 보고 난 후 말했다.

"우리에겐 투항하든가 결전하든가 후퇴하는 세 가지 길이 있다. 투항하는 것은 장수로서 실패하는 것이고, 일대 결전을 불사하면 전 군대가 몰살될 수 있다. 그러니 줄행랑이 최선책이다."

그날 밤 폭우가 쏟아지는 가운데 농민군은 칠흑 같은 어둠을 틈타 은밀히 성을 빠져나갔다.

이튿날 아침, 성안의 농민군이 모두 도망갔다는 보고를 받은 송위가 급히 말을 타고 성으로 갔다. 과연 성문이 열려 있었고, 성안에는 개미 한 마리 없었다. 송위는 허탈한 웃음을 터뜨렸다.

敵則能戰之 少則能逃之 不若則能避之 故小敵之堅 大敵之擒也
적 즉 능 전 지 소 즉 능 도 지 불 약 즉 능 피 지 고 소 적 지 견 대 적 지 금 야

좋은 스승을 찾아라

내가 일찍이 종일토록 먹지 않고 밤새 자지 않고 생각해본 적 있었으나 얻은 게 아무것도 없었으니 현자와 책을 통해 공부하는 일만 못했다.

　자신과 힘겨루기하며 터무니없는 생각을 하느라 신경이 곤두서 있는 것보다 차라리 자신의 무지를 인정하고 기존의 지식을 찾아보거나 스승께 배움을 청하는 게 낫다. 누구나 한 번쯤 아집에 빠져 혼자 답을 구하다 지쳐 이런 결론에 도달한 경험이 있을 것이다.

　뛰어난 사람을 보면 그를 본보기로 삼으려 노력하고, 겸허한 마음으로 배움을 즐길 줄 아는 길을 걸어야 한다. 그래야만 적어도 유익한 정보와 지식을 쌓고 정신적 영양분을 섭취할 수 있다. 또한 외골수처럼 자신을 괴롭히는 대신 나보다 나은 사람의 가르침과 전문 정보를 통해 공허함과 당혹감을 해소하고 올바른 지식의 공간을 넓힐 수 있다.

吾嘗終日不食 終夜不寢以思 無益 不如學也
오 상 종 일 불 식　종 야 불 침 이 사　무 익　불 여 학 야

먼저 내 허물을 탓하라

《경행록》에서 말했다. 남을 꾸짖기만 하는 자는 온전히 사귈 수 없고, 자기를 용서하기만 하는 자는 허물을 고칠 수가 없다.

맹자가 제나라 선왕을 찾아갔을 때 이런 질문을 했다.

"만약 임금의 신하 가운데 자기 처자를 친구에게 부탁하고 멀리 초나라를 다녀왔는데, 그 친구가 자기 처자를 헐벗고 굶주리게 했다면 어떻게 하시겠습니까?"

"그런 자를 어찌 친구로 여길 수 있겠소. 나는 당장 둘 사이를 절교시키겠소."

"그렇다면 만약 옥을 관리하는 수장이 자기 부하들을 잘못 다스려 죄수들이 탈옥했다면 어떻게 하시겠습니까?"

선왕이 눈을 더욱 부릅뜨며 소리쳤다.

"그런 자가 있다면 당장 파면시켜야지. 아니, 그것만으로는 부족하고 아예 하옥시키겠소."

맹자가 또다시 물었다.

"그럼 나라 안이 잘 다스려지지 않아 백성들의 원성이 높아지고 있다면 어떻게 하시겠습니까?"

선왕은 얼른 답을 하지 못하고, 이리저리 두리번거리면서 딴청을 부렸다.

景行錄 云 責人者 不全交 自恕者 不改過
경 행 록 운 책 인 자 부 전 교 자 서 자 불 개 과

해서는 안 될 일이라면 하지 말라

사람이 하지 않음이 있은 뒤에야 하는 것이 있을 수 있다.

해서는 안 되는 일이 무엇인지 알아야 비로소 해야 할 일을 제대로 할 수 있다. 이것은 누구나 알고 있는 지극히 간단한 이치다.

하지 말아야 할 일을 하고, 그 결과가 뻔히 보이는 일에 매달리고, 심지어 사람으로서 도저히 해서는 안 되는 부도덕하고 비열한 짓을 해놓고 어떻게 정도를 걸어갈 수 있겠는가?

이것은 품성의 문제, 좋은 사람과 나쁜 사람을 구분 짓는 문제일 뿐 아니라 근본적인 지혜를 가늠하는 문제이기도 하다.

유능한 사람은 상황을 봐가며 일을 처리하는 데 능해야 한다. 대소와 경중을 나누지 않고 모든 일을 직접 나서서 다 하려는 사람은 큰 성과를 거둘 수 없다.

人有不爲也 而後可以有爲
인 유 불 위 야 이 후 가 이 유 위

가짜 인재가 되지 말라

군자는 자신이 능력 없는 것을 걱정하지, 다른 사람들이 자기를 알아주지 않는 것을 걱정하지 않는다.

역사적 사건들을 들여다보면 믿지만 의심을 품고, 충성을 다하지만 모함을 받고, 재능이 있으면서도 펼 기회를 만나지 못한 채 억울함을 품고 평생을 사는 인물의 이야기가 수없이 등장한다.

사실 자기 능력을 펼칠 기회는 누구에게나 찾아온다. 세상에는 수많은 직업이 있고, 어느 직업이든 최고의 실력을 발휘하며 대대손손 이름을 날리는 인물은 나오게 마련이다.

다만, 무능하고 양심 없는 가짜 인재는 절대 되지 말아야 한다. 상대방 약점을 이용해 자신의 무능함을 감추고 그 재주를 빌려 마치 자기 능력인 것처럼 굴어서는 안 된다.

 君子病無能焉 不病人之不己知也
군 자 병 무 능 언 불 병 인 지 불 기 지 야

四月

4월

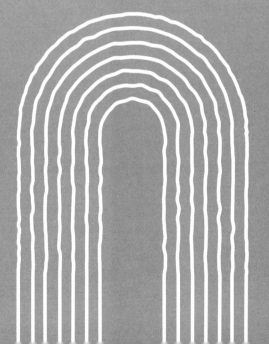

단 하루라도
마음을 비우고 편안히 지낸다면,
그 하루가 곧 신선이다.

《명심보감》

생각하고 또 생각하라

계문자는 무슨 일을 하든 세 번 곰곰이 생각한 후에야 행동했다.

　한 가지 일을 결정할 때 어떤 말을 듣거나 생각하자마자 즉시 행동으로 옮길 수 있다면, 그것은 머릿속에서 여러 번 숙성 과정을 거쳤거나 생각의 준비와 인식의 기반이 갖춰졌기에 가능한 것이다.

　어떤 결정을 내릴 수 없다면 수차례 생각을 거듭해야 한다. 그 생각은 수백 번의 반복 과정을 거친다 해도 지나치지 않다.

　다시 말해서 모든 일에는 그에 걸맞은 처리 과정이 있다. 그 과정에서 사고 · 의논 · 변화 · 수정 · 보완 · 결정을 반복하며 최상의 결과를 만들어내야 한다. 사실 세 번도 많다고 할 수 없다.

季文子三思而後行
계 문 자 삼 사 이 후 행

마음을 다스려 평정하라

단 하루라도 마음을 비우고 편안히 지낸다면, 그 하루가 곧 신선이다.

노나라의 자경이라는 사람이 만든 악기는 어찌나 훌륭한지 왕마저도 감탄했다. 왕이 물었다.

"그대는 어떤 기술을 지녔기에 이토록 훌륭한 악기를 만드는고?"

"저는 악기를 만들기 전 반드시 목욕하고 마음을 평안히 합니다."

그는 목욕하고, 사흘이 지나면 악기를 잘 만들어 상이나 벼슬 따위를 얻겠다는 생각이 사라진다고 했다. 닷새가 지나면 비난이나 칭찬을 받을 것이라는 생각도 들지 않기 때문에 일의 성패에 대한 집착이 사라진다고 했다. 이레가 지나면 자기에게 손발이나 신체가 있다는 사실조차도 완전히 잊게 되는데, 이때쯤 되면 악기 만드는 생각에만 파묻히므로 마음을 번거롭게 하는 일상의 일은 완전히 잊는다고 했다. 이런 상태가 된 후에야 그는 비로소 산으로 들어가 나무의 성질과 생김새를 관찰하여 알맞은 나무를 찾아내고, 그것이 악기로 완성된 모습을 머릿속에서 그리게 된다고 했다.

"지금까지 말씀드린 모든 상황을 거친 뒤에야 저는 정갈한 마음으로 악기를 만들기 시작합니다. 제가 행하는 이 모든 일의 목적은 제 뜻을 하늘의 뜻과 같게 하려는 것입니다."

 一日淸閑一日仙
일 일 청 한 일 일 선

작은 악이라도 행하지 말라

DAY 094 孟子 맹자

잘못이 크지 않다고 어찌 잘못이 없다고 말할 수 있겠는가?

작은 잘못이라 해도 어찌 잘못이 없다고 말할 수 있겠는가?

물론 작은 잘못은 용서를 받아야 마땅하다.

하지만 그렇다고 해서 그것을 등한시하고 숨겨도 된다는 것은 절대 아니다.

머지않은 장래에 그 작은 잘못이 큰 잘못이 되지 않는다고 누가 장담할 수 있겠는가.

그래서 옛말에 '아무리 작은 악도 행하지 말고, 아무리 작은 선이라도 행하라(勿以惡小而为之, 勿以善小而不为물이악소이위지, 물이선소이불위)'라고 했다.

薄乎云爾 惡得無罪
박 호 운 이 오 득 무 죄

탐욕을 멀리하라

그러므로 옛날부터 지혜가 깊은 선비는 청렴을 교훈으로 삼고 탐욕을 경계하지 않은 사람이 없었다.

나무하며 생계를 이어가는 초야의 선비가 있었다. 그는 학문 수양 시간을 늘리고자 당나귀 한 마리를 샀다. 이에 그의 제자들도 배움의 시간이 많아질 거라며 기뻐하며 말했다.

"스승님, 당나귀 씻기는 일은 저희가 하겠습니다."

제자들은 물가로 당나귀를 끌고 가 씻겼다. 그때 갑자기 당나귀가 재채기하면서 주먹만 한 금덩이 하나를 뱉어냈다. 놀란 제자들이 얼른 금덩이를 들고 가 보이며 말했다.

"스승님, 당분간 나무 파는 일을 안 해도 될 듯합니다."

선비는 말없이 금덩이를 들고 장으로 달려갔다. 얼마 지나지 않아 돌아온 그에게 제자들이 물었다.

"스승님, 금덩이를 팔고 오셨는지요?"

"그 금덩이는 본래 내 것이 아니기에 주인에게 돌려줬다."

"스승님, 정당한 값으로 당나귀를 사셨고, 그 입에서 나왔으니 응당 스승님 것 아닙니까?"

"나는 당나귀를 산 일은 있어도 금덩이를 산 일은 없느니라."

故 自古以來 凡智深之士 無不以廉爲訓 以貪爲戒
고 자고이래 범지심지사 무불이염위훈 이탐위계

DAY 096

論語
논어

예의와 겸손도 그 '선'을 지킬 줄 알아야 한다

태백은 지극한 덕을 품은 사람이라고 할 수 있다. 그는 세 번이나 천하를 통치할 수 있는 왕위를 양보했고, 백성들은 무슨 말로 그 덕을 칭송해야 할지 몰랐다.

정당한 경쟁은 일종의 미덕으로, 질서의 발전과 능동적이고 적극적인 인성을 발휘하는 데 유리하다. 하지만 경쟁은 모순과 갈등을 유발하기도 한다. 예로부터 예의와 양보는 질서와 조화를 위해 지켜야 할 숭고한 미덕으로 여겨졌다.

하지만 이것도 발전을 방해하는 걸림돌이 된다. 예의와 양보를 최고의 미덕으로 여기면 결국 그것을 표방해 서로 경쟁할 수 있다. 다시 말해서 도덕적 잣대로 평가할 때 절대 예의와 양보를 하지 않는 문제로 발전할 수 있다. 예컨대 승진이나 금전이 걸린 문제 앞에서는 예의와 양보를 차릴 수 있을지 몰라도 누가 더 예의와 양보를 잘하는지와 관련된 도덕적 비교 평가 문제 앞에서는 절대 물러서지 않는다. 경기장에서 공정히 실력을 겨루는 것이 아니라 도덕적 미덕 앞에서 누가 더 많이 양보했는지를 두고 경쟁하는 셈이다. 이것은 서로 양보하기 위해 싸우는 것과 같다. 그리고 예의와 양보를 공정한 경쟁의 미덕으로 삼고자 했던 생각의 본질을 변질시키는 것이다.

 泰伯其可謂至德也已矣 三以天下讓 民無得而稱焉
태 백 기 가 위 지 덕 야 이 의   삼 이 천 하 양   민 무 득 이 칭 언

113

입은 무거워야 한다

마원이 말했다. 남의 허물을 듣거든 마치 부모의 이름을 듣는 것과 같이 하여 귀로 들을지언정 입으로는 말하지 말아야 한다.

조선 시대 인물, 황희는 성문을 나와 들판을 거닐다가 늙은 농부와 두 마리의 소가 일을 마치고 잠시 쉬고 있는 것을 보았다. 그는 문득 호기심이 생겨 농부에게 다가가 물었다.

"노인장, 저 누런 소와 검은 소 중 어느 녀석이 더 일을 잘합니까?"

화들짝 놀란 농부가 얼른 황희의 손을 잡아끌고는 소들의 눈치를 살피며 속삭였다.

"선비님, 죄송합니다. 둘 다 잘하지만, 누런 놈이 묵묵하게 제 할 일을 더 잘하는 편이지요."

"허허, 뭐가 무서워서 이리 속삭이는 거요?"

"그건 선비님이 잘 모르셔서 하는 소리입니다. 아무리 말 못 하는 짐승이라도 자기 허물을 듣는다면 좋을 리 없지 않겠습니까?"

'아, 남의 허물을 함부로 말하는 것은 자기 허물을 드러내는 것과 다를 바가 없는 것이구나.'

그런 깨달음을 얻은 황희는 그 후 평생 늙은 농부가 일깨워준 교훈을 가슴에 새긴 채 정사에 임했다고 한다.

 馬援曰 聞人之過失 如聞父母之名 耳可得聞 口不可言也
마 원 왈 문 인 지 과 실 여 문 부 모 지 명 이 가 득 문 구 불 가 언 야

DAY 098

孟子
맹자

선에는 선한 보답이,
악에는 악한 보답이 따른다

정도를 따라 걷지 않는다는 것은 벽에 구멍을 뚫어 몰래 엿보는 짓과 다르
지 않다.

어떤 일들은 혐오감을 불러일으킨다. 이는 그 일 자체 때문이 아니라 그것을 하는 사람이 정도에서 벗어났기 때문이다.

정도를 걷지 않는 일은 마치 벽에 구멍을 뚫어 그 틈으로 엿보는 것과 같은 짓이다. 이런 행위는 사람들의 손가락질을 받을뿐더러 그 자신도 떳떳할 수 없다.

정도에 부합하지 않는다면 설사 목적을 이루었다 해도 수치스러운 일이 되니 결국 설 자리를 잃을 수밖에 없다. 정도를 걸으면 선한 보답이 있고, 정도가 아닌 길을 걸으면 그에 걸맞은 후환이 따른다.

정도가 아닌 길을 가는데 잘나가고 있다면, 아직 그 대가를 치를 때가 오지 않은 것뿐이다. 그때는 언젠가 찾아오게 되어 있다. 그때는 조롱거리가 되어도 피할 길이 없다.

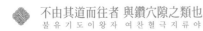

不由其道而往者 與鑽穴隙之類也
불 유 기 도 이 왕 자 여 찬 혈 극 지 류 야

115

달인은 도구를 탓하지 않는다

글씨를 잘 쓰는 사람은 붓을 가리지 않는다.

당나라 때 서예의 달인으로 우세남, 저수량, 유공권, 구양순 등이 손꼽혔는데, 이들을 당초사대가(唐初四大家)라 불렀다.

그중 왕희지의 서체를 배워 자신만의 독특하고 힘찬 서체를 쓴 구양순이 유명했다. 구양순은 특히 글씨를 쓸 때 붓이나 종이를 가리지 않는 것으로 유명했다. 하지만 저수량은 붓이나 먹이 좋지 않으면 글씨를 쓰지 않았다.

어느 날 저수량이 우세남에게 물었다.

"내 글씨와 구양순의 글씨를 비교하면 어느 쪽이 더 괜찮소?"

우세남이 엷은 미소를 보이며 대답했다.

"구양순은 '붓이나 종이를 가리지 않으면서도 마음대로 글씨를 쓸 수 있다'고 하네. 자네는 아무래도 그를 따르지 못할 것이네."

能書不擇筆
능 서 불 택 필

군자의 싸움을 하라

그 싸움도 군자답다고 할 수 있다.

전통문화를 돌아보면 경쟁, 쟁탈에 대해 비교적 유보하는 태도를 보이는 경우가 대부분이고, 승부욕을 동반한 경쟁보다 겸손, 예의, 양보를 더 강조했다.

인터넷에 등장하는 비방, 폄하, 독설, 욕설을 보고 있노라면 소인배의 싸움과 비교조차 되지 않는 군자의 싸움에 대해 다시 생각하며 그 가치를 깨닫게 된다.

싸움은 무분별한 욕설과 비방이 아니라 원칙과 법칙에 따라 행해져야 그 본질이 흐려지지 않는다. 싸움의 목적은 상대를 해치는 것이 아니라 진리와 진보를 추구하고 새로운 지식을 얻는 데 있다. 그러므로 싸움에 앞서 더 높은 도덕적 기준을 바탕으로 우리의 태도를 주도할 수 있어야 한다.

其爭也君子
기 쟁 야 군 자

아웅다웅한들 부질없다

번쩍하는 불빛 속에서 길고 짧음을 다툰들 그 시간이 얼마나 길겠는가? 달
팽이 뿔 위에서 자웅을 겨룬들 그 세계가 얼마나 넓겠는가?

제나라 위왕이 맹약을 깨자, 양나라 혜왕이 자객을 보내 죽이려고
했다. 그때 장군 공손연은 군사를 일으켜 제나라를 쳐야 한다고 주
장했다. 반면 신하 계사는 전쟁을 극구 반대했다. 혜왕은 재상 혜자
가 데려온 대진인에게 의견을 구했다. 대진인은 도가 출신이었다.

"전하, 달팽이라는 미물이 있사온데 그것을 아십니까?"

"물론, 알고 있소."

"그 달팽이의 왼쪽 뿔 위에는 촉씨라는 나라가 있고, 오른쪽 뿔 위
에는 만씨라는 나라가 있었는데, 어느 날 그들이 서로 영토를 다투
며 전쟁을 시작하여 수만 명이 죽었다고 합니다."

"허! 달팽이 뿔 위에서 어찌 그런 일이 벌어질 수 있단 말이오?"

"이 우주를 놓고 볼 때 제나라나 위나라는 한낱 티끌 같은 넓이에
불과합니다. 지금 전쟁을 일으키신다면 달팽이 위에서 싸움을 벌였
던 촉씨 나라나 만씨 나라와 뭐가 다르겠습니까?"

결국 혜왕은 마음을 넓게 갖고 전쟁을 벌이지 않기로 했다.

 石火光中 爭長競短 幾何光陰 蝸牛角上 較雌論雄 許大世界
　　　　　석 화 광 중 쟁 장 경 단 기 하 광 음 와 우 각 상 교 자 논 웅 허 대 세 계

규칙과 규범을 따르라

곱자와 그림쇠가 없으면 정확한 모양의 네모와 동그라미를 완성할 수 없다.

일상생활에서 단지 인정과 감정에 의지해 가치와 취사(取捨)를 결정해서는 안 되며, 반드시 규칙과 규범을 따르려는 인식이 필요하다.

우리는 자신에게 엄격하고, 타고난 양심, 양지, 양능을 지키며 지혜롭게 살아갈 수 있어야 한다. 하지만 '타고난 자질'만으로는 부족하다. 선현, 역사, 문화로부터 규칙과 수위를 배우고 조절할 줄 알아야 한다. 즉, 훌륭한 자질을 갖추는 것도 중요하지만 효과적인 규칙과 절차와 수단도 수반되어야 한다.

규칙, 절차, 수단은 일종의 문화이자 역사적 경험의 축적이다. 어떤 사람을 자로 잰 듯이 반듯하고 믿을 만하다고 말한다면, 그것은 심성과 문화가 서로 결합한 일종의 공감에서 나온 표현이다.

아무리 위대한 사람도 규범과 규칙을 꾸준히 연마해야 한다. 이는 곱자와 그림쇠가 없으면 네모와 동그라미를 제대로 완성할 수 없는 이치와 같다.

不以規矩 不能成方圓
불 이 규 구 불 능 성 방 원

자아를 잊지 말라

오이씨를 심으면 오이를 얻고 콩을 심으면 콩을 얻는다. 하늘의 그물은 넓고 넓어서 성글기는 하지만 (모든 것을 다 지켜보지만) 새지는 (사소한 것 하나라도 빼놓지는) 않는다.

　어느 날 장자가 밤나무밭을 지나가는데, 까치 한 마리가 그의 이마를 스치고 날아가더니 밤나무에 앉았다. 깜짝 놀란 장자는 돌멩이를 집어 들고는 까치에게 다가갔다. 그런데 까치가 날아가 앉은 밤나무에는 매미 한 마리가 앉아 있었다. 또 그 매미 옆에는 사마귀가 은밀히 매미를 노려보고 있었다. 저마다 자기가 노리고 있는 것에 몰두했기에 정작 자신을 노리는 것에는 무감했다.

　"아아! 생물은 이익을 좇다가 결국 몸을 버리게 되는구나."

　장자는 얼른 밤나무 숲을 나왔다. 그때 누군가가 소리쳤다.

　"점잖은 양반이 몰래 밤을 훔치려 하다니!"

　알고 보니 밤나무 주인이 내내 장자를 노려보고 있었던 것이다.

　수치심에 휩싸인 장자에게 제자가 물었다.

　"요즈음 안색이 안 좋으신데, 무슨 고민이라도 있으십니까?"

　"며칠 전, 나는 까치를 잡으려는 데 정신이 팔려서 나 자신조차 까마득히 잊어버린 적이 있었다. 하늘이 날 내려다보고 있다는 사실을 잊어 결국 나는 밤나무 주인에게 큰 모욕을 당했지. 그것이 참으로 부끄러워 견딜 수가 없구나."

 種瓜得瓜 種豆得豆 天網恢恢 疎而不漏
종 과 득 과 　종 두 득 두 　천 망 회 회 　소 이 불 루

작은 우두머리가 되지 말라

**DAY
104**

論語
논어

군자는 긍지를 가지되 다른 사람과 다투지 않고, 무리를 이루되 파벌을 만들지 않는다.

군자는 존엄과 긍지를 가지되 다른 사람과 다투거나 득실을 따지지 않고, 무리를 이루며 협력하되 작당하여 사리사욕을 꾀하지 않는다.

누군가는 원하는 바를 이루고 성공하려면 자기편을 끌어들여 파벌을 만들고 힘을 키워야 한다고 말할지 모른다. 물론 파벌을 만들지 않은 사람은 적의 파벌 때문에 고통을 겪을 수 있겠지만, 그럼에도 파벌을 만들지 않는다.

무슨 일이든 시야를 넓혀 멀리 내다보고 상황을 판단하는 것이 좋다. 그것이 바로 군자가 가야 할 길이다.

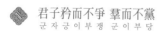

君子矜而不爭 羣而不黨
군 자 긍 이 부 쟁 군 이 부 당

DAY 105

孫子兵法 손자병법

적을 알고 나를 알면 이긴다

적을 알고 나를 알면 백 번 싸워도 위태롭지 않으며 적의 상황을 모르고 나의 상황만 알고 있다면 한 번은 승리하고 한 번은 패배한다. 반면 적의 상황도 모르고 나의 상황도 모르면 매번 전쟁할 때마다 반드시 위태로워진다.

전쟁 시 우선 적군의 지휘자가 어떤 능력을 가진 자인지 알아보고 적의 동향을 세심히 살펴 그에 따른 대책을 세워야 아군이 힘들이지 않고 공격을 할 수 있다. 적의 지휘자가 어떤 인물인가에 따라 아군의 대응책이 달라지게 마련이다.

적장이 우매하고 남의 말을 잘 믿는 자라면 속여서 유인해낼 계책을 세우며, 적장이 탐욕스러워 명예를 돌보지 않고 자기 이익만 꾀하는 자라면 재화를 주어 매수할 계책을 세운다. 적장이 고지식하여 용병의 변화무쌍함을 경시하고 임기응변의 전략에 부족한 자라면 지치도록 만들어 곤경에 빠뜨릴 계책을 세운다. 또 적장은 부유하고 교만하지만 부하들은 가난하고 불만을 품고 있다면 그들의 사이를 이간질할 계책을 세운다. 적장이 우유부단하고 진퇴에 대한 결단력이 부족하며 부하들이 의지할 곳을 잃고 있다면 놀라 도망치게 만들 계책을 세운다. 부하들이 적장을 무시하여 과감히 싸우려 들지 않고 집으로 돌아갈 생각만 하고 있다면 적을 포위하여 도망가게 만들 계책을 세운다.

知彼知己 百戰不殆 不知彼而知己 一勝一負 不知彼不知己 每戰必殆
지 피 지 기 백 전 불 태 부 지 피 이 지 기 일 승 일 부 부 지 피 부 지 기 매 전 필 태

변화를 추구하며 새 시대로 나아가라

그때는 그때이고, 지금은 지금이다(그때의 기준이 지금도 반드시 적용된다고
할 수는 없다).

옛말에 궁하면 변하고, 변하면 통하고, 통하면 지속된다고 했다.

새로운 삶을 살기 위해서는 시대의 흐름과 더불어 나날이 새롭게
변화해야 한다. 마음속에 한 가지 기준만 고수하고 변화를 허용하지
않는다면 어찌 새로운 변화를 추구하며 발전할 수 있겠는가?

'흐르는 물은 썩지 않고, 문지도리(문짝을 여닫을 때 문짝이 달려 있게 하
는 물건)는 좀이 먹지 않는다.'

이 말처럼 우리 역시 끊임없이 변화를 모색하며 시대와 더불어 발
전해 나아가야 한다. 객관적 조건이 다르다는 것을 받아들이고 유연
한 관점으로 문제를 바라볼 때 고집과 정체에서 벗어날 수 있다.

彼一時 此一時也
피 일 시 차 일 시 야

더불어 살라

《경행록》에서 말했다. 밀실에 앉아 있어도 마치 (사람이 많이 왕래하는) 네거리에 앉아 있는 것처럼 하고 작은 마음을 제어하기를 마치 말 여섯 필을 부리듯 하면 허물을 면할 수 있을 것이다.

옛날에 들고 있으면 사람 눈에 띄지 않는다는 신비의 은신초를 애타게 찾는 사내가 있었다. 이런 사정을 안 한 사람이 장난삼아 잡풀을 은신초라고 속이며 그에게 건넸다.

"자, 이제 무슨 행동을 하더라도 사람들이 알 수 없을 걸세."

그토록 애타게 찾던 은신초를 손에 넣은 사내는 곧장 시장으로 갔다. 그는 시험 삼아 한 가게에 들어가 돈을 한 움큼 집어 들고 나가려 했다. 그러자 가게 주인이 사내의 멱살을 움켜잡았다. 사내는 주인을 빤히 쳐다보며 말했다.

"어디 한번 때려 봐라. 그래도 나는 보이지 않을걸."

"이놈이 완전히 미쳤구나."

가게 주인은 사내를 흠씬 두들겨 팬 다음 관가로 넘겼다. 사내는 결국 옥에 갇힌 뒤에야 겨우 은신초의 허상에서 벗어났다.

"아, 나는 지금까지 내 안의 허상을 붙잡고 살아왔었구나. 왜 사람과 더불어 살고 있으면서도, 사람들에게서 벗어나려고 했을까……."

사내는 진심으로 뉘우친 뒤에야 사람들 곁으로 돌아갈 수 있었다.

景行錄 云 坐密室如通衢 馭寸心如六馬可免過
경행록 운 좌밀실여통구 어촌심여육마가면과

소인배의 필살기에 대처하라

번지르르한 말, 꾸민 얼굴빛, 지나친 공손을 좌구명이 부끄럽게 여겼는데,
나 또한 이를 부끄럽게 여기노라.

사람됨의 품격은 전반적인 국면을 고려하고 지난날의 잘못을 따
지지 않을 정도의 도량에서 나온다.

사람을 대할 때 마음에 들지 않는 점이 있더라도 우선 속에 두지
말고 웃어넘길 줄 알아야 한다.

그다음으로 상대방이 옹졸하게 트집을 잡고 흠집 내기를 하더라
도 대의를 위해 참을 줄 알아야 한다.

마지막으로 상대방이 악랄한 수단으로 공격하더라도 당당하게 빈
틈을 보이지 말고, 반격하더라도 소모적인 싸움에 정력을 쏟아붓지
말아야 한다. 그럴 여력이 있다면 차라리 더 유의미한 일과 학문에
매진하는 편이 낫다.

巧言 令色 足恭 左丘明恥之 丘亦恥之
교 언 영 색 주 공 좌 구 명 치 지 구 역 치 지

오늘도 좋은 것을 더 많이 추구하라

DAY 109

史記 사기

많으면 많을수록 더욱 좋다.

한나라 고조 유방은 천하를 통일했으나, 항우와 싸웠던 장수들이 언젠가는 한나라를 위협하는 존재가 되지 않을까 고민하고 있었다. 특히, 일등 공신인 초왕 한신을 가장 경계했다. 그래서 계략을 써 한신을 잡아 회음후로 좌천시키고, 장안에서 벗어나지 못하게 했다.

어느 날, 유방이 한신과 장군들의 능력에 관해 이야기를 나누다가 이렇게 물었다.

"나는 몇만의 군사를 거느릴 수 있는 장수라고 생각하는가?"

"폐하께서는 한 십만 군사 정도는 거느릴 수 있을 것입니다."

"그렇다면 자네는?"

"저는 다다익선입니다."

"하하하! 다다익선이라고? 그렇다면 어찌하여 그대는 십만의 장수감에 불과한 과인의 포로가 되었는가?"

"그것은 별개의 문제입니다. 폐하는 군사를 거느리는 데 능하신 게 아니라 장수를 거느리는 데 능하십니다. 제가 폐하의 포로가 된 이유는 그것뿐입니다."

多多益善
다 다 익 선

자질이 좋더라도 자양분은 필요하다

서시라도 불결한 것을 뒤집어쓰고 있으면 누구나 코를 막고 지나간다.

　서자(西子)는 중국 4대 미녀 중 한 명이라고 불리는 서시를 가리킨다. 서시가 아무리 아름답다 해도 불결한 것을 뒤집어쓰고 있다면 누구라도 코를 막고 지나갈 것이다. 이는 소양, 예의, 자기관리의 중요성을 의미한다.

　선천적인 조건이 아무리 좋아도 소양과 예의를 갖추지 못하고 예법에 따라 자신에게 필요한 내실을 다지지 않는다면, 아름답지만 추하고 선하지만 악한 면을 드러낼 수밖에 없다. 반대의 경우 역시 마찬가지다.

　천부적으로 뛰어난 자질도 조심스럽게 다루고 자양분을 주어야 하는데, 하물며 다른 것은 어떻겠는가?

西子蒙不潔 則人皆掩鼻而歸之
서 자 몽 불 결　즉 인 개 엄 비 이 귀 지

상대를 온전히 놓아둔 채 이기는 게 상책이다

무릇 모든 전쟁의 방법은 적국을 온전하게 놓아둔 채 이기는 것이 최상이고 모조리 파괴하여 이기는 것은 차선이다. 마찬가지로 적의 군사들을 온전하게 놓아둔 채로 이기는 것이 최상책이고 적군을 격파하여 이기는 것은 차선책이다.

어린 시절의 어느 날, 카네기는 우연히 새끼를 밴 토끼 한 마리를 잡았는데 며칠 후 어미가 새끼를 낳았다. 그런데 새끼들에게 줄 먹이가 부족했다. 카네기는 친구들을 불러 모았다.

"애들아, 이 토끼들한테 너희 이름을 붙이고 싶지 않니? 토끼풀을 주면 이름을 붙여줄게."

그러자 친구들은 금방 토끼풀을 한 아름씩 뜯어 와 자기 이름이 붙은 토끼에게 정성껏 풀을 먹였다.

훗날 강철왕이 된 카네기는 이 같은 심리를 이용해 비즈니스를 키웠다. 강철 레일을 매각하려 할 때 카네기는 어린 시절의 '토끼풀'을 떠올렸다. 당시 레일을 살까 말까 망설이는 J. 에드거 톰슨 사장의 이름을 피츠버그에 세우게 될 제강소에 붙이기로 했다. 그러자 에드거 톰슨은 크게 기뻐하면서 자신의 이름이 붙은 '에드거 톰슨 제강소'에서 생산하는 강철 레일을 사들이는 계약을 흔쾌히 받아들였다.

이후에도 카네기는 금융공황과 경기부진이라는 악조건을 오히려 호기로 생각하여 더욱 사업을 확장하고 현금을 비축하는 카네기식 전략으로 세계 최고의 기업을 일구었다.

 凡用兵之法 全國爲上 破國次之 全軍爲上 破軍次之
범 용 병 지 법 전 국 위 상 파 국 차 지 전 군 위 상 파 군 차 지

허세를 멀리하라

안색만 보면 위엄이 넘치지만 마음속이 공허하고 심약한 사람을 소인에
비유하자면 벽을 뚫고 담을 넘는 도둑과 같다!

안색을 험악하게 꾸미고자 한다면 그것은 주로 거드름을 피우며 상대를 제압하기 위해서일 가능성이 크다. 이런 경우 특별한 능력도 없으면서 몸에 맞지 않은 옷을 입은 듯 높은 지위와 명성을 얻은 탓이 크다.

덕이 없고 무능한 사람이 안색을 엄하게 꾸미지 않고 허세조차 부리지 않은 채 걸핏하면 재능과 학문이 뛰어난 이들을 모함하고 압박한다면 그가 속한 세상에서 과연 살아남을 수 있을까? 그래서 내실이 없고 유약한 사람일수록 자신을 더 강하게 보이기 위해 허세를 부리려 든다. 낯빛을 강하게 꾸미고, 뻔뻔하게 흰소리를 치고, 협박과 갈취를 일삼고, 추태를 부리는 경향이 강해진다. 동서고금을 막론하고 이런 사례는 비일비재하다.

 色厲而內荏 譬諸小人 其猶穿窬之盜也與
색 려 이 내 임　비 저 소 인　기 유 천 유 지 도 야 여

DAY
113
──
明心寶鑑
명심보감

당당한 마음을 보존하라

마음속으로 남에게 꿀리는 일이 없으면 얼굴에 부끄러운 기색이 나타나지 않는다.

 총명하고 지혜로워 모든 이에게 존경받는 이가 있었다. 다만, 추남 이라는 것이 그의 흠이었다. 어느 날 그가 궁의 공주를 만나게 됐다. 공주는 그를 보자마자 비웃었다.

"그토록 총명한 슬기가 이렇게 볼품없는 그릇에 담겨 있다니!"

사내는 무심히 공주에게 물었다.

"공주님께서는 포도주를 어디에 담아두십니까?"

"그냥 흙 항아리에 담아두지요."

"아니, 궁궐에는 금 항아리도 많을 텐데 겨우 흙 항아리에 포도주 를 담아둔단 말입니까? 궁궐의 포도주는 아주 귀한 것이니 앞으로 는 금 항아리에 담아두십시오."

공주는 당장 포도주를 금 항아리에 옮겨 담으라고 지시했다. 하지 만 얼마 뒤, 금 항아리 때문에 포도주 맛이 변질되어 먹을 수 없게 되었다. 이에 몹시 화가 난 공주는 사내를 소환했다.

"흥! 포도주는 흙 항아리에 담아야 제맛을 유지한다죠?"

"저는 단지 아무리 귀한 음식이라도 때로는 허름한 그릇에 담아야 제맛이 난다는 사실을 알려드리고 싶었을 뿐입니다."

 心不負人 面無慙色
심 불 부 인 면 무 참 색

130

DAY 114

菜根譚
채근담

매사에 마음부터 평정하라

마음속에 바람과 물결이 없으면 이르는 곳마다 모두 푸른 산 푸른 물이요,
천성 가운데 만물을 포용하는 기운이 있으면 이르는 곳마다 물고기가 뛰
놀고 솔개가 나는 것을 볼 것이다.

옛날에 닭싸움을 즐기는 왕이 있었다. 왕은 나라 안에서 제일가는
투계 조련사를 불러들여 세상에서 가장 강한 싸움닭 조련을 명했다.
이에 조련사는 건강한 닭 하나를 골라 조련에 들어갔다.

한 달 뒤, 조련사는 "이제 겨우 쓸데없는 기운을 버렸습니다"라고
고했다.

다시 한 달 뒤, 조련사는 "이제 제대로 된 자기 기운을 찾았습니
다"라고 고했다.

또다시 한 달 뒤, 조련사는 "아직 멀었습니다. 상대가 그림자만 보
여도 사납게 달려들어 싸우려고만 합니다"라고 고했다.

반년이 지났을 때 조련사가 고했다.

"아직 멀었습니다. 이제 상대에게 달려들지는 않지만, 여전히 버
티고 서서 성내며 사납게 굴고 있습니다."

드디어 1년이 지났다. 비로소 조련사는 왕께 고했다.

"이제 됐습니다. 상대가 제아무리 날뛰며 성을 내도 전혀 당황하
지 않고 나무처럼 버티고 서서 상대만 살피고 있습니다. 이제 그 어
떤 닭이라도 감히 대들 생각을 못할 것입니다."

 心地上 無風濤 隨在皆靑山綠水 性天中 有化育 觸處見魚躍鳶飛
심 지 상 무 풍 도 수 재 개 청 산 녹 수 성 천 중 유 화 육 촉 처 견 어 약 연 비

권력만 추구하다 보면 본질이 흐려진다

참으로 위대하여라! 순임금과 요임금이 천하를 다 가지고도 거기에 사사로이 관여하지 않으셨노라!

집권을 위해 권력을 장악하는 자의 경지는 너무도 세속적이고 그 깊이가 얕아 큰 덕과 남다른 지모와 용맹을 바탕으로 큰 공을 세우기 어렵다.

이런 사람은 오히려 걸핏하면 뇌물을 탐하고, 매사를 두루두루 잘 살피지 못하며, 간혹 요행을 바라다 패가망신할 위험에 처한다.

반면에 큰 뜻과 포부를 품은 뛰어난 인재, 뛰어난 학식과 정치적 경륜을 가진 사람은 공명과 출세를 위해 수단과 방법을 가리지 않는 일을 절대 하지 않는다.

이런 사람은 내면에서부터 위엄이 드러날뿐더러 본질을 흐리지 않기 때문에 인재 중의 인재라고 할 만하다.

 巍巍乎 舜禹之有天下也而不與焉
외 외 호 순 우 지 유 천 하 야 이 불 여 언

모든 일에는 인내가 필요하다

참고 또 참으며 경계하고 또 경계하라. 참지 못하고 경계하지 않으면 작은
일이 크게 된다.

옛날에 망자라는 농부와 물자라는 농부가 있었다. 두 사람은 모두
참을성이 없었다.

어느 해 봄, 둘은 새로운 마음으로 농사를 짓기 시작했다. 그들은
가을에 누가 더 많이 수확할지 서로 내기했다.

여름이 되자 논에는 벼가 싱싱하게 자라 있었다. 그런데 벼 사이
사이에 잡초들이 자라기 시작하더니 나중에는 벼보다 잡초가 더 많
아졌다. 워낙 잡초가 빨리 자라 뽑아낼 수 없을 정도가 되자 망자는
화가 도졌다. 망자는 참다못해 벼와 잡초를 한꺼번에 벤 뒤 그 자리
에 불을 놓아 태워버렸다.

"이제야 직성이 풀리는군."

망자의 논에는 벼가 모두 죽고 잡초만 되살아나 무성해졌다.

물자의 논에도 잡초가 자라긴 마찬가지였다. 그는 잡초 뽑기를 포
기하고 벼와 잡초를 모두 방치해버렸다. 시간이 지나자 벼는 쭉정이
로 변하고 잡초는 더욱 무성해졌다.

가을이 되자 둘은 자신의 들판을 바라보며 섰다. 둘 다 수확할 쌀
이라곤 한 톨도 없었다. 결국 그들은 굶어 죽을 수밖에 없었다.

得忍且忍 得戒且戒 不忍不戒 小事成大
득 인 차 인   득 계 차 계   불 인 불 계   소 사 성 대

뜻은 반드시 높고 원대해야 한다

"선비는 무엇을 자신의 임무로 생각해야 합니까?"
"자기 뜻을 높이는 일을 하여야 한다."

사업을 하고자 하는 사람은 무엇을 최우선 임무로 삼아야 할까?

당연히 자신의 목표를 높게 잡고 원대한 꿈과 비전을 세우는 것이다.

지향하는 바가 없는 사람은 아무리 노력한들 일시적인 성공을 거두는 데 그칠 뿐이다.

지향하는 바가 비교적 낮은 사람은 설사 좋은 기회를 만났다 해도 자신의 짧은 안목 때문에 좋은 기회를 놓칠 수 있다.

그래서 우리는 뜻을 높고 먼 곳에 두도록 가르침을 준 성현의 말씀에 귀를 기울일 필요가 있다.

士何事 尚志
사 하 사   상 지

행복은 억지로 구할 수 없다

행복은 억지로 구할 수 없는 것이므로 스스로 즐거운 마음을 길러서 행복을 부르는 바탕으로 삼아야 한다. 불행은 마음대로 피할 수 없는 것이므로 남을 해치려는 마음을 제거함으로써 재앙을 멀리하는 방법으로 삼아야 한다.

세상 부러울 것 없는 왕이 있었다. 왕은 매일 비단옷을 걸치고 진수성찬이 차려진 식탁에서 식사했다. 그의 신하들도 마찬가지였다.

어느 날, 나라에 아주 골치 아픈 문제가 생겼다. 왕은 모든 신하를 불러들여 해결책을 내라 명했다. 하지만 뾰족한 묘안이 나오지 않았다. 왕이 한숨을 내쉬며 말했다.

"정말 왕 노릇 힘들어서 못 해먹겠구나."

왕은 골치가 아파 회의를 파하고 신하들을 물렸다. 대전을 나오는 신하들도 중얼거렸다.

"정말 관료 노릇 힘들어서 못 해먹겠어. 아이고 골치야……."

그때였다. 어디선가 콧노래 소리가 들려왔다. 가만 주위를 살펴보니 궁 한구석에서 정원사가 나무를 다듬고 있었다. 콧노래는 바로 그에게서 나오는 것이었다. 그는 아주 즐겁게 나무를 다듬고 있었다. 그 표정에는 아무런 근심도 없었다. 일을 열심히 해 땀 흘리고 있기는 했지만, 신하들과는 달리 전혀 힘들어하지도 않았다.

福不可徼 養喜神 以爲召福之本而已
복 불 가 요 양 희 신 이 위 소 복 지 본 이 이
禍不可避 去殺機 以爲遠禍之方而已
화 불 가 피 거 살 기 이 위 원 화 지 방 이 이

좋은 사람을 잘 활용하는 것도 용인술이다

정직한 사람을 천거해 비뚤어진 사람 위에 두면 비뚤어진 사람을 올바르게 만들 수 있다.

좋은 사람을 잘 활용하면 나쁜 사람도 좋은 사람으로 변할 수 있을까? 그렇게 간단한 문제가 아니다. 그렇지만 좋은 사람이 일을 주관하면 나쁜 사람도 어쩔 수 없이 언행을 삼갈 수밖에 없다. 좋은 사람은 뛰어난 재능과 견실한 학식을 바탕으로 주관이 확고하기에 세상에서 환영받지 못할 때도 있다. 그렇다고 해도 그들은 아첨꾼 노릇을 하며 자신의 가치를 폄하시키지 않는다.

나쁜 사람은 남에게 의지하거나 시류에 편승해 일을 이루고, 아첨을 위해 수단과 방법을 가리지 않는다. 하지만 좋은 사람과 나쁜 사람, 충신과 간신을 같이 두면 간사한 사람이 어느새 마각을 드러내고 난처한 모습을 보이며 추태를 보인다.

그래서 현자를 천거하는 것만으로는 부족한데, 좋은 사람으로 나쁜 사람을 압박하려면 그들을 서로 대비시켜 그 차이점이 극명히 드러나게 해야 한다. 이것이 바로 용인술이다.

 舉直錯諸枉 能使枉者直
거 직 조 저 왕 능 사 왕 자 직

크게 될 사람은 늦게 이루어진다

큰 그릇은 늦게 만들어진다.

삼국 시대, 위나라에는 최염이라는 유명한 장군이 있었다.

그런데 용맹한 최염에 비해 그의 사촌 동생 최림은 별다른 재능을 보이지 않았다. 그렇다 보니 최림은 친족들에게 멸시당하는 일이 비일비재했다. 하지만 최염은 진즉부터 알고 있었다, 최림이 훌륭한 인물로 대성할 것임을.

어느 날, 최염이 최림에게 말했다.

"큰 종이나 솥은 쉽게 만들어지지 않는다. 큰 인물도 마찬가지다. 너 또한 '대기만성'형이다. 단언컨대 너는 틀림없이 큰 인물이 될 것이야."

훗날 최림은 천자를 보좌하는 인물이 되었다.

大器晩成
대 기 만 성

용기를 키워라

하지 않는 것이지, 할 수 없는 것이 아니다.

살다 보면 보기만 해도 두려워지는 일이 참 많다.

'산에 호랑이가 있는 줄 뻔히 알면서도 그 산으로 가는' 용기를 내기란 말처럼 쉽지 않으니, 용기가 부족한 사람들은 어려운 문제에 직면했을 때 그저 한숨만 내쉴 뿐이다.

사실 사람들은 못하는 게 아니라 용기가 없어 감히 시도조차 안 하는 경우가 더 많다.

그래서 충분히 해낼 수 있는 많은 일이 고작 자신의 나약한 의지 때문에 불가능한 일이 되어버리고 만다.

不爲也 非不能也
불 위 야 비 불 능 야

五月

5월

마음을 수고롭게 하는 자는
사람을 다스리고,
몸을 수고롭게 하는 자는
사람의 다스림을 받는다.

《맹자》

직업 선택, 신중히 하라

직업을 선택할 때는 신중하게 생각하지 않을 수 없다.

한 사람의 성격은 주로 후천적인 영향을 받고, 그중에서도 업종과 업무 환경은 중요한 요소로 작용한다. 물론 누구나 다양한 직업을 선택할 자유가 있다. 하지만 우리의 몸에는 과거에 몸담았던 직업이 남긴 기억의 흔적이 남아 있게 마련이고, 때로는 그것이 평생 영향을 미치기도 한다.

직업의 선택이 도덕적 기준을 낮추는 대가로 이루어지는 거라면 끔찍한 결과를 초래할 수 있으니, 절대 그 길에 발을 들여놓지 않아야 한다. 이런 이유로 직업을 선택할 때 책임감을 느끼고 신중해야 한다. 또한 불인지심(不忍之心, 차마 하지 못하는 마음)을 키워 의식적이든 무의식적이든 타인을 해치는 동기가 마음속에서 싹트는 것을 막아야 한다.

한마디로 직업의 선택은 아무리 신중히 처리해도 모자라지 않으며, 이는 예나 지금이나 변함없는 진리다.

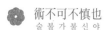
術不可不慎也
술 불 가 불 신 야

형식도 중요하다

사람을 다른 나라에 보내 문안을 드릴 때는 그에게 두 번 절하고 보내셨다.

친구관계를 포함한 인간관계와 외교 활동의 가치를 높이려면 그 것을 중시하는 마음뿐 아니라 형식도 뒷받침되어야 한다. 상대를 대할 때 오만불손해서도 안 되고, 엎드린 김에 절하는 식으로 대충 넘어가거나 가식적인 태도로 막무가내 말하고 행동해서도 안 된다.

사회화, 정보화, 공공화, 개방화 속에서 인적 교류가 갈수록 복잡해지고 있다. 이에 따라 다양한 상황에 걸맞은 예절의 의례와 절차가 규범처럼 자리 잡아가고 있다. 어떤 방식과 용어는 점점 인사말처럼 변하기도 했다. 예컨대 강연이나 연설을 마칠 때 성공을 기원하는 등의 말을 덧붙이는 것이 마무리의 상징처럼 되어버리는 식이다.

問人於他邦 再拜而送之
문 인 어 타 방 재 배 이 송 지

보이고 들리는 것이 모두 진실은 아니다

직접 보고 경험한 일도 모두 참된 것이 아닐까 두렵거늘, 뒤에서 하는 말을
어찌 믿는단 말인가.

한 선비가 날이 저물어 하룻밤 묵기 위해 여인숙을 찾고 있었다.
조금 걷다 보니 호객하는 여인숙 하나가 눈에 띄었다.

"저희 여인숙은 전국에서도 친절하기로 이름난 곳입니다. 저희 여
인숙에서 머물고 가십시오."

주인은 선비에게 방으로 안내하자마자 다른 손님을 끌기 위해 얼
른 문밖으로 달려 나갔다.

선비는 몹시 피곤하여 그대로 잠이 들었다. 그러다 목이 말라 잠
에서 깨어났다. 그런데 있어야 할 자리끼가 보이지 않았다.

"여보시오, 주인장! 물 좀 갖다주시오."

선비는 물을 갖다달라고 여러 번 소리쳤지만 아무런 대꾸가 없었다.

"친절하기로 이름난 집이라더니, 공갈이구만. 어디 한번 볼까? 불
이야! 불!"

그러자 여인숙은 한바탕 난리가 벌어졌다. 손님들은 모두 밖으로 뛰
쳐나갔고, 주인은 물을 동이에 담아 들고는 선비의 방으로 달려왔다.

"어디요? 어디에 불이 났소?"

그러자 선비는 손가락으로 자기 입속을 가리켰다.

🌸 經目之事 恐未皆眞 背後之言 豈足深信
　　경 목 지 사 공 미 개 진 배 후 지 언 기 족 심 신

성공의 길은 자유롭고 다양하다

DAY 125

孟子
맹자

어떤 사람은 마음을 수고롭게 하고, 어떤 사람은 몸을 수고롭게 한다. 마음을 수고롭게 하는 자는 사람을 다스리고, 몸을 수고롭게 하는 자는 사람의 다스림을 받는다.

'마음을 수고롭게 하는 자는 사람을 다스리고, 몸을 수고롭게 하는 자는 사람의 다스림을 받는다.'

이 말은 솔직하고 합리적이지만 듣기에 거슬리는 면도 있다. 그것은 민주 · 평등 · 자유 · 노력으로 운명을 바꾸는, 즉 자신의 운명을 스스로 개척하는 관념에 위배되기 때문이다. 그러나 사회는 분업이 이루어져야 하고, 사회가 발전할수록 그 추세는 더 강해질 것이다. 설사 분업이 유감스러운 상황을 동반한다고 해도 그 추세는 막을 수 없다.

사람들은 공평한 사회를 추구하고, 분업이 분열과 대항으로 이어지는 것을 원하지 않는다. 그래서 그들은 전면적이고도 자유로운 발전의 개념을 제시했다. 그것은 바로 '어떤 사람은 마음을 수고롭게 하고, 어떤 사람은 몸을 수고롭게 한다'는 사고의 제약을 받지 않은 채 자유롭고 다양한 경로를 거쳐 성공의 길을 향해 나아가는 것이다.

或勞心 或勞力 勞心者治人 勞力者治於人
혹 노 심 혹 노 력 노 심 자 치 인 노 력 자 치 어 인

어린아이를 사랑하라

어린이를 사랑하는 것은 선왕들의 큰 정사여서 역대 임금들은 이를 행하여 아름다운 법도로 삼았다.

중국의《급총주서》는 이렇게 밝힌다.

'근인을 두어 고아를 맡게 하고, 정장을 두어 어린아이를 보호하게 했다.'

관중이 지은《관자》는 이렇게 전한다.

'국도에는 고아를 맡는 직책이 있는데, 고아를 하나 양육하는 자에게는 그 사람의 아들 하나의 부세를 면제해준다.'

《한시외전》은 이렇게 논한다.

'백성 중에 어른을 공경하고 고아를 돌봐주는 자가 있으면 임금에게 보고하여 화려하게 꾸민 쌍두마차를 탈 수 있게 해야 한다.'

이는 모두 어린이를 보살피는 정책에 관한 것으로, 그 옛날에도 어려서부터 부모에게 버림을 받거나 부모를 잃는 것은 아이가 겪을 수 있는 가장 큰 고통이라고 여겼다. 아이는 평생 아이로 남지 않는다. 그들은 부모가 있든 없든 자라나 어른이 될 것이며 나라의 보탬이 되는 자로 성장하게 될 것이다. 그러한 성장을 누군가가 올바른 마음으로 돕는다면 그것은 분명 자신의 복을 부르는 일이 될 것이다.

慈幼者 先王之大政也 歷代修之 以爲令典
자 유 자 선 왕 지 대 정 야   역 대 수 지   이 위 영 전

검소하라

사치하다 보면 공손하지 못하게 되고, 검소하다 보면 고루하게 되기 쉬운데, 공손하지 못한 것보다 차라리 고루한 편이 낫다.

사치의 '사(奢)'는 자랑과 오만의 뜻을 내포하고 있다.

그러다 보니 당연히 겸손하지 않은 고로 미움을 사고 문제를 일으키기 쉽다.

검소는 고루한 표현이 아닐 수 없다.

그러다 보니 당연히 융통성이 없고 보수적으로 완고해지기 쉽다.

이 두 가지를 비교해볼 때 건방진 사람이 되기보다 고루하고 완고한 사람이 되는 편이 낫고, 위험을 무릅쓰는 사람이 되기보다 신중하고 보수적인 사람이 되는 편이 낫다.

 奢則不孫 儉則固 與其不孫也 寧固
사 즉 불 손 검 즉 고 여 기 불 손 야 영 고

DAY 128

吳越春秋
오월춘추

처지가 비슷한 사람은 서로 돕게 마련이다

같은 병을 앓는 사람끼리 서로 불쌍히 여긴다.

전국 시대 때 오나라의 태자 광은 사촌 동생인 오왕 요를 죽인 뒤 오왕 합려라 일컫고, 반란에 적극 협조한 오자서를 중용했다.

오자서는 초나라에서 아버지와 형이 모함으로 죽임을 당하자 오 나라로 망명한 인물이었다. 그가 반란에 적극 협조한 것도 광이 왕위 에 오르면 아버지와 형의 원수를 갚을 수 있다고 믿었기 때문이다.

얼마 후 초나라에서 백비라는 자가 오나라로 망명해 왔다. 그 또 한 모함으로 아버지를 잃은 사람이었다. 오자서는 그를 오왕에게 추 천하여 대부 벼슬에 오르게 했는데, 이 사실이 알려지자 신하들이 오자서를 비난했다.

"내가 보기에 백비는 눈이 매와 같고 걸음걸이는 호랑이와 같은데, 이는 필시 사람을 죽일 얼굴이오. 그런데 어째서 그를 추천했소?"

"별다른 까닭은 없습니다. 옛말에 '동병상련', '동우상구(同憂相救)' 라는 말이 있습니다. 나와 같은 처지에 있는 백비를 돕는 것은 당연 한 일이라고 생각했을 뿐입니다."

그로부터 9년 뒤 합려가 초나라와 싸워 대승하자 자서와 백비는 마침내 가족의 원수를 갚을 수 있었다.

同病相憐
동 병 상 련

147

효는 사람됨의 근본이다

부모의 인정을 받지 못하면 사람 구실을 제대로 할 수 없다.

　좋은 부모의 바람에 순응하지 못하고, 그 마음을 만족시키지 못하는 사람은 다른 일도 잘할 수 있을 거라는 믿음을 주기 힘들다.

　전통적으로 효는 충의 기반이고, 두 가지는 이론적으로 통일되어 있다. 두 가지 사이에 모순이 발생하면 효가 더 중요하고 절실하므로 효부터 행해야 한다.

　이것은 중요한 가치 서열이며, 현실적이면서도 정리에 부합한다. 때로는 이것이 조금의 사심도 없이 공익을 위해 사익을 희생하고, 자기보다 남을 먼저 생각하는 인식과 어긋난다 해도 우리는 이 두 가지 중 무엇을 선택하든 그것이 옳다고 단언하기 어렵다.

 不得乎親 不可以爲人
부 득 호 친 불 가 이 위 인

이치에 맞게 말하라

그 사람은 말을 잘 안 하지만, 말을 하면 반드시 이치에 맞는다.

'언필유중'은 말하기만 하면 반드시 이치에 들어맞는다는 뜻이다. 그런데 이렇게 할 수 있는 사람이 과연 몇이나 될까? 살면서 쓸데없는 말, 틀린 말, 헛소리, 과장된 말, 주제넘은 말을 해보지 않은 사람이 과연 있을까? 역사 속에 등장하는 영웅호걸, 선인, 대가 들 역시 예외가 아니었다.

'그 사람은 말이 없지만 말을 하면 반드시 이치에 들어맞는다'는 '부인불언, 언필유중'의 경지에 도달하는 것은 무척 어렵다. 말이 없는 사람은 수줍고, 위축되고, 표현력이 부족하기 때문이다. 그래서 말수가 적은 사람은 많은 반면, 말을 하면 반드시 이치에 들어맞는 사람은 많지 않다.

夫人不言 言必有中
부 인 불 언 언 필 유 중

상황에 따라 달리 처신하라

순자가 말했다. 쓸데없는 말과 급하지 않은 일은 하지 말라.

진왕에게는 큰 고민거리가 하나 있었다. 입담이 좋은 초나라 세객들 중 사신으로 오는 자들을 상대하기가 여간 힘든 게 아니었던 것이다.

진왕은 그 사신들이 올 때마다 절대 당하지 않겠노라 다짐했지만, 막상 마주하여 이야기를 나누다 보면 자기도 모르게 그들에게 끌려들어가곤 했다. 그래서 승상인 감무를 불러 이 일을 의논했다. 진왕의 이야기를 다 들은 감무는 바로 대답했다.

"그것은 걱정할 바가 아닙니다. 상대하기 힘든 사신이 왔을 때는 쓸데없는 말은 일체 하지 마시고, 마음을 느긋하게 가진 채 서두르지 마십시오. 그러다가 사신의 말이 다 끝나고 어떤 제의를 해오면 그것이 무엇이 됐든 무조건 거부하십시오. 그리고 반대로 다루기 쉬운 사신이 왔을 때는 무조건 제의를 받아들이십시오. 그렇게 되면 초나라에서도 다루기 쉬운 사람만을 골라 사신으로 보내게 될 것입니다."

진왕은 그제야 고민이 해결된 듯 고개를 끄덕였다.

荀子曰 無用之辯 不急之察 棄而勿治
순자왈 무용지변 불급지찰 기이물치

노력만큼 방법도 중요하다

백 걸음 밖에서 활을 쏠 수 있다면 힘이 있기 때문이고, 명중시켰다면 단지 힘만으로 이룬 성과가 아니다.

화살을 백 걸음 밖에서 쏠 수 있다면 그럴 만한 힘이 있기 때문이고, 화살을 쏴서 명중시켰다면 힘뿐만 아니라 정확도 역시 받쳐주었다고 볼 수 있다.

힘은 흡사 노력과도 같다. 성실한 노력이 없다면 활에서 벗어난 화살이 목표지점까지 날아가지 못한 채 중도에 떨어질 수 있다.

정확도는 방법이라고도 말할 수 있다. 실행 가능한 방법을 찾지 못하면 화살이 아무리 멀리 날아간들 과녁의 중심을 맞출 수 없다.

진정으로 성공한 사람은 노력과 방법을 결합해 과녁의 중심을 명중시킬 줄 아는 능력의 소유자다.

由射於百步之外也 其至 爾力也 其中 非爾力也
유 사 어 백 보 지 외 야 기 지 이 력 야 기 중 비 이 력 야

방어하며 때를 기다려라

옛날에 전쟁을 잘하던 장군은 먼저 자신을 적이 이길 수 없도록 만들어놓
고서 적을 이길 수 있을 때까지 기다렸다. 즉, 적이 자신을 이길 수 없는 완
벽한 진용을 만들어놓고 적을 이길 수 있도록 만들었던 것이다.

전국 시대 말 진나라는 강력한 나라가 되어 있었다. 진나라 왕 영정
은 강국 초나라를 멸망시키고 중국을 통일하려는 야욕에 불탔다. 시
행착오 끝에 영정은 왕전 장군에게 전장으로 갈 것을 친히 요청했다.

왕전은 먼저 진지를 견고히 구축한 다음 말했다.

"누구든지 내 명령 없이는 절대 적을 먼저 공격하지 마라!"

왕전은 진지 안에서 낮에는 군사들과 함께 일하고, 밤에는 특식과
술을 나눠 마시며 편히 쉬었다. 몇 달을 편히 쉰 군사들은 당장 전장
으로 달려갈 것처럼 사기가 충만해졌다. 그러나 왕전은 진지 안에서
공방 훈련과 신체 단련만 시킬 뿐 군사행동을 하지 않았다.

그렇게 1년이 지나자 마침내 초나라 장군들은 이러한 대치 상태
가 의미 없다며 철수 결정을 내렸다. 바로 그때 왕전이 즉시 기습 공
격을 감행했다. 1년 이상 전장에서 대치했던 초나라 군사들은 완전
히 전의를 상실한 터여서 그들의 진영은 삽시간에 사분오열되고 말
았다. 왕전은 도망가는 초나라 군대를 끝까지 추격하여 회강 남쪽까
지 내려갔으며 급기야 초나라의 수도 수춘까지 진격해 들어가 초왕
을 사로잡았다.

昔之善戰者 先爲不可勝 以待敵之可勝 不可勝在己 可勝在敵
석 지 선 전 자 선 위 불 가 승 이 대 적 지 가 승 불 가 승 재 기 가 승 재 적

때와 장소를 가려 말하라

**DAY
134**

**論語
논어**

공자께서 향당(마을)에서는 온화하고 공손하여 마치 말을 잘하지 못하는
사람 같았다. 공자께서 종묘와 조정에 계실 때는 말을 잘하셨지만 여전히
말을 삼가셨다.

고향 사람들 혹은 옛 친구들을 오랜만에 다시 만나자면 보통 그
당시의 시선으로 인식하고 비교한다.

그래서 초라해 보이면 어린 시절 혹은 평범하고 보잘것없었던 부
모와 가족을 자연스럽게 떠올리며 동정할지 모른다.

반대로 대단한 인물이 되어 나타나면 그 커다란 변화를 쉽게 받아
들이지 못한 채 시기할 수 있다. 이런 상황에서는 몸을 사리는 편이
좋다.

하지만 비교적 공적인 장소라면 이야기가 달라진다. 신분이 명확
해지고 지위가 드러나는 곳이라면 자신의 달라진 위상을 드러내고
인식의 변화를 주도해도 무관하다.

다만 이런 상황이라 할지라도 말로써 화를 불러오지 않기 위해 평
소보다 더 신중히 말해야 한다.

孔子於鄕黨 恂恂如也 似不能言者
공 자 어 향 당   순 순 여 야   사 불 능 언 자
其在宗廟朝廷 便便言 唯謹爾
기 재 종 묘 조 정   변 변 언   유 근 이

DAY
135

唐書
당서

그 어떤 일이든 계속하면 이뤄진다

도끼를 갈아서 바늘을 만든다.

시선(詩仙)으로 불리는 당나라의 시인 이백은 어릴 적 훌륭한 스승을 찾아 상의산에 들어가 공부하고 있었다.

공부에 싫증이 난 어느 날, 그는 스승에게는 말도 없이 산을 내려오고 말았다. 이백이 냇가에 이르렀을 때 한 노파가 도끼를 바위에 대고 열심히 갈고 있는 것을 보았다. 이상하게 여긴 이백이 물었다.

"할머니, 지금 뭐 하시는 겁니까?"

"바늘을 만들려고 도끼를 갈고 있는 중이네."

"아무리 열심히 간다 해도 그 큰 도끼가 어느 세월에 바늘이 되겠습니까?"

"반드시 될 것이네. 중도에 그만두지만 않는다면……."

이 말을 들은 이백은 생각을 바꾸어 산으로 되돌아갔다. 그 후 그는 해이해질 때마다 바늘을 만들기 위해 도끼를 갈던 노파를 생각하며 더욱더 공부에 정진했다.

磨斧作針
마 부 작 침

154

작은 목표와 큰 목표를 명확히 구분하라

단지 가난에서 벗어나기 위해 관리가 되는 것은 결코 아니지만, 때로는 가난에서 벗어나기 위해 관리가 되기도 한다.

녹봉을 받아 가난에서 벗어나기 위해 관리가 되고자 하는 것은 저급하고 사소한 목표다. 하지만 이것 역시 목표를 구성하는 아주 작은 부분이다. 다만 이것이 목표의 핵심 혹은 전체가 되어서는 안 된다. 다시 말해서 어쩔 수 없이 허용하는 이런 사소한 부분이 최종적으로 추구하는 목표가 될 수 없다는 것이다.

이런 상황을 막기 위해 큰 것과 작은 것, 높은 것과 낮은 것, 공적인 것과 사적인 것, 주된 것과 부차적인 것을 적절히 배분해야 한다. 이것은 루쉰이 즐겨 인용했던 말과도 일맥상통한다. 매는 닭처럼 낮게 날 수 있어도, 닭은 절대 매처럼 높게 날 수 없기 때문이다.

仕非爲貧也 而有時乎爲貧
사 비 위 빈 야　이 유 시 호 위 빈

물이 모이면 도랑이 된다

새끼로도 톱을 삼아서 오래 쓰면 나무를 자르고, 물방울도 오래 떨어지면
돌을 뚫는다. 도를 배우는 사람은 모름지기 힘써 찾기를 더해야 한다. 물이
모이면 도랑이 되고, 참외는 익으면 꼭지가 떨어지니 도를 얻으려는 사람
은 하늘에 맡겨야 할 것이다.

성미 급한 젊은이 하나가 한 부자를 찾아왔다.

"열심히 일하고 남들만큼 번 것도 같은데 이상하게 제 주머니는
늘 비어 있지 뭡니까? 부디 부자 되는 비결을 알려주십시오."

부자는 젊은이를 우물가로 데려갔다.

"자, 이 바가지로 우물물을 길어 올려 이 항아리에 담아보게나."

젊은이는 물을 길어 항아리에 담았지만 당최 물이 고이지 않았다.
가만 살펴보니 밑 빠진 독이었다. 부자는 다시 다른 바가지와 항아
리를 준비하고 물을 길어 부으라고 했다. 이번에는 깨진 바가지라서
좀처럼 항아리에 물이 고이지 않았다.

"계속 물을 길어보게. 저녁때쯤 항아리에 물이 가득 찰 걸세."

젊은이는 온종일 깨진 바가지로 물을 길어 항아리에 담았다. 그랬
더니 과연 저녁 무렵, 항아리에 물이 가득 찼다. 깨진 바가지에서 떨
어지는 몇 방울의 물이 마침내 새지 않는 항아리를 채우고 말았던
것이다. 젊은이는 그제야 자신이 지금껏 돈을 모으지 못한 이유를
깨달았다.

繩鋸木斷 水滴石穿 學道者 須加力索
승 거 목 단　수 적 석 천　학 도 자　수 가 력 색
水到渠成 瓜熟蒂落 得道者 一任天機
수 도 거 성　과 숙 체 락　득 도 자　일 임 천 기

신상 털기 행위를 경계하라

용감함을 좋아하고 가난을 싫어하는 것이 혼란을 일으키고, 사람으로서
어질지 못함을 너무 미워하는 것 또한 혼란을 일으킨다.

오늘날 대중의 도덕적 여론, 도덕적 심판, 도덕적 제재는 인터넷
신상 털기로 이어지며 심각한 문제와 혼란을 야기하고 있다.

우리는 도덕적 잣대로 사람을 평가하고, 덕을 갖춘 사람을 존경하
고, 사회의 엘리트 집단과 집권자들이 덕으로 나라를 다스리고, 도
덕적 교화의 모범이 되어주기를 바란다. 그러나 이것이 도리어 덕을
싸움의 무기로 삼고 도덕적 비판을 빌미로 선동하여 문제를 더 심각
하게 만들기도 한다.

인과 덕은 사람이 갖추어야 할 중요한 덕목이지만, 타인을 판단하
기 위한 지나친 잣대가 되어서는 안 된다. 타인의 인과 덕을 판단하
고 평가하기 위해서는 자신 역시 그럴 만한 도량을 갖추고 있어야
한다. 누군가의 인과 덕이 부족할 때 노골적으로 증오를 드러내면
오히려 반발하여 더 큰 문제를 일으킬 수 있다. 따라서 어진 이는 과
히 행동하며 주변인을 병들게 하는 사람들을 상대로 증오가 깊어지
지 않도록 도량으로 포용해야 한다.

好勇疾貧 亂也 人而不仁 疾之已甚 亂也
호 용 질 빈 난 야 인 이 불 인 질 지 이 심 난 야

궁리하여 큰 뜻을 이루라

공자가 말했다. 총명하고 생각이 뛰어나더라도 어리석은 척해야 하고, 공
이 천하를 덮을 만하더라도 겸양해야 하며, 용맹을 세상에 떨칠지라도 늘
조심해야 하고, 부유하기가 사해를 소유했다 하더라도 겸손해야 한다.

초나라에서 말을 가장 잘 다루는 이가 있었다. 그는 자기 뜻을 펴
려고 왕께 고했다.

"저는 말을 능숙하게 다룰 줄 아오니 긴요하게 써주십시오."

그런데 막상 궁궐에 들어가니 다른 이들이 그의 재주를 심히 시기
했다. 결국 그는 뜻을 이루지 못하고 궁궐을 나왔다.

며칠 뒤 그는 다시 왕 앞에 나가 이번에는 이렇게 말했다.

"저는 사슴을 잘 잡는 재주가 있습니다."

왕은 그의 재주를 시험하기 위해 친히 사냥터로 나갔다. 그는 말
을 몰고 나가 단번에 사슴을 포획했다. 이에 왕은 그 뛰어난 재주를
칭찬하며 궁궐의 사냥꾼으로 임명하고자 했다. 그는 때를 놓치지 않
고 얼른 다른 이들이 자신의 재주를 시기한 사실을 털어놓으면서 말
을 다루는 직책을 내려달라고 청했다.

"흠, 더 나은 재주가 있다면 그에 걸맞은 일을 하는 게 옳다."

그는 결국 자기 뜻을 이루게 됐다.

子曰 聰明思睿 守之以愚 功被天下 守之以讓
자왈 총명사예 수지이우 공피천하 수지이양
勇力振世 守之以怯 富有四海 守之以謙
용력진세 수지이겁 부유사해 수지이겸

급선무부터 해결하라

아무리 현명한 사람일지라도 모든 일에 다 신경을 쓸 수 없으니 가장 먼저
처리해야 할 일이 무엇인지부터 알아야 한다.

모든 방면으로 해박한 지식을 쌓는 것도 필요하지만, 지혜로운 사람
이라면 당면한 임무와 관련된 지식을 우선순위에 둘 줄 알아야 한다.

이것은 '인의예지'의 보편적이고 광범위하며 절대적인 면을 인정
하고, 각종 불변성 논리의 구체성·상대성과 대소·경중·완급·
강목(綱目, 대강과 세목)의 차별성을 중시하는 것이기도 하다.

모든 일은 시간, 장소, 조건은 물론 그 일을 처리하는 주체의 신분,
처지, 특징을 떠나 논할 수 없다.

이러한 사항들을 무시한 상태에서 일의 크기, 경중, 완급을 따지는
것 자체가 이치에 맞지 않는다.

知者無不知也 當務之爲急
지 자 무 불 지 야 당 무 지 위 급

때때로 미흡한 자신을 돌아보라

넓은 바다를 바라보고 감탄한다.

옛날 황하 중류 맹진에 하백이라는 하천의 신이 있었다.

어느 날 아침, 그는 금빛의 강물을 보고 감탄하며 말했다.

"이렇게 큰 강은 또 없을 거야!"

"그렇지 않습니다."

등 뒤에 있던 늙은 자라가 말했다.

"제가 듣기로는 해 뜨는 쪽에 북해라는 곳이 있는데, 이 세상의 모든 강이 그곳으로 흘러들기 때문에 황하의 몇 곱절이나 된다고 합니다."

"정말 그렇게 큰 강이 있다고? 내 눈으로 보기 전엔 믿을 수 없네."

하백은 일단 강 하류로 내려가 북해를 한번 보기로 했다. 하백이 북해에 이르자, 그곳의 해신인 약이 반겼다. 약이 손을 들어 허공을 가르자, 눈앞에 광활한 바다가 펼쳐졌다.

'황하 말고도 이처럼 큰 강이 있었다니⋯⋯.'

하백은 세상모르고 살아온 자신이 매우 부끄러웠다. 하백이 감탄하자, 약이 웃으며 말했다.

"당신은 그동안 우물 안 개구리였군요. 이제 대해를 알게 됐으니 거기서 벗어난 것이오."

望洋之歎
망 양 지 탄

도덕적 심판을 섣불리 하지 말라

덕을 실천하되 널리 알리지 않고 도를 믿되 독실하지 않으면, 그 사람이 덕과 도를 어찌 가지고 있다 할 수 있으며 어찌 가지고 있지 않다 할 수 있겠는가?

    도덕적 수준이 형편없는 사람이나 국가와 국민을 위해 도움 될 업적을 한 번도 세운 적 없는 사람일수록 자신보다 강한 사람에게 뻔뻔히 더욱 큰소리치며 도덕적 심판을 가하고 싶어 한다. 그들은 소문을 쫓아 도덕적으로 설전을 벌이는 일에 참여하거나 도덕을 무기삼아 살인을 했는데, 과거에는 그것을 '명예 살인'이라고 불렀다.

    일례로 소설가 루쉰을 공격한 후 궈모뤄(문학가이자 정치가)를 욕하고, 차오위(극작가)를 공격한 후 셰빙신(여류 작가)을 욕한 자들이 있는데, 단언컨대 그들이 이룬 업적은 네 사람의 만분의 일도 되지 않는다.

❀ 執德不弘 信道不篤 焉能爲有 焉能爲亡
  집 덕 불 홍 신 도 부 독 언 능 위 유 언 능 위 무

궁색할지라도 개천이 되지 말라

군자는 자기 자신의 위치에서 알맞게 처신할 뿐이다. 부당하게 자기 처지에서 벗어나 있는 것은 바라지 않는다.

공자가 잠시 위나라에 머물던 시절, 자사가 무척 궁핍하다는 소식을 들은 위나라의 부자가 그 처지를 딱하게 여겼다.

"천하제일의 학자인데 걸인생활을 하다니, 안 될 말!"

부자는 좋은 옷과 곡식을 챙기고는 하인에게 당부했다.

"그분께 전하거라. 우리 주인은 물건을 빌려주면 금방 잊는 습관이 있고, 설령 빌려준 걸 기억한다 해도 잃어버린 셈 치니, 걱정하지 말고 받으시라고 말이다."

하지만 얼마 뒤 하인은 물건을 그대로 들고 되돌아왔다. 이에 부자가 몸소 자사를 찾아갔다.

"저는 선생을 도우려는 충심으로 보내드린 것인데, 너무 야박하게 내치시니 참으로 민망합니다."

"그 마음만 고맙게 받겠습니다. 하지만 옛말에 까닭 없이 자기 물건을 남에게 주는 건 그걸 개천에 버리는 것과 같다 했습니다. 그 말인즉 선생께서 보내신 물건을 받는다면 제가 개천이 되는 게 아니겠습니까? 비록 지금 제가 궁색하긴 하나 저 스스로 개천이 될 순 없지요."

부자는 자사의 말을 듣고 다시 한번 군자다운 면모에 감탄했다.

君子素其位而行 不願乎其外
군 자 소 기 위 이 행 불 원 호 기 외

지혜롭게 생각하고 바르게 행동하라

손사막이 말했다. 담력은 크게 가지되 마음가짐은 섬세해야 하고, 지혜는
원만하게 하되 행동은 바르게 해야 한다.

공자의 제자 번지가 물었다.

"스승님, 지혜라는 것은 무엇입니까?"

공자가 대답했다.

"백성들이 따를 정의를 세우는 데 힘쓰고, 혼(魂)과 신(神)을 공경
하되, 그것에만 의지하려는 마음을 갖지 않는다면 지혜롭다고 할 수
있을 것이다."

번지가 다시 물었다.

"그렇다면 인(仁)이란 무엇을 말하는 것입니까?"

공자가 대답했다.

"먼저 어려움을 마다하지 않고 성실히 실행한 뒤에, 그 결과를 담
담하게 기다린다면 가히 어질다고 할 수 있을 것이다."

孫思邈日 膽欲大 而心欲小 智欲圓 而行欲方
손 사 막 왈 담 욕 대 이 심 욕 소 지 욕 원 이 행 욕 방

슬픔을 애써 억누르지 말라

상을 당한 슬픔은 다하고 나면 그만이다.

일반적으로 슬픔을 드러낼 때와 아닐 때 걸맞은 태도는 도덕적 원칙의 굴레에서 벗어나지 않는다.

그래서 재난 앞에서도 미소 지을 수 있는 이를 발견했다면 세상 사람들은 신상 털기와 더불어 마녀사냥에 나서려 할 것이다.

이와 더불어 생사를 초월했던 장자처럼 아내의 죽음 앞에서 전혀 개의치 않는 모습을 보이는 것도 사람들이 쉽게 받아들이기 어려운 태도다.

다만 앞으로 살아가야 할 날들을 생각한다면 살아 있는 이들이 슬픔을 지나치게 드러내는 것도 좋지 않다.

슬픔이 찾아오면 애써 지우려 하지 말고 잠시 마음속에 머물다 가게 하는 것도 중용이다.

喪致乎哀而止
상 치 호 애 이 지

백성들이 관리를 두려워할 때가 호기다

승리를 예측하는 능력이 여러 사람이 알고 있는 수준에 불과하다면 그것은 가장 최선이라고 할 수 없다. 전쟁에서 승리한 것을 두고 천하 모든 사람의 칭송이 자자하다면 이 역시 최선이라고 할 수 없다.

주나라 무왕의 명을 받들어 며칠간 은나라를 살피고 돌아온 정탐꾼이 보고했다.

"지금 은나라는 상당히 어수선한 상태입니다. 악한 자들이 득세하여 착한 이들을 마구 짓누르고 있습니다."

"아직이다. 돌아가서 다시 동정을 살피고 오라."

며칠 뒤 정탐꾼이 돌아와 다시 보고했다.

"지금 은나라는 저번보다 더 어지러워진 상태입니다. 어진 사람들이 나라 밖으로 도망가고 있습니다."

"아직이다. 다시 돌아가 동정을 살피고 오라."

며칠 뒤 정탐군이 돌아와 또다시 보고했다.

"이제 나라 전체가 몹시 긴장한 상태입니다. 독재하는 관리들을 두려워하는 백성들이 모두 입을 다물고 있습니다."

"그래, 이제 때가 되었구나. 속히 출정 준비를 하라."

무왕은 압도적인 군사력을 앞세워 은나라 정벌에 나섰다. 은나라의 폭군 주왕은 힘 한번 써보지 못하고 사로잡혔다.

見勝不過衆人之所知 非善之善者也 戰勝而天下曰善 非善之善者也
견 승 불 과 중 인 지 소 지　비 선 지 선 자 야　전 승 이 천 하 왈 선　비 선 지 선 자 야

복잡한 것을 간단한 결과로 만들라

폭넓게 지식을 배우고 쌓아 올리며 상세하게 그 이치를 파고드는 것은, 나중에 돌이켜보며 간략하게 설명하기 위해서다.

오늘날 지식의 발전 단계가 갈수록 복잡해지고 있다. 그렇지만 새로운 문화적 성과의 특징은 그것을 간단명료하고 편리하며 실용적으로 바꿀 수 있어야 한다.

네트워크의 설계와 개선은 광범위한 지식과 전문성이 뒷받침되어야 한다. 그런데 그런 복잡한 과정을 거쳐 실제로 인터넷을 사용할 때는 기존의 복잡했던 임무, 즉 조사 · 검증 · 탐색 · 계산 · 복제 · 수정 · 보완 등이 클릭 한 번으로 해결될 만큼 단순해진다.

가장 복잡하고 힘든 과정을 수행하는 목표는 이제까지 없었던 가장 간결하고 쉬운 결과를 만들어내는 데 있다. 과학 영역뿐 아니라 인간의 수행 역시 다르지 않다. 정치를 논하거나 중용을 구할 때는 더욱 그러하다.

博學而詳說之 將以反說約也
박 학 이 상 설 지 장 이 반 설 약 야

명약도 쓰기 나름이다

네 도모함이 어질지 못하면 일을 그르친 뒤에 후회해도 소용없고, 네 소견
이 훌륭하지 못하면 가르친들 무엇이 이롭겠는가. 자기 이익만 생각하면
도에 어그러지고, 사사로운 뜻이 굳으면 공적인 일을 망치게 된다.

빨래를 해주며 먹고사는 집안이 있었다. 그 집안은 손이 트지 않는
약을 개발해 대대로 사용하고 있었는데, 그 비법은 자기들끼리만 몰
래 전수했다. 그래서 다른 사람은 그 약을 쓰고 싶어도 쓸 수 없었다.

어느 날, 총명하게 생긴 청년이 찾아와 "내게 그 약의 제조 비법을
팔면 오천 냥을 주겠소"라고 말했다. 청년의 말에 집안사람들의 눈
이 모두 휘둥그레졌다.

"우와! 그 돈이면 몇 년은 놀고먹으면서 살 수 있겠다."

마침내 청년은 그 약의 제조법과 판매권 일체를 갖게 됐다.

청년은 오왕에게 가 손이 트지 않은 비법을 선보이며 병사들에게
사용할 것을 제안했다. 오왕은 청년을 장군으로 임명하고, 그해 겨
울에 전장에 내보냈다. 청년은 그 약을 적절히 활용하여 대승을 거
두었다. 이에 오왕은 청년에게 많은 땅을 하사하며 제후로 봉했다.

똑같은 약을 가지고 한 사람은 높은 벼슬을 얻고, 또 다른 이는 평
생 빨래질이나 하면서 보냈으니, 아무리 좋은 명약이라도 어떤 마음
을 갖고 어떻게 쓰느냐에 따라 크게 달라진다.

爾謀不臧 悔之何及 爾見不長 教之何益
이 모 부 장 회 지 하 급 이 견 부 장 교 지 하 익
利心專 則背道 私意確 則滅公
이 심 전 즉 배 도 사 의 확 즉 멸 공

잔치와 상례는 모두 적당해야 한다

예는 사치하기보다 차라리 검소한 것이 옳고, 상례는 형식적으로 잘 치르기보다 차라리 슬퍼하는 것이 옳다.

잔치는 사치스러운 것을 조심하고, 상례는 소홀함이 없도록 주의해야 한다. 이 모든 것이 사람들의 경솔함에서 비롯되기 때문이다.

실용주의는 상례보다 잔치를 더 중시하고, 인정은 상례를 중시하면서 잔치를 절제할 것을 요구한다.

잔치와 상례를 앞두고 있다면 경솔하고 경박한 마음을 경계하면서 엄숙하고 신중하고 겸손한 마음가짐을 갖도록 해야 한다.

예는 사치를 멀리하고 적정한 선을 지킬 줄 알아야 하고, 진심을 담되 너무 과한 것을 피해야 한다.

禮與其奢也 寧儉 喪與其易也 寗戚
예 여 기 사 야 영 검 상 여 기 이 야 영 척

때가 되면 물러나라

일자리에서 물러나려거든 전성기 시절에 물러나고, 몸 둘 곳을 고르려거든 홀로 뒤처진 자리에 앉혀라.

퇴계 이황은 69세가 되자 우찬성의 벼슬을 사직하고 낙향하려 했다. 그때 젊은 관료 율곡 이이가 그를 찾아갔다.

"어린 임금께서 즉위하신 지 얼마 되지 않으니 좀 더 보필해야 하지 않겠습니까? 설령 아무 일을 하시지 않더라도 조정에 계신다는 사실 자체가 큰 도움이 될 것입니다."

"과분한 말이네. 주어진 직책도 감당하지 못하면서 조정에 몸만 두고 있다면 그건 직무 태만이네. 내 어찌 모든 관료에게 그 같은 좋지 못한 기풍을 조장한단 말인가?"

이황은 끝내 낙향했고, 도산으로 돌아온 뒤 제자들에게 말했다.

"나는 나아가고 물러남에 있어서 젊었을 때와 늙었을 때가 매우 달랐다. 젊었을 때는 임금의 부르심을 받으면 곧 달려갔는데 늙어서는 부르심을 받을 때마다 사양했다. 옛날에 어떤 사람은 벼슬을 받으면 곧 달려가 고하기를, '임금의 은혜가 지극히 무거운데 어찌 물러갈 수 있겠습니까' 하고 말했다지만 나는 그리 생각하지 않는다. 나아가고 물러나는 데 대의를 돌아보지 않고 한낱 임금의 사랑만 중하게 여긴다면, 이는 올바른 충성이라고 할 수 없다."

謝事 當謝於正盛之時 居身 宜居於獨後之也
사 사 당 사 어 정 성 지 시 거 신 의 거 어 독 후 지 야

학문을 중도에 그만두면 아무 쓸모가 없다

맹자의 어머니가 베틀의 실을 끊었다.

집을 떠나 멀리 타향에서 공부하던 어린 맹자가 어느 날 갑자기 집으로 돌아왔다. 어머니가 보고 싶었기 때문이다.

마침 베틀에 앉아 있던 맹자의 어머니가 물었다.

"그래, 글을 많이 배웠느냐?"

"아닙니다. 아직 별로 배우지 못했습니다."

맹자의 이 말에 어머니는 짜고 있던 베의 날실을 끊어버렸다. 그리고 이렇게 말했다.

"네가 공부를 마치지 않고 중도에 돌아온 것은 지금 내가 짜고 있던 이 베의 날실을 끊어버린 것과 조금도 다를 게 없다."

크게 깨달은 맹자는 다시 스승에게 돌아갔고, 이전보다 더욱 열심히 공부하여 마침내 공자에 버금가는 이름난 학자가 되었다.

孟母斷機
맹 모 단 기

간단한 일을 복잡하게 만들지 말라

도가 가까운 곳에 있는데도 멀리서 구하려 하고, 일을 쉽게 해결할 수 있는 데도 굳이 어려운 데서 그 답을 구하려고 한다.

　가까운 곳에 있는 것을 버리고 먼 곳에 있는 것을 구하거나, 쉬운 길을 놔두고 어려운 길을 택하는 것은 인간이 범하기 쉬운 실수 중 하나다. 이는 성악설(性惡說, 인간의 성품은 본래부터 악하다는 순자의 학설)에 근거한다. 여기서 가리키는 것은 주로 사회 발전 과정에서 우리가 흔히 하는 실수, 즉 탐욕·비교·시기·사기·투기·요행 등이다.

　사람은 늘 탐욕에 급급하고 적당한 선에서 멈추려 들지 않는 특징을 가지고 있다. '쉽게' 할 수 있는 일을 복잡하고 어렵게 만드는 이유는 무엇일까? 그것은 '쉽다'보다 '어렵다'를 더 믿고, 과학과 상식을 존중하지 않은 채 객관적 규율과 맞섬으로써 단번에 최고의 경지에 오르거나 신분 상승을 하고자 하기 때문이다.

道在邇而求諸遠 事在易而求諸難
도 재 이 이 구 제 원　사 재 역 이 구 제 난

六月

6월
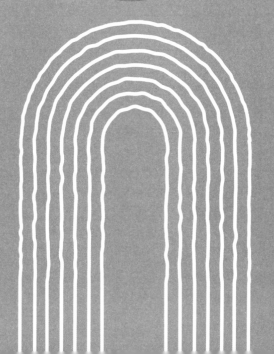

세상 천하에
쉽게 잘 자라는 초목일지라도
하루 동안 햇볕을 쪼고 열흘 동안
추위 속에 내버려둔다면
제대로 성장할 수 없다.

《맹자》

이익을 추구하되 의를 저버리지 말라

이익에 따라 행동하면 원망을 많이 받는다.

이윤을 추구하는 것은 천명이자 인간의 천성이다.

사실 이윤 추구의 천성을 완전히 변화시킬 수 없지만, 도덕과 법으로 그 과정에서 생길 수 있는 불법과 불공정의 요인을 단속할 수 있다.

이와 동시에 이윤 추구 과정에서 사회적 규범과 문화적 인식을 확립해 합리적으로 이윤을 도모하고 폐해를 차단하고자 하는 관념을 공정, 법도, 도덕, 공헌, 공조, 인애의 관념과 결합할 수 있다.

우리에게 필요한 것은 이익을 추구하되 의를 저버리지 않는 고차원의 인생 방식이다.

放於利而行 多怨
방 어 리 이 행 다 원

덕과 지혜만 탐하라

《주역》에서 말했다. 덕은 적은데 지위가 높으며, 지혜가 없으면서 꾀하는
것이 크다면 화를 당하지 않을 자가 드물 것이다.

한 유대인이 멀리 예루살렘에서 유학하고 있는 아들에게 유언장
을 남기고 눈을 감았다.

'전 재산을 노예에게 물려줘라. 다만 내 아들에게는 그중 원하는
것 하나만 선택하게 하라.'

유언장이 공개되자 노예는 크게 기뻐하며 단숨에 아들이 있는 예
루살렘으로 가 이 사실을 알렸다. 아들은 서둘러 귀향하여 장례를
치른 뒤 앞일을 궁리하다가 랍비를 찾아갔다.

"아버지는 제게 딱히 유산을 남기지 않았습니다."

"천만에. 자네 아버님은 매우 현명한 유언장을 남기셨네. 만약 아
버님이 자네에게 재산을 물려준다고 유언하셨다면 자네 집 노예는
아마 모든 재산을 가지고 도망갔을 것이네."

"그렇지만 제게 재산이 돌아오는 것은 아니잖습니까?"

"유언장에는 자네가 원하는 한 가지를 선택할 수 있다고 쓰여 있
지 않은가? 노예의 재산은 모두 주인 것일세."

"아, 그럼 제가 노예를 선택하면 되겠군요."

"이제야 아버님의 깊은 뜻을 깨달은 것 같군."

易曰 德微而位尊 智小而謀大 無禍者鮮矣
역 왈 덕 미 이 위 존 지 소 이 모 대 무 화 자 선 의

환경을 활용하고 창조하는 법을 터득하라

제나라 사람을 초빙해서 그에게 제나라 말을 가르치게 했지만, 주변은 온통 초나라 사람이고 초나라 말로 떠들썩하다. 그러니 당신이 매일 회초리로 때려가며 그에게 제나라 말을 습득하라고 강요한들 그러기 쉽지 않을 것이다.

스승이 제나라 말을 가르치는데 주변 사람이 모두 초나라 말을 한다면 역효과가 날 수밖에 없다. 이처럼 모든 일은 환경의 영향을 받을 수밖에 없고, 환경이 받쳐주지 않으면 좋은 성과를 거두기 힘들다.

어떤 환경 속에서는 특정한 주장, 신념, 주관적 노력이 좋은 성과를 내고 나아가 세상을 바꿀 수도 있다. 하지만 환경이 바뀌면 그런 주관적 노력은 강력한 저항에 부딪혀 자기 색을 잃은 채 부화뇌동할 수밖에 없다.

이런 환경적 요인을 중시하고, 환경을 이용하는 법을 배워야 할 뿐 아니라 좋은 환경을 만들어내는 법도 알아야 한다.

一齊人傅之 衆楚人咻之 隨日撻而求其齊也 不可得矣
일 제 인 부 지 중 초 인 휴 지 수 일 달 이 구 기 제 야 불 가 득 의

상대를 이기는 외적 조건

DAY 156

孫子兵法
손자병법

승리하는 군대는 무거운 천칭으로 가벼운 저울추를 상대하는 것과 같고 패배하는 군대는 가벼운 저울추로 무거운 천칭을 상대하는 것과 같다. 승자의 전쟁은 마치 천 길 높이의 계곡에 가두어놓았던 물을 터뜨리는 것과 같으니 이것이 군형이다.

첫 번째, 장수는 일단 내린 명령을 경솔하게 변경하지 않음으로써 위엄을 갖추어야 한다. 두 번째, 상벌을 내릴 때는 시기가 중요한데, 적기에 하지 않으면 역효과를 낼 수도 있다. 세 번째, 적을 칠 좋은 기회를 얻는 것은 임기응변으로써 해야 한다. 네 번째, 병사들의 사기를 잘 북돋아서 일치된 마음을 지니게 해야 한다. 다섯 번째, 적을 공격할 때는 불시에 적의 허점을 노려야 효과가 크다. 여섯 번째, 비록 병력이 약하더라도 외관상으로 강한 것처럼 보이게 해야 한다. 일곱 번째, 적과 아군의 전력을 세밀하게 비교 분석하여 과오를 범하지 말아야 한다. 여덟 번째, 전투 시 곤경에 빠지지 않으려면 반드시 충분한 예비 전력을 준비해야 한다. 아홉 번째, 사소한 일이라도 두려운 마음을 갖고 신중하게 처리해야 한다. 열 번째, 참된 지략은 전쟁의 거대한 판도를 잘 헤아리는 데 있다. 열한 번째, 재난은 미리 방지해야 한다. 이렇게 하려면 지휘자의 결단력이 필요하다. 열두 번째, 지휘자가 병사들에게 신뢰를 얻으려면 자기를 낮추고 겸손하게 처신해야 한다.

故勝兵若以鎰稱銖 敗兵若以銖稱鎰
고 승 병 약 이 일 칭 수 패 병 약 이 수 칭 일
勝者之戰民也 若決積水於千仞之谿者形也
승 자 지 전 민 야 약 결 적 수 어 천 인 지 계 자 형 야

178

작은 그릇에 머물지 말라

관중은 집이 세 채나 되고, 가신을 많이 두어 한 사람이 여러 일을 겸임하지 못하게 하였으니 어찌 검소하다고 하겠는가?

그릇이 작다는 의미는 인색하다는 게 아닌, 지식과 경험과 생각이 부족하다는 뜻이다. 사소한 일조차 시시콜콜 따지고, 불평을 입에 달고 살며, 허세를 부리고, 잘난 체하는 것 모두 다 내면의 그릇이 작은 데서 비롯된다.

어떤 사람들은 인품이 좋고 능력도 출중하지만, 도량이 좁고 생각이 얕아 보인다. 이런 사람들은 일이 잘 풀리면 자기가 잘나서 그런 것이고, 좌절의 순간이 오면 그 고통을 감내하지 못하며, 높은 자리에 군림할 때면 눈에 보이는 것이 없고, 불리한 상황이 닥치면 태연하게 대처하지 못한다. 이 모든 일은 그릇이 작은데 그에 걸맞지 않은 옷(직무, 직함, 사명, 지위, 명망)을 입고 있기 때문에 벌어진다. 이것은 흡사 3톤 무게를 감당할 수 있는 말에게 5톤 수레를 맡긴 격이다. 그러니 감당할 수 없는 수레 무게에 숨을 헐떡이면서도 우쭐거리며 허세를 부리는 것이다.

5톤짜리 수레를 3톤짜리처럼 가볍게 끌고 갈 능력자만이 맡은 일에 최선을 다하며 큰 성과를 낼 수 있다.

管氏有三歸 官事不攝 焉得儉
관 씨 유 삼 귀 관 사 불 섭 언 득 검

마음을 비우면 성공이 온다

귀는 마치 회오리바람이 골짜기에 소리를 울리게 하는 것과 같은 것이니, 그저 지나가게 하고 담아두지 않으면 시비도 함께 사라진다. 마음은 마치 연못에 달빛이 비치는 것과 같은 것이니 텅 비게 하고 잡아두지 않으면 사물과 나를 모두 잊게 된다.

상대성이론이라는 세기적인 이론을 정립한 아인슈타인에게 제자들이 물었다.

"선생님께서는 누구도 할 수 없는 위대한 일을 성공적으로 이루셨습니다. 그 성공 비결을 가르쳐주십시오."

아인슈타인은 종이를 꺼내 이렇게 적어 보여주었다.

'S = T + J + C'

어리둥절한 제자들에게 아인슈타인이 웃으며 말했다.

"S, 성공(Success)하려면 T, 말(Talk)을 많이 하지 말고 J, 즐겁게(Joy) 생활하고 C, 평정(Composure)의 시간을 많이 가져야 한다. 말을 많이 하게 되면 여러 시비를 불러일으켜 싸움이 잦아진다. 싸움이 잦으면 자연히 생활이 흐트러지게 되지. 그리고 생활이 안정되지 않으면 자연히 조용히 생각할 시간이 없어 감정적인 사고에서 이성적인 사고로 돌아올 여유가 없게 되는 것이다. 자네들은 마음이 혼란한 상태에서 새로운 이론을 세울 수 있겠는가?"

耳根似颺谷投響 過而不留 則是非俱謝
이 근 사 표 곡 투 향 과 이 불 류 즉 시 비 구 사
心境如月池浸色 空而不著 則物我兩忘
심 경 여 월 지 침 색 공 이 부 저 즉 물 아 양 망

집중력과 인내심을 키워라

세상 천하에 쉽게 잘 자라는 초목일지라도 하루 동안 햇볕을 쬐고 열흘 동안 추위 속에 내버려둔다면 제대로 성장할 수 없다.

'일폭십한(一曝十寒)'은 초목을 기를 때 하루만 볕을 쬐고 열흘을 추위에 놔둔다는 뜻이다. 이 말은 타성, 해이함, 소홀함, 게으름에 젖어 일을 꾸준히 하지 못하는 사람을 비유할 때 주로 사용한다.

아무리 쉽게 잘 자라는 초목도 하루 동안 햇볕을 쬐고, 열흘 동안 추위에 놔두면 제대로 성장할 수 없다.

흔히들 천재의 남다른 점을 말할 때 그들의 근면, 노력, 땀 등을 강조한다. 하지만 그들을 남다르게 만든 더 중요한 핵심은 바로 그들만이 가진 집중력과 인내심이다.

雖有天下易生之物也 一日暴之 十日寒之 未有能生者也
수 유 천 하 이 생 지 물 야   일 일 폭 지   십 일 한 지   미 유 능 생 자 야

경험자는 속일 수 없다

한 가지 일을 경험하지 않으면 한 가지 지혜가 자라지 않는다.

제나라에 그림을 잘 그리는 화공이 있었다.

어느 날, 왕이 그를 불러 물었다.

"세상에서 그리기 가장 어려운 그림이 무엇인가?"

"말이나 개 그림이 가장 어렵습니다."

"그렇다면 가장 쉬운 그림은 무엇인가?"

"도깨비 그림이 가장 쉽습니다."

왕은 화공이 거꾸로 대답한 것 같아 의아한 표정으로 다시 물었다.

"말이나 개는 흔히 볼 수 있는 것이라 그리기 쉬울 것 같고, 도깨
비는 눈에 보이는 것이 아니라 그리기 어려울 것 같은데, 그대는 거
꾸로 말하고 있으니 이해하기가 어렵구나."

"말이나 개는 사람들이 너무나 잘 알고 있기에 조금만 잘못 그려도
사람들이 금방 알아봅니다. 그래서 그리는 데 어려움이 많습니다."

"그럼 도깨비는 어째서 그리기 쉬운가?"

"도깨비는 누구도 그 형체를 본 사람이 없기에 아무렇게나 그려도
시비를 거는 사람이 없습니다."

왕은 그제야 고개를 끄덕였다.

不經一事 不長一智
불 경 일 사 부 장 일 지

중용의 길을 가라

처세에 능하고 누구에게나 잘 보이기 위해 가면을 쓰고 살아가는 자는 도
덕적으로 해가 되는 부류다.

중용은 극단적이거나 자극적이지 않을뿐더러 경박하거나 과격하
지 않다. 그렇기에 실생활에서 중용은 원만하고 성숙한 이미지를 떠
올리게 한다. 또한 근본적으로 극단주의, 분열주의, 공포주의 등 이
세 가지 암흑 세력을 단호히 부정하기 때문에 이런 이미지를 더 부
각시킨다. 사실 진정한 중용의 길은 세 가지 암흑 세력에 맞서 원칙
을 지키고, 옳고 그름을 분별하며, 시대 조류에 절대 부화뇌동하지
않는 것이다.

요컨대 중용의 도는 정정당당하게 원칙을 견지하는 것이다. 다만,
진정한 중용의 도라고 해서 늘 순조로울 수만은 없다. 때로는 그 결
과가 도리어 좌우의 협공을 받을 수 있다.

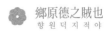

鄉原德之賊也
향 원 덕 지 적 야

마냥 기다리기만 해서 될 일은 없다

백 년을 기다린다 해도 황하의 흐린 물은 맑아지지 않는다.

춘추 시대 때의 일이다.

정나라는 초나라의 속국 채나라를 공격했던 것이 화가 되어 초나라의 보복 공격을 받게 되었다. 이에 신하들이 모여 대책을 논의했다.

그런데 회의에서는 초나라에 항복하자는 쪽과 진나라에 구원군을 요청하자는 쪽이 팽팽히 맞섰다. 이때 자사가 말했다.

"주나라의 시 중 '황하의 물이 맑아지기를 기다리는 것은 사람의 짧은 수명으로는 어렵다'라는 말이 있듯, 진나라의 구원군을 기다린다는 것은 '백년하청'일 뿐입니다. 그러니 일단 초나라에 복종하는 것이 백성들을 위험에서 구하는 것이라 생각합니다."

결국 정나라는 초나라와 화친을 맺고 위기를 모면했다.

百年河淸
백 년 하 청

순경은 더 큰 시련이다

DAY 163

孟子
맹자

한나라와 위나라의 큰 가문의 부를 그에게 보태주었는데도 그가 여전히
겸허하고 신중하다면 그의 인품은 보통 사람을 훨씬 뛰어넘은 것이다.

거액의 재산을 어떤 사람에게 보태주었는데도 그가 여전히 겸허
하고 신중하다면 그의 인품이 보통 사람보다 훨씬 뛰어난 것이다.
역경(逆境)이 시련이라면, 순경(順境)은 더 큰 시련이다.

출세하여 부자가 되고, 세계적으로 명예를 얻을수록 마치 저주에
걸린 것처럼 그걸 지속하기 어려워진다. 부귀영화와 명예가 인간의
옹졸한 마음을 끄집어내기 때문이다.

장자의 '허실생백(虛室生白)' 역시 이런 의미를 담고 있다. 방을 비
우면 빛이 그 틈새로 들어와 환해지듯 잡념이 없으면 진리에 도달하
기 더 쉬워진다.

순경 속에서 마음을 비우지 못하니 잡념이 많아지고 결국 한 걸음
도 제대로 떼지 못한 채 난항을 겪는다.

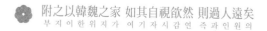

附之以韓魏之家 如其自視欿然 則過人遠矣
부 지 이 한 위 지 가 여 기 자 시 감 연 즉 과 인 원 의

나 먼저 남을 중히 여겨라

만약 남이 나를 중하게 여기길 바란다면, 내가 먼저 남을 중하게 여겨야 한다.

한 사내가 캄캄한 밤길을 걷고 있었다.

그런데 맞은쪽에서 소경 한 사람이 등불을 든 채 걸어오고 있는 것이 보였다.

소경이 가까이 오자 사내가 물었다.

"당신은 소경인데 등불이 무슨 소용이 있습니까?"

그러자 소경이 대답했다.

"이 등불을 들고 걸어가면, 장님인 내가 걷고 있다는 사실을 눈뜬 사람들이 알아볼 수 있을 것 아니겠어요? 그래야 서로 충돌을 피할 수 있지요."

 若要人重我 無過我重人
약 요 인 중 아 무 과 아 중 인

사람답게 '사람됨'을 견지하라

공자께서는 온화하면서도 절도가 있고, 위엄을 갖추면서도 사납지 않으며, 정중하면서도 자연스러우셨다.

사람됨을 시시각각으로 주도면밀하게 유지하는 것은 결코 쉬운 일이 아니다. 그럼에도 계속 노력해야 한다. 이는 장기적으로 볼 때 몇 가지 방면의 균형을 추구하는 것이기도 하다.

온화함을 유지하다 보면 확고부동한 태도와 원칙을 잃게 되므로 엄격한 잣대를 적용해야 한다.

위엄은 분명 필요하다. 다만 너무 강력하고 무모한 위엄은 상대를 해칠 수 있으니, 그 수위와 완급을 조절해야 한다. 또한 지나친 공경과 지나친 신중으로 말미암아 전전긍긍 어찌지 못하는 것 역시 균형을 잃었다는 방증이니, 마음가짐을 좀 더 편안하고 여유롭게 가져야 한다.

이것이 궁극의 '사람됨'으로 나아가는 방법이다.

子溫而厲 威而不猛 恭而安
자 온 이 려 위 이 불 맹 공 이 안

DAY 166

菜根譚
채근담

알아도 동요하지 말라

남이 속인다는 사실을 알고도 말로 나타내지 않고, 남에게 업신여김을 받아도 안색을 바꾸지 않는다면, 장차 어떠한 일도 해나갈 수가 있고 무궁한 발전이 있을 것이다.

옛날에 한 노인이 푸줏간을 하고 있었다. 어느 날, 가게에 청년과 중년이 동시에 들어왔다. 청년이 먼저 말했다.

"어이, 영감! 고기 한 근만 주쇼."

중년은 노인에게 다소곳이 말했다.

"어르신, 저도 고기 한 근만 주십시오."

노인은 청년과 중년에게 고기를 잘라주었다. 그런데 청년의 고기는 양이 적고, 중년의 고기는 양이 많았다.

"똑같은 고기 한 근인데 왜 내 것은 양이 적고 저 사람의 것은 많은 거요?"

"그야 당연하지."

"뭐가 당연하다는 거요?"

"고기를 판 사람이 다르기 때문이지. 당신한테 고기를 판 사람은 '어이, 영감'이라는 사람이고, 저 중년에게 고기를 판 사람은 '어르신'이라는 사람이었거든. 이제 알겠나?"

청년은 얼굴을 붉힌 채 푸줏간을 빠져나갔다.

覺人之詐 不形於言 受人之侮 不動於色
각 인 지 사 불 형 어 언 수 인 지 모 부 동 어 색
此中有無窮意味 亦有無窮受用
차 중 유 무 궁 의 미 역 유 무 궁 수 용

포부를 크게 가지고 시야를 넓혀라

드넓은 바다를 본 사람에게 작은 연못의 물이 눈에 들어올 리 없고, 성인 문하에서 공부해본 사람은 다른 잡설에 마음을 기울이지 않는다.

바다를 본 적 있는 사람은 작은 연못의 물에 눈을 돌리지 않는다.

성인의 문하에서 공부해본 사람은 다른 잡설에 마음을 기울이지 않는다.

마음을 넓히고 경계를 승화하면 안목이 높아지고 시야도 넓어지기 때문이다.

산에 오르려면 높은 산에 올라야 하고, 물을 보려면 바닷물을 보아야 하고, 학문을 하려면 성인의 문하에 들어가야 하고, 무슨 일을 하려면 극치에 이르도록 애써야 한다.

이것이 바로 가슴을 펴고 경계를 승화하는 이치다.

觀於海者難爲水 遊於聖人之門者難爲言
관 어 해 자 난 위 수 유 어 성 인 지 문 자 난 위 언

DAY 168

明心寶鑑
명심보감

배우지 않으면 금수와 같다

한문공이 말했다. 사람이 옛 성인의 가르침을 알지 못하면 금수에게 옷을 입힌 것과 같다.

노나라에 어리석은 사내가 살고 있었다. 하루는 온전하게 처분해야 할 긴 대나무를 들고 집을 나섰다. 성문 앞에 다다른 사내는 대나무를 곧게 세운 채 성문을 지나가려 했다. 그러나 성문이 너무 낮아서 빠져나갈 수 없었다. 사내는 대나무를 가로로 들어보았다.

"이렇게 해도 안 되겠는데……."

사내는 대나무를 겨드랑이에 낄 생각은 하지 못한 채 세웠다 가로로 눕혔다를 반복했다. 그때 아는 척을 잘하는 노인이 다가와 말했다.

"나는 지금까지 수많은 일을 경험했기 때문에 어려운 문제를 슬기롭게 해결할 수 있지."

"마침 잘됐습니다. 이 대나무를 가지고 성문 밖으로 가야 하는데, 성문이 좁아서 나갈 수가 없습니다. 좋은 방법 좀 일러주세요."

"그야 뭐 어려운 게 있나? 왜 대나무를 잘라서 가지고 나갈 생각을 하지 않았나?"

"아, 그러면 되겠군요."

사내는 노인의 말을 듣고 대나무를 토막토막 자른 다음 그것들을 들고 성문을 빠져나갔다.

🌸 韓文公曰 人不通古今 馬牛而襟裾
　　한 문 공 왈　인 불 통 고 금　마 우 이 금 거

매사에 두 가지 대비를 하라

(조정에서 우리를) 써주면 도를 행하고, 버리면 은둔한다.

옛말에 '세상에 쓰일 때는 나아가서 자기 도를 행하고, 쓰이지 아니할 때는 물러나 은거한다'고 했다.

사회생활을 하면서 한사코 앞으로 나아갈 생각만 하지 말고 나아가고 물러설 때를 대비해 쌍방향으로 움직일 수 있어야 한다. 그렇게 할 때 확고히 자리매김을 할 수 있다.

이것이 바로 중용이다. 막무가내 덤비지 않고, 경솔하게 목숨을 걸지 않고, 한 가지 가능성만 고려하지 않아야 한다. 그렇게 모든 일을 즐기면서 능히 감당할 수 있어야 한다. 그럴 때 비로소 중용의 도를 행했다고 할 수 있다.

用之則行 舍之則藏
용 지 즉 행   사 지 즉 장

직접 경험해야 확실히 알 수 있다

백 번 듣는 것이 한 번 보는 것만 못하다.

전한 선제 때, 서북 변방의 강족이 쳐들어왔다. 이에 선제는 조충국을 불러 토벌대장으로 임명했다.

당시 조충국은 70세가 넘은 노장이었지만, 흉노 토벌에 많은 공을 세운 장수답게 원기가 왕성했다.

"강족을 토벌할 계책과 필요 병력을 말해보시오."

"폐하, 백 번 듣는 것이 한 번 보는 것만 못합니다. 무릇 군사는 눈으로 보지 않고는 알 수 없는 법이니 부디 저를 적진 근처로 보내주십시오. 계책은 현지를 살펴본 후 아뢰겠습니다."

선제의 승낙을 받고 현지 조사를 마친 조충국은 이렇게 아뢰었다.

"폐하, 직접 가서 보니 기병보다는 보병을 보내는 것이 좋을 듯합니다. 하여 평소에는 농사를 짓게 하면서 적진에 상주시키는 것이 좋을 듯합니다."

선제의 허락을 받아낸 조충국은 스스로 그곳에 머무르면서 강족의 침략을 막아냈다.

百聞不如一見
백 문 불 여 일 견

욕망을 줄이고 마음을 수양하라

마음을 수양하기 위해 자신의 욕망을 줄이는 것보다 더 중요한 일은 없다.

자신의 욕망을 줄일 수 있다면 본심의 선성(善性, 선한 성질)을 다소 상실해도 크게 문제 되지 않는다.

동양철학, 처세학, 양생학은 모두 청정무위(淸靜無爲, 모든 것을 자연에 맡기며 인위적으로 행함이 없다)를 최우선으로 한다. 또한 일종의 뺄셈 철학이 필요하다. 무엇을 해야 하는지보다 무엇을 하지 말아야 할지를 먼저 생각하고, 무엇을 얻고자 하면 무엇을 얻을 수 없고 혹은 얻어서는 안 되는지 먼저 고려해야 한다. 이런 사고의 장점은 간단명료하고 생각의 균형을 높일 수 있다. 반면에 단점은 추진력, 상상력, 모험심이 줄어들게 된다.

마음을 수양하기 위한 관건은 자기중심적 감정, 심리 상태, 정신 균형, 나아가 정신 승리에 있다.

養心莫善於寡慾
양 심 막 선 어 과 욕

상대에게 끌려다니지 말라

적을 선동하는 데 유능한 자는 진형을 잘 이용하여 적이 기꺼이 아군을 따르도록 만든다. 적이 기꺼이 미끼를 탈취하게 만들고 이득을 얻기 위해 적병이 움직이면 아군의 병졸로 대적하면 된다.

당나라 태종 이세민이 백전노장 이정과 전략에 대해 논했다.

"싸우기 전에 미리 헤아려서 적 전술에 대해 장단점을 알고, 적 움직임을 봄으로써 기동력을 분석하며, 아군 진영을 보여줌으로써 적 동태를 살피고, 적과 접촉해봄으로써 적이 강한지 알 수 있다고 했소. 그렇다면 기병을 쓰느냐 정병을 쓰느냐는 아군에게 달려 있고, 허세냐 실세냐는 적에게 달려 있다는 말이오."

"아군의 기·정 전술은 적의 허와 실이 드러나도록 하는 것입니다. 적의 병력이 실하면 아군은 정병으로 대하고, 허하면 아군은 반드시 기병으로 기습 공격을 해야 합니다. 그런데 지휘자가 이러한 기·정 전법을 모르면 적의 허실을 알지라도 대응할 수 없습니다. 따라서 저는 장수들에게 기병과 정병의 전술만을 가르치려고 합니다. 그것만 알면 허와 실의 형세는 저절로 알게 될 것이기 때문입니다. 고로 병서에는 천만 가지의 무수히 많은 말이 적혀 있지만 이 모든 말은 손자병법 허실편에 나와 있는 '적을 이끌어야지, 적에게 끌려다녀서는 안 된다'는 말에서 벗어나지 않습니다. 저는 바로 이것을 장수들에게 가르치려는 것입니다."

故善動敵者 形之 敵必從之 予之 敵必取之 以利動之 以卒待之
고 선 동 적 자 형 지 적 필 종 지 여 지 적 필 취 지 이 리 동 지 이 졸 대 지

물질적 만족의 적정선 찾아라

군자는 먹는 것에 대해 배부름을 추구하지 않고, 거처하는 것에 대해 안락함을 구하지 않는다.

정신적 추구뿐 아니라 의식주에 필요한 기본적 수요를 고려하지 않으면 안 된다. 삶에 필요한 가장 기본적인 물질적 수요조차 보장되지 않으면 제아무리 군자라도 견뎌낼 수 없다.

노동, 일, 사회적 공헌도에 따라 잘 먹고 잘살 수 있다면, 이것은 수치스러운 일이라기보다 도리어 자랑스러운 일이 될 수 있다. 이것이야말로 사회 메커니즘이 잘 돌아간다는 것을 어느 정도 보여주는 방증이다.

중국 청나라의 소설가 조설근은 온 집안이 국으로 끼니를 때우고, 술은 항상 외상으로 마시는 생활을 했지만 위대했다. 괴테는 사치스럽고 부유한 생활을 누렸지만, 누구도 그를 감히 위대하지 않다고 말하지 못한다.

君子食無求飽 居無求安
군 자 식 무 구 포 거 무 구 안

눈과 귀를 열라

공자가 말했다. 모든 사람이 좋아하더라도 반드시 살펴야 하며, 모든 사람이 미워하더라도 반드시 살펴야 한다.

조나라 출신의 노단이 중산국 왕을 세 차례나 만나 등용을 원했지만, 뜻을 이루지 못했다. 노단은 수행원의 조언대로 왕의 측근들에게 황금 50냥씩을 보냈다. 과연 중산국 왕은 돌변하여 그를 환대했다. 그 모습을 보고 있자니 노단은 아무래도 께름칙했다.

노단은 왕을 알현한 뒤 숙소로 돌아가지 않고 즉시 길을 나섰다. 이에 어리둥절해진 수행원들이 물었다.

"그토록 애쓰시다가 이제 겨우 자리 하나 얻었는데, 어찌 이 나라를 떠나려 하십니까?"

"왕은 스스로 결정한 게 아니다."

"여하튼 목적은 이루시지 않았습니까?"

"그렇긴 하나 다른 사람의 말을 듣고 나를 등용했다면, 반대로 다른 사람의 말을 듣고 나를 해할 수도 있다는 말 아니겠는가?"

노단 일행이 국경에 다다를 무렵 급보가 날아왔다. 조정에서 신하 하나가 왕에게 간하기를, 노단은 중산국을 정탐하러 온 자라고 했고, 이에 중산국의 왕은 노단 일행을 잡아 오라 군사를 급파했다는 전갈이었다. 노단 일행은 서둘러 중산국 국경을 넘어갔다.

子曰 衆好之必察焉 衆惡之必察焉
자 왈 중 호 지 필 찰 언 중 악 지 필 찰 언

혹독한 비난을 감수하라

때로는 예상치 못한 칭찬과 명예를 얻기도 하고, 때로는 온전함을 구하려다 도리어 가혹한 비방과 공격을 당하기도 한다.

때로는 예상치 못한 칭찬과 명예를 얻기도 하고, 때로는 온전함을 구하려다 도리어 가혹한 비방과 공격을 당하기도 한다.

이런 경우에 자신의 가치관과 신념을 지키고, 타인의 말에 너무 신경 쓰지 말아야 한다. 타인을 알아가는 과정은 원래 쉬운 일이 아니기 때문이다.

특히 주목받는 사회적 인사는 예상치 못한 일을 겪거나 온전함을 구하려다 오랜 기간 혹은 평생토록 비방을 받거나 명예가 실추되기도 한다. 심지어 그들에 대한 논쟁은 그들이 죽은 뒤에도 몇백 년 혹은 몇천 년 동안 이어질 수도 있다.

《율리시스》를 쓴 아일랜드의 유명 작가 제임스 조이스는 말했다.

"이 세상에 살아가는 나만의 세 가지 방법은 바로 침묵, 도피 그리고 잔꾀를 부리는 거라고 할 수 있다."

有不虞之譽 有求全之毀
유 불 우 지 예 유 구 전 지 훼

일단 저지른 일은 되돌릴 수 없다

DAY 176
拾遺記
습유기

엎지른 물은 다시 담을 수 없다.

태공은 주나라 시조인 무왕의 아버지 서백의 스승이 되었다가 재상을 하고, 제나라의 제후까지 된 인물이었다.

하지만 서백을 만나기 전까지는 공부만 하고 살림은 전혀 돌보지 못해 굶기를 밥 먹듯이 한 가난한 서생이었다. 그랬기에 아내 마씨는 태공을 버리고 친정으로 돌아갔다.

그 후 태공이 제나라 제후가 되자, 부인 마씨가 태공을 찾아왔다.

"이젠 끼니 걱정을 안 해도 되니 돌아왔어요. 당신과 다시 살고 싶어요."

그러자 태공은 물 한 통을 땅에 쏟은 후 마씨에게 말했다.

"저 물을 다시 물동이에 담으시오. 그러면 당신을 다시 아내로 맞으리다."

마씨는 열심히 물을 담으려 했으나 손에 잡히는 것은 진흙뿐이었다. 그것을 본 태공이 조용히 말했다.

"한 번 쏟아진 물은 다시 담을 수 없고, 한 번 떠난 아내는 돌아올 수 없는 법이오."

覆水不返盆
복 수 불 반 분

네 가지 결점에 물들지 말라

공자께서는 네 가지를 하지 않으셨다. 사사로운 억측을 하지 않기, 장담하
지 않기, 자기 의견만 고집하지 않기, 자기만 생각하는 이기적인 행동을 하
지 않기.

사람은 누구나 네 가지 결점에 물들어서는 안 된다.

첫째, 제멋대로 망상하며 감정적으로 행동하는 것.

둘째, 한 가지 이치를 비판 없이 절대 신봉하는 것.

셋째, 고집불통이 되어 경직된 사고로 제자리걸음을 하는 것.

넷째, 자기중심적으로 생각하고 남 말을 듣지 않은 채 자신의 주
장만 하는 것.

사람은 이치에 밝고 변화를 받아들이며 끊임없이 발전해야 한다.
고지식하게 옛 틀에만 얽매여 소통을 거부하는 인생을 살아서는 안
된다.

子絶四 毋意 毋必 毋固 毋我
자 절 사 무 의 무 필 무 고 무 아

마음이 충만하면 물욕이 들어오지 못한다

DAY 178
菜根譚 채근담

마음을 항상 비워두지 않으면 안 된다. 마음이 비어 있으면 정의와 진리가 들어와 산다. 마음은 항상 채워두지 않으면 안 된다. 마음이 충만하면 물욕이 들어오지 못한다.

독일의 물리학자 뢴트겐은 한창때인 나이 50세일 때 X선을 발견했다. 그때, 전기 회사를 운영하는 재벌 하나가 뢴트겐을 찾아왔다.

"앞으로 X선은 의학 발전에 지대한 공헌을 하리라 믿습니다. 정말 대단한 일을 하셨습니다."

"그리 인정해주시니 감사합니다."

뢴트겐은 재벌의 말을 순수하게 받아들였다. 그러나 다음 질문을 받고는 크게 실망했다.

"물론 선생님께서는 X선에 대한 특허를 출원하셨겠지요? 그렇다면 그 특허권을 저희에게 파십시오. 보상은 충분히 해드리겠습니다."

뢴트겐을 그 말을 듣자 굳은 표정으로 대답했다.

"X선을 독차지하겠다는 말이군요. 그건 곤란합니다. 나는 X선을 발명한 것이 아닙니다. 다른 사람들도 충분히 할 수 있는 일을 운 좋게 발견했을 뿐입니다. 그러므로 내가 발견한 것을 여러 사람이 마음껏 사용하도록 하는 것은 당연한 일 아니겠습니까?"

재벌은 뢴트겐의 말에 얼굴을 붉히며 돌아갔다.

心不可不虛 虛則義理來居 心不可不實 實則物欲不入
심불가불허 허즉의리래거 심불가불실 실즉물욕불입

200

DAY 179

孟子 맹자

'적 없음'이 공훈과 성공을 의미하는 것은 아니다

인의를 행하는 사람에게는 적이 없다.

인은 추대를 받고, 폭력은 두려움을 낳는다. 폭력과 공포로 만들어 낸 통치 체계는 민중을 쉽게 제압할 수 있을지 모르지만, 무너지는 것도 순식간이다.

하지만 우리는 폭력이 자행하는 힘을 인정하지 않을 수 없다. 강력하고 야만적인 폭력으로 무장한 세력이 온화하고 유순한 세력을 점령하고 더 나아가 그들을 소멸시키는 사례는 동서고금을 막론하고 셀 수 없이 넘쳐난다.

인의를 행하는 사람에게 적이 없다는 것이 공훈과 업적 혹은 성공을 의미하는 건 아니다. 여기서 적이 없다는 건 바로 인의를 행하는 사람이어야 비로소 민심의 추대를 얻을 수 있음을 가리킨다.

仁者無敵
인 자 무 적

군자의 길을 따라 정진하라

어떤 군자는 도를 좇아 행하다가 중도에 그만두기도 하지만, 나는 그렇게
쉽사리 그만두지 않을 것이다.

전국 시대 때의 인물, 낙양자는 현명한 아내 덕분에 출세했다.

길을 가다가 우연히 금덩이 하나를 발견한 그는 그것을 주워 집으
로 돌아왔다. 그의 아내는 금덩이를 보자마자 말했다.

"군자는 임자 없이 흐르는 냇물도 가려 마신다고 했습니다. 분명
임자가 있을 터인데, 지금 군자의 길을 포기하려는 것입니까?"

이에 낙양자는 금덩이를 제자리에 두고는 군자로서 학문 정진에
힘쓰기로 마음먹었다.

얼마 뒤 그는 타지에서 유학생활을 시작했다. 하지만 1년도 안 되
어 돌아왔다. 그가 집에 들어섰을 때 아내는 한창 베를 짜고 있었다.
아내는 불쑥 돌아온 남편에게 나직이 물었다.

"아직 학업을 마치려면 멀었는데 어찌 돌아오셨습니까?"

"집 생각에 도저히 견딜 수 없었소. 오늘 밤만 자고 내일 떠날 테
니 날 내쫓지 마시오."

그러자 아내는 말없이 방문을 걸어 잠갔다.

낙양자는 아내의 뜻을 깨닫고는 발길을 돌렸다. 이를 악물고 정진
한 그는 결국 위나라 문후에게 발탁되었다.

君子遵道而行 半塗而廢 吾弗能已矣
군 자 준 도 이 행 반 도 이 폐 오 불 능 이 의

강한 마음과 태도를 고수하라

내 도의 원칙은 시종일관 하나로 관통된다.

일관된 마음과 태도가 중요하다.

대인배들은 자신의 장점에 관해 물을 때 이렇게 답하곤 한다.

"목표가 늘 한결같다."

이처럼 한 사람의 확고한 신념과 책임감은 고난을 두려워하지 않게 하고, 기회주의에 흔들리지 않는 근간을 이뤄주며, 강한 내면과 자신감의 원천이 되어준다.

그렇다면 소인배는 어떨까? 그들은 한 가지 원칙을 고수하며 외길을 걷는 것이 아니라 이리저리 기회를 엿보고, 상황에 맞춰 말을 바꾸고, 교묘한 수단으로 사리사욕을 취하고, 비굴히 남에게 빌붙고, 시류에 발맞춰 행동한다.

吾道一以貫之
오 도 일 이 관 지

모험해야 큰일을 할 수 있다

호랑이 굴에 들어가지 않고는 호랑이 새끼를 잡을 수 없다.

후한 초기의 장군 반초는 사신으로서 선선국에 들어갔다. 선선국 왕은 반초 일행 36명을 극진히 대접했다. 그런데 돌연 태도를 바꿔 냉대했다. 부하 장수를 통해 알아본 바, 이는 선선국에 들어온 또 다른 무리 흉노국의 사신단 때문이었다. 그들 곁에는 만만치 않은 수의 군사들이 붙어 있었다. 자연히 선선국의 왕은 흉노족의 눈치를 보고 있었던 것이다. 반초는 즉시 일행을 불러 말했다.

"지금 흉노국의 사신이 백여 명의 군사와 이곳에 와 있다. 선선국 왕은 우리를 죽이거나 흉노국의 사신에게 넘길 것이다. 개죽음을 당할지도 모른다. 자, 이제 어찌할 테냐?"

"싸우겠습니다!"

"좋다! '호랑이 굴에 들어가지 않고는 호랑이 새끼를 못 잡는다'는 말이 있다. 오늘 밤 흉노를 친다!"

그날 밤 반초 일행은 흉노국의 숙소에 불을 지르고 그 안에서 허둥대는 그들을 몰살했다.

이후 선선국은 한나라에 굴복했고, 이 일을 계기로 주변의 50여 오랑캐의 나라들도 한나라를 상국으로 섬기게 되었다.

不入虎穴不得虎子
불 입 호 혈 부 득 호 자

七月

7월

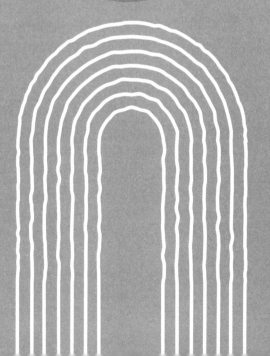

옥은 다듬지 않으면
그릇이 되지 못하고,
사람은 배우지 않으면
옳은 것을 알지 못한다.

《명심보감》

현실에 안주하지 말고 더 큰 이상을 추구하라

나는 그대가 옛 성인의 도를 배우면서 먹고 마시기만 할 줄 몰랐다.

적어도 배불리 먹고살 수 있다면 누구나 더 큰 꿈을 추구하고 높을 곳을 향해 나아가야 하며, 그럭저럭 배불리 먹고사는 수준에 계속 머물러서는 안 된다.

아직 배불리 먹고살 수준이 아니라면 어떻게 해야 할까?

일반적으로 기본적인 의식주조차 감당할 수 없다면 당면한 급선무부터 해결하는 것이 좋다.

다만 생존을 위해 가장 기본적인 수요가 충족되었다면 사람은 더 큰 목표와 이상을 향해 나아가야 한다. 이것은 경고이자 격려이다.

我不意子學古之道 而以餔啜也
아 불 의 자 학 고 지 도 이 이 포 철 야

현명한 부부가 되라

집에 어진 아내가 있으면 그 남편이 뜻밖의 화를 만나지 않는다.

옛날 어느 마을에 한 부부가 살았다. 그 집 아내는 융통성이 없고 고지식했다.

어느 날 남편이 아내에게 바지를 한 벌을 만들어달라고 부탁했다. 아내는 옷감을 꺼내 마름질을 한 뒤 바느질을 시작하려다가 남편에게 물어보았다.

"바지를 어떤 모양으로 만들어야 편하겠어요?"

남편이 뭐라고 말해야 좋을지 몰라 그냥 생각나는 대로 대답했다.

"지금 입고 있는 바지가 편하니 이런 모양으로 만들어주시오."

아내는 남편의 말대로 지금 입고 있는 것과 똑같은 바지 하나를 만들었다. 그런 다음 무릎 부근과 바지 아래를 칼로 찢은 다음 바느질로 기워 남편에게 줬다.

"어때요. 지금 바지와 똑같지요?"

아내는 만족한 듯 입가에 미소를 머금었다.

家有賢妻 夫不遭橫禍
가 유 현 처 부 부 조 횡 화

도덕도 법률의 바탕 위에 서야 한다

공손하되 예법을 모르면 헛수고만 할 뿐 이로움이 없고, 신중하되 예법을
모르면 위축되어 앞으로 나아가지 못하고, 용감하되 예법을 모르면 질서
를 어지럽히고, 솔직하되 예법을 모르면 상대방에게 상처를 줄 수 있다.

도덕 개념의 힘은 그 안에 담긴 미덕과 인간의 주체적이고 주동적
인 경향에서 나온다. 반면 법제(법률, 제도와 그 체제)와 예제(상례에 관한
제도)는 사회적 계약으로, 모종의 강제성을 띤다.

광범위한 도덕론의 단점은 적정선을 조율하기 어렵다는 데 있다.
도덕을 강제하는 힘이 너무 가벼우면 효과를 장담하기 어렵고, 너무
무거우면 도리어 반대 방향으로 튕겨 나갈 수도 있다. 예컨대 여성
에 대한 도덕적 요구를 강요하며 명예 살인을 벌이는 경우가 이에
해당한다.

법률은 성문 형식으로 규정해야 규범의 성질이 더 강해지고, 누구
도 함부로 해석할 수 없게 된다. 따라서 도덕은 법률의 도움이 필요
할 수밖에 없다.

恭而無禮則勞 愼而無禮則葸 勇而無禮則亂 直而無禮則絞
공 이 무 례 즉 로 신 이 무 례 즉 사 용 이 무 례 즉 란 직 이 무 례 즉 교

매미가 허물 벗듯 빠져나가라

대규모의 병력을 소규모 병력을 통치하듯 하려면 병력 수를 분리해야 한
다. 대규모 병력이 전투를 하는 데 적은 병력의 싸움처럼 하게 하려면 깃발
과 같은 신호나 악기 소리 같은 것으로 군대를 효율적으로 지휘하는 것이
중요하다.

중국 북송 시대 때 막강한 금나라군에 고전 중인 필재우 장군은
급기야 건강 상태가 악화돼 군의에게 진찰받기에 이르렀다.

"장군님의 병은 매미껍질로 만든 약을 드셔야 낫습니다."

매미껍질? 불현듯 필재우의 뇌리에 기가 막힌 생각이 스치고 지나
갔다. 그는 곧장 장수들을 불러 철수 준비를 하라고 명령했다.

이튿날 아침 필재우는 일단의 병사를 가까운 마을로 보내 기운 센
염소 300마리와 북을 사 오도록 했고, 다른 병사들에게는 진지 주변
에 염소 숫자만큼의 기둥을 세우도록 했다. 그리고 그날 저녁 300마
리의 염소를 기둥에다 거꾸로 매달고 염소 밑에다가 북을 가져다 놓
았다. 그러자 거꾸로 매달린 염소들이 흥분하여 발길질을 해댔고 염
소 밑에 있던 북을 마구 두드리기 시작했다.

필재우 진영의 북소리는 닷새 동안이나 계속되었다. 하지만 금나
라 진영에서는 필재우의 군사들이 훈련하고 있다고 여길 뿐 별다른
의심을 하지 않았다. 엿새째 되는 날 우렁차던 북소리가 갑자기 힘
없이 들리기 시작했다. 금나라군은 그제야 수상한 생각이 들어 군대
를 보냈으나 이미 필재우의 군사들은 다 빠져나간 뒤였다.

 凡治衆如治寡 分數是也 鬪衆如鬪寡 形名是也
범 치 중 여 치 과 분 수 시 야 투 중 여 투 과 형 명 시 야

자신도 완벽하지 않으면서 남을 비웃지 말라

"오십 보 달아난 자가 백 보를 달아난 자를 비웃는다면 어떻겠습니까?"
"옳지 않네. 백 보만 아닐 뿐이지, 오십 보도 달아나기는 마찬가지 아닌가."

　겸손과 자기반성의 마음가짐을 늘 유지하며 작은 성과에 경거망
동해서는 안 된다. 노력이라는 것을 했다면 일상생활 속에서 혹은
일과 배움 속에서 누구나 정도의 차이만 있을 뿐 발전하게 되어 있
다. 하지만 이런 대부분의 발전은 일반적인 과정이고, 운과 같은 우
연적 요소가 결합할 때도 있으니 자화자찬할 것이 못 된다.

　시험 성적이 올라가고, 시합에서 한두 골 더 넣고, 한 차례 좋은 평
가를 받고, 동료보다 1년 먼저 승진하고……. 이런 성과들은 대부분
오십보백보에 지나지 않는다. 어쩌면 2년 후에 다시 뒤처지거나 모
든 상황이 역전될지도 모른다.

　인생사가 모두 오십보백보, 새옹지마에 불과하다. 그러니 겸손과
자기반성의 마음만큼 자신을 발전시킬 수 있는 것이 없다.

以五十步笑百步 則何如 不可 直不百步耳 是亦走也
이 오 십 보 소 백 보　즉 하 여　불 가　직 불 백 보 이　시 역 주 야

누구나 큰 인물이 될 수 있다

내가 다른 사람과 무엇이 다르겠습니까? 요순께서도 남들과 똑같습니다.

멀리서 바라보면 성현과 보통 사람도 별다른 차이가 없으니, 다른 점을 찾고자 한다면 심층적으로 들여다보아야 한다.

다른 점이 없다면 그들 안에 내재된 가치를 깊게 인식·파악·가늠·판별해야 하고, 다른 점이 있다면 성현의 재능과 덕을 본받는 데 필요한 방법을 분석하고 연구해야 한다.

요컨대 요순을 본보기로 삼아 자신을 반성하고 채찍질하며 더 나은 발전의 길을 모색한다면 누구나 요순 같은 큰 인물이 될 수 있다.

何以異於人哉 堯舜於人同耳
하 이 이 어 인 재 요 순 어 인 동 이

친구를 사귀는 첫 번째 원칙, 존중하라

안평중은 사람을 잘 사귀었으니, 오랜 세월이 흘러도 공경하는 마음을 잃
지 않고 서로를 더욱 존중했다.

서로 존중하는 것은 인간관계에 보편적으로 적용되는 원칙이다.
이는 친구를 사귈 때도 예외가 아니다.

친구 사이가 오래 지속될수록 서로를 존중하는 마음이 약해지면
서 데면데면해지고 참을성이 사라져 약점이 드러나기 십상이다. 그
런 의미에서 오래된 사이일수록 예의를 지키기 위해 노력하는 것은
매우 귀하고 가치 있는 일이다.

길이 멀어야 말의 힘을 알 수 있고, 세월이 흘러야 사람의 마음을
알 수 있다고 했다.

그렇다. 오래된 친구 사이일수록 우정의 진가가 빛을 발하게 마련
이다.

晏平仲善與人交 久而敬之
안 평 중 선 여 인 교 구 이 경 지

배우지 않으면 옳은 것을 알지 못한다

《예기》에서 말했다. 옥은 다듬지 않으면 그릇이 되지 못하고, 사람은 배우지 않으면 옳은 것을 알지 못한다.

그림자를 몹시 싫어하는 사내가 있었다. 그는 그림자를 떨쳐내려고 온갖 방법을 다 썼다. 하지만 그림자를 떼어내려고 마구 달려도 항상 발밑에서 떨어지지 않았다.

어느 날, 그는 마음을 단단히 먹고 이번에는 반드시 그림자를 떼어내리라 마음먹었다.

"내가 너무 늦게 달려서 그림자가 따라오나 보다. 정말로 아주 빨리 달리면 그림자도 따라오지 못하겠지."

그리하여 그는 죽을힘을 다해 달렸다. 얼마나 빠르게, 그리고 멀리 달렸는지 그는 결국 숨이 차 죽고 말았다. 그늘진 곳에 들어가면 그림자를 없앨 수 있다는 생각은 하지 못한 채 어이없게 숨을 거둔 것이다.

禮記曰 玉不琢 不成器 人不學 不知義
예 기 왈 옥 불 탁 불 성 기 인 불 학 부 지 의

사람의 마음을 깊이 헤아릴 줄 알라

DAY 191
孟子 맹자

저울을 가지고 물건을 달아본 뒤에야 그 물건의 가볍고 무거움을 알고, 자로 길이를 재보고 난 뒤에야 그 물건의 길고 짧음을 알 수 있다. 세상 만물이 이러하니 사람의 마음은 특히 더 재보고 헤아려야 깊이 들여다볼 수 있다.

남과 더불어 살아가는 세상에서 철저한 조사가 뒷받침되지 않은 주관적 생각만 주장한다면 발언권을 얻을 수 없다.

세상의 모든 일은 직접 겪어봐야 비로소 더 깊이, 더 많은 것을 깨우칠 수 있다. 사람들이 흔히 저지르는 실수 중 하나가 바로 자신의 주관적 억측만으로 타인을 판단하고 비난하거나, 자아를 쉽게 맹신하는 것이다.

시야가 넓은 사람은 늘 자신의 주관적 판단을 경계하고, 실제 조사와 자아 반성을 더 중요하게 생각한다.

늘 모든 상황을 객관적으로 가늠하고 판단해야 자신을 제대로 들여다보며 잘못을 개선하고 나아가 세상을 똑바로 볼 수 있기 때문이다.

 權 然後知輕重 度 然後知長短 物皆然 心爲甚
권 연후지경중 도 연후지장단 물개연 심위심

사사로움을 경계하라

선물로 보내온 물건은 비록 작은 것이라 하더라도 은혜의 정이 맺어진 것
이므로 이미 사사로운 정이 행해진 것이다.

후한 시대 때 청렴결백하여 관서공자(關西孔子)로 불린 양진이 동
래군의 태수로 임명되었을 때의 일이다.

임지로 가던 중 그는 창읍의 한 객사에 머물게 되었다. 그날 창읍
의 현령 왕밀이 그를 찾아왔다. 왕밀은 지난날 그의 추천으로 벼슬
에 오른 인물이었다. 왕밀은 은밀히 황금 열 근을 꺼내 내밀며 보은
차원에서 받아주길 간청했다. 이에 양진이 엄중히 말했다.

"이 사람아! 이게 무슨 짓인가? 내가 이런 걸 받으려고 자네를 추
천한 줄 아는가?"

"태수님의 청렴결백함은 세상이 다 아는 사실입니다. 하지만 이는 뇌
물이 아니고 제 마음이니 거절하지 마시고 부디 받아주십시오."

"내 성격을 잘 안다는 사람이 어찌 이리 귀찮게 하는가?"

"태수님, 지금은 한밤중입니다. 지금 단둘뿐이니 아무도 모를 것
입니다."

그러자 양진은 왕밀을 딱하다는 듯 바라보며 말했다.

"아무도 모른다니, 당치 않은 말일세. 하늘이 알고 땅이 알고, 또
자네와 내가 알고 있는 사실인데 어찌 아무도 모른다고 하는가?"

 饋遺之物 雖若微小 恩情既結 私已行矣
　　　궤 유 지 물　수 약 미 소　은 정 기 결　사 이 행 의

DAY 193

論語
논어

열광적인 사람과 고지식한 사람 모두 쓰임이 있다

중도를 행하는 사람을 얻어 함께할 수 없다면 반드시 열광적인 사람과 고지식한 사람과 더불어 함께할 것이다. 열광적인 사람은 진취적이고, 고지식한 사람은 절대로 안 하는 일이 없다.

열광적인 사람은 세상에 분개하며 글로써 악명을 떨치고 다른 이를 비방하는데, 교만이 하늘을 찌른다.

고지식한 사람은 자기연민과 자만심이 강하고, 신랄하고 매몰차며, 수수방관을 일삼고, 원리원칙대로 움직인다.

권력과 손잡지 않으려면 획일적인 사고에서 벗어나 각자의 쓰임을 인정하고 그들의 단점을 장점으로 활용할 줄 알아야 한다.

가장 피해야 할 부류는 위선으로 가득 차 탁상공론을 일삼고, 저속하기 짝이 없으며, 공명과 출세를 위해서라면 수단과 방법을 가리지 않는 자들이다.

 不得中行而與之 必也狂狷乎 狂者進取 狷者有所不爲也
부 득 중 행 이 여 지 필 야 광 견 호 광 자 진 취 견 자 유 소 불 위 야

217

요행을 바라지 말라

분수에 맞지 않는 복과 까닭 없이 얻게 되는 것은 조물주의 낚시 미끼 아
니면 세상 사람들이 파놓은 함정이다. 이런 곳에서 눈을 높은 곳에 두지 않
으면 그 꾐에 빠지지 않을 자가 드물다.

시신 세 구가 길가에 널브러져 있었다. 하나는 머리가 깨져 있었
고, 나머지 둘은 상처 없이 죽어 있었다. 그들 옆에는 주먹만 한 금
덩이가 놓여 있었다. 사건은 이랬다.

세 사람이 함께 길을 가다가 우연히 금덩이 하나를 발견했다.

"우리가 함께 발견했으니 공평하게 삼등분하자."

세 사람은 그리하기로 하고 축하주를 한잔하기로 했다. 그래서 한
친구가 주막으로 달려갔다. 술을 사 오는 길에 그는 생각했다.

'저 두 놈만 없애버리면…… 그래, 술에 독을 타자.'

같은 시간, 술이 오기를 기다리던 두 친구도 흑심을 품었다.

"그 친구를 없애면 금덩이를 반으로 나눌 수 있잖아."

사전에 입을 맞춘 두 사람은 술병을 들고 오는 친구에게 달려들어
돌로 머리를 쳐 죽였다.

"자, 이제 우리끼리 축배를 드세."

둘은 독이 든 술을 나눠 마셨다. 그렇게 길바닥에는 세 주검과 주
인 없는 금덩이 하나가 나뒹굴게 되었다.

非分之福 無故之獲 非造物之釣餌 卽人世之機阱
비분지복 무고지획 비조물지조이 즉인세지기정

此處 著眼不高 鮮不墮彼術中矣
차처 저안불고 선불타피술중의

DAY 195

孟子
맹자

모르면 모른다고 하라

이 계략은 내가 생각해낼 수 있는 것이 아닙니다.

어떤 구체적인 문제에 대해 잘 모르겠으면 차라리 "나도 어떻게 해야 할지 잘 모른다"라고 솔직히 말하는 편이 낫다.

공자는 말했다.

"아는 것을 안다고 하고, 모르는 걸 모른다고 하는 게 아는 것이다."

TV 토론 방송에서 무엇에 관해서든 청산유수처럼 대답만 잘하는 유명 정치인을 보고 있노라면 왠지 모르게 안타까운 생각이 든다.

"그건 내가 대답할 수 있는 문제가 아닙니다."

그가 한 번이라도 이렇게 말했다면 차라리 그의 말에 훨씬 믿음이 갔을 거고, 대중이 그의 말에 현혹되어 잘못된 판단을 하는 일도 줄어들지 않을까 싶다.

是谋非吾所能及也
시 모 비 오 소 능 급 야

219

DAY
196

明心寶鑑
명심보감

모든 이를 다 만족시킬 수는 없다

양고기 국이 비록 맛은 좋으나 여러 사람의 입을 맞추기란 어렵다.

아버지와 아들이 당나귀를 팔려고 장에 가는 길이었다. 우물가를 지나는데, 아낙들이 수군댔다.

"참 미련한 아비네. 왜 당나귀를 타고 갈 생각은 하지 않고 끌고 가지? 아이가 참 힘들겠어."

아버지는 얼른 아들을 당나귀에 태웠다. 얼마쯤 가다가 이번에는 정자나무 아래를 지나가는데, 노인들이 입을 모아 말했다.

"저런 몹쓸 놈이 있나? 어린놈이 늙은 아비는 걷게 하고 자기가 당나귀를 타고 가다니, 쯧쯧!"

아버지는 얼른 아들 대신 자신이 당나귀 등에 올랐다. 이번에는 땀 흘리며 아이들을 데려가는 부인이 말했다.

"참 몰인정한 사람 같으니라고. 저 당나귀, 얼마나 힘들꼬?"

이제 아버지는 당나귀의 네 다리를 묶고는 긴 막대기를 끼워 아들과 어깨에 메고 걷기 시작했다. 그들을 본 사람들이 조소했다.

"하하하, 저런 멍청이 부자 같으니!"

"휴, 모든 이의 비위를 맞추려고 애썼지만 결국 한 사람의 비위도 맞추지 못했구나!"

羊羹 雖美 衆口 難調
양 갱 수 미 중 구 난 조

내가 원하지 않는 일을 남에게 강요하지 말라

남이 저에게 행하기를 원치 않는 일이라면 저도 남에게 행하기를 원치 않습니다.

'己所不欲(기소불욕), 勿施於人(물시어인)'이라는 옛말처럼, 내가 하기 싫은 일은 남에게도 시켜서는 안 된다. 이 말은 아주 간단한 이치처럼 보이지만, 막상 실천하자면 말처럼 쉽지 않다.

누군가에게 강요당하는 것이 아주 불쾌한 경험이라는 데 이의를 제기할 사람은 그리 많지 않다. 반대로 권력, 실력, 영향력을 앞세워 자기 뜻을 이루고자 타인에게 어떤 일을 강요하는 사람은 그 과정에서 쾌감과 더불어 성취감까지 느낀다.

이것만 봐도 자신의 처지를 미루어 다른 사람의 형편을 헤아리고 역지사지하는 것이 말처럼 쉽지 않음을 알 수 있다.

我不欲人之加諸我也 吾亦欲無加諸人
아 불 욕 인 지 가 저 아 야 오 역 욕 무 가 저 인

DAY 198

孫子兵法
손자병법

용병의 극치는 변화무쌍한 전술에 있다

대규모 군대를 통솔하던 중 적의 기습을 당하더라도 패배하지 않게 하려면
기이한 변칙전술과 정석의 병술을 조화롭게 운용해야 한다. 군대가 공격할
때는 마치 숫돌로 달걀을 부수듯 적의 허와 실을 잘 알고 있어야 한다.

당나라 태종 이세민이 백전노장 이정과 병법을 논하다가 물었다.

"지난번에 돌궐족을 토벌할 때는 기병술을 쓰지 않았소? 그런데
이번에는 왜 정병술을 쓰려고 하오?"

"옛날에 제갈공명이 맹획을 일곱 번 놓아주었다가 다시 일곱 번을
사로잡을 수 있었던 것은 바로 정병술을 썼기 때문입니다. 또한 신
이 돌궐을 칠 때 서쪽으로 몇천 리나 진격해 들어갔습니다. 만일 그
때 정병이 아니었더라면 어찌 그와 같이 멀리 갈 수 있었겠습니까?"

이정은 전진하는 군사를 정(正)이라 하고 후퇴하는 군사를 기(奇)
라고 정의했지만 용병(用兵)을 잘하는 사람은 정병을 쓰든 기병을 쓰
든 그것은 그 사람에게 달려 있다고 강조했다. 그러면서《손자병법》
의 내용을 인용하여 '적에게는 우리의 전술이 보이는 것 같겠지만
실제로 우리에게 고정된 전술이란 없다'는 말이야말로 정병과 기병
의 전술에 대한 최고의 경지를 나타낸 것이라고 강조했다. 즉, 용병
을 잘하게 되면 정병이 아닌 부대가 없고 기병이 아닌 부대가 없어
적군이 예측하지 못하게 된다는 것이다.

三軍之衆 可使必受敵而無敗者 奇正是也
삼 군 지 중   가 사 필 수 적 이 무 패 자   기 정 시 야

兵之所加 如以碬投卵者 虛實是也
병 지 소 가   여 이 하 투 란 자   허 실 시 야

과장된 명성을 경계하라

군자는 명성이 실제보다 지나치게 부풀려지는 것을 부끄러워한다.

우리는 남의 비위를 맞추기 위해 듣기 좋은 말을 하는 것, 명성이 실상과 부합하지 않는 것, 큰소리로 세상 사람을 속이고 남의 명예를 훔치는 것, 허풍을 떨면서도 부끄러운 줄 모르는 것, 뻔뻔하게 흰소리를 치는 것, 소문이 실제보다 부풀려지는 것을 경계해야 한다.

그런데도 어떤 사람은 허울뿐인 명성 속에 숨겨진 슬픔, 거짓, 두려움, 가증스러움을 알지 못한 채 그것을 쫓으며 잘못된 길로 빠져든다.

갑작스럽게 얻은 명성은 그 내실이 뒷받침되지 않는 이상 결국 눈 깜짝할 사이에 물거품처럼 사라질 수밖에 없다.

오로지 실제에 부합해 착실히 쌓아 올린 명성만이 더 나은 발전을 위한 밑거름이 된다.

聲聞過情 君子恥之
성 문 과 정 군 자 치 지

독서가 명약이다

아주 큰 즐거움 중 책을 읽는 일 만한 게 없고, 가장 필요한 것 중 자식을 가르치는 일 만한 게 없다.

세종은 평소에도 유난히 책 읽기를 좋아했는데, 세자로 봉해진 이후에도 그 일을 내치지 않았다. 태종은 매일 밤늦게까지 책에만 파묻힌 세자의 몸이 상할까 늘 걱정이었다. 결국 걱정한 대로 세종은 기어코 병 하나를 얻었는데, 바로 눈병이었다.

"책 읽는 자식을 말릴 아비가 어디 있겠느냐만, 더 이상 두고 볼 수가 없구나. 지금 당장 세자의 방에 있는 책들을 모두 거두라."

내관들은 태종의 명을 받들어 세종의 방에 있는 수백 권의 책들을 날라 옮겼다.

세종은 책을 읽을 수 없게 되자 너무 답답해 가만히 앉아 있지를 못했다. 밖으로 돌아다니는 것을 천성적으로 싫어하는지라 그는 온종일 방 안을 서성이며 소일했다.

그러던 어느 날, 그는 병풍 틈에 낀 누런 종이 뭉치 하나를 발견했다. 바로 책이었다. 내관들이 너무 많은 책을 나르다 보니 병풍 틈에 낀 책 한 권을 놓친 것이다. 세종은 무척 기뻐하며 책을 빼내고는 정좌했다. 그는 책장을 넘기며 중얼거렸다.

"내 눈병에는 약이 없다. 오직 네가 명약이다."

至樂 莫如讀書 至要 莫如教子
지 락 막 여 독 서 지 요 막 여 교 자

224

배움은 내적 욕구의 충족 과정이다

옛날에는 학자가 자신을 위해 공부했다면, 지금 시대의 학자는 남의 이목과 요구에 영합하기 위해 공부한다.

배움은 마음을 참되게 하는 것으로, 배우는 자의 내적 욕구를 채워 그 내용이 마음과 영혼으로 들어가도록 해야 한다.

왼쪽 귀로 들어가 오른쪽 귀로 나오고, 점수와 진학과 허세 등 겉으로 드러나는 것만을 채우기 위해 공부하는 것은 올바른 인격을 갖추고 내면을 충실하게 만드는 데 실질적 도움이 되지 않으니 가짜 배움이다.

배움에 대한 진심과 흥미에서 시작하는 것이 아니라 어쩔 수 없이 의무적으로, 기계적으로 보여주려는 식의 공부를 한다면 학습 질을 떨어뜨릴뿐더러 당연히 좋은 효과를 거둘 수 없다.

古之學者爲己 今之學者爲人
고 지 학 자 위 기 금 지 학 자 위 인

좋은 일이 있으면 나쁜 일도 있다

변방 노인의 말, 세상만사가 변화무쌍하여 인간의 길흉화복을 미리 헤아릴 수 없다.

옛날 중국 북방의 요새 근처에 점을 잘 치는 노인이 살고 있었다.

어느 날, 노인의 말이 오랑캐 땅으로 달아났다. 마을 사람들이 위로하자 노인은 태연하게 말했다.

"누가 알겠소? 혹시 이 일이 복이 될지."

몇 달이 지난 어느 날, 그 말이 오랑캐의 준마와 함께 돌아왔다. 마을 사람들이 이를 부러워하자, 노인은 조금도 기뻐하는 기색 없이 말했다.

"누가 알겠소? 이 일이 화가 될지."

어느 날, 노인의 아들이 오랑캐의 준마를 타다가 떨어져 다리가 부러졌다. 마을 사람들이 이를 두고 위로하자 노인은 조금도 슬퍼하지 않으며 말했다.

"누가 알겠소? 이 일이 복이 될지."

그로부터 1년이 지난 어느 날, 오랑캐가 쳐들어왔다. 징집된 마을 장정들은 오랑캐에 맞서 싸우다가 모두 죽었다. 그러나 노인의 아들은 절름발이였기에 징집되지 않아 살아남았다.

塞翁之馬
새 옹 지 마

마음이 하는 일에 주목하라

마음이 하는 일은 생각하는 것이니 생각을 하면 얻고, 생각이 없으면 얻지 못한다.

마음이 하는 일은 생각하고 판단하는 것이며, 이것은 하늘이 내린 귀한 능력이다.

멀티미디어 등이 발달하면서 일각에서는 문학의 쇠퇴, 소설의 몰락과 같은 어리석은 예언을 내놓기도 했다.

다시 말해서 이것은 '눈과 귀'의 감각기관으로 가능한 '시청'이 '마음의 기관'을 통해 얻을 수 있는 '생각'과 '얻음'의 '열독'을 대신할 수 있다고 여기는 것이다.

지혜와 정신적 수양, 도덕적 경지는 감각기관의 수요와 반응으로 채워질 수 없다. 이는 오늘날 배금주의와 물질만능주의를 향하는 시대에 특히 주목해야 하는 부분이다.

心之官則思 思則得之 不思則不得也
심 지 관 즉 사 사 즉 득 지 불 사 즉 부 득 야

썩으면 쓸 수 없다

재여가 낮잠을 자는데, 공자가 말했다. 썩은 나무는 조각할 수 없고, 썩은 흙으로 만든 담은 흙손질을 할 수 없다.

공자의 제자 재여가 방에서 학문은 하지 않고 낮잠을 자고 있었다. 마당을 지나던 공자가 이 광경을 보고는 혀를 찼다.

"쯧쯧, 썩은 나무는 조각할 수가 없고, 썩은 흙으로 쌓은 담은 손질하기 어려운 법이다. 그러니 자고 있는 재여를 꾸짖은들 무슨 소용이 있겠는가?"

그때 마당을 청소하던 제자 하나가 공자에게 다가와 여쭈었다.

"그것이 무슨 뜻이옵니까?"

공자가 답했다.

"과거에 나는 남의 말만 듣고 일단 믿게 되면, 그것으로 미루어 행실까지도 믿었는데 이제는 아니다. 이젠 남의 말을 듣더라도 반드시 그의 행실을 본 후에 믿기로 했다. 내가 그렇게 바뀐 것은 모두 재여 때문이다."

질문을 한 제자가 비로소 답을 구한 듯 고개를 끄덕였다.

宰予晝寢 子曰朽木不可雕也 糞土之墻 不可汚也
재 여 주 침 자 왈 후 목 불 가 조 야 분 토 지 장 불 가 오 야

잘못된 배움의 길을 경계하라

싹만 트고 꽃이 피지 않는 것이 있고, 꽃이 피었어도 결실을 보지 못하는 것이 있다.

어떤 이는 암기에 능하여 외운 것을 술술 말할 줄 알지만, 그걸 자기 것으로 체득하지 못하니 발전이 없다.

어떤 이는 폭넓은 자료를 인용해 지식을 증명하고 호언장담만 할 뿐 깊이와 깨달음이 없다.

어떤 이는 널리 사물을 보고 들어 잘 기억하는 것에 그치지 않고 문장으로 이론을 세우는 수준에 도달하지만, 자신만의 체계와 논리가 없어 판단은 물론 취사선택에 약할뿐더러 나아가 혁신적인 이론으로 확장하지 못한다.

싹만 트고 꽃이 피지 않든, 꽃이 피어도 결실을 보지 못하든, 누구에게나 발전의 여지와 가능성은 있다. 다만, 발전을 위해 착실하고 꾸준한 배움의 자세가 없을 뿐이다.

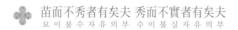

苗而不秀者有矣夫 秀而不實者有矣夫
묘 이 불 수 자 유 의 부   수 이 불 실 자 유 의 부

어진 리더가 승리한다

전쟁을 잘하는 자는 싸움터에서 승리를 구하고 병사들을 문책하지 않는
다. 따라서 능력 있는 자를 택하여 장수로 임명하고 그에게 병세를 맡겨야
한다. 병세를 잘 조정하는 자는 전쟁을 할 때 병사들을 나무나 돌을 굴리는
것처럼 한다.

군대와 전쟁의 비결을 적은 《군참》에서는 어진 장군은 어떠해야
하는지를 이렇게 설명하고 있다.

모름지기 어진 장군이란 이러해야 한다. 군대에서 마실 우물을 파
고 있는데 아직 물줄기를 찾지 못했을 때는 목마르다고 말하지 말아
야 하고, 군대의 막사가 아직 세워지지 않았으면 피곤을 말하지 말
아야 하며 군대의 부뚜막에 아직 불을 때지 않았을 때는 배고픔을
이야기하지 말아야 한다. 겨울에는 혼자 털옷을 입지 않고 여름에는
혼자 부채를 잡지 않으며 비가 와도 혼자 덮을 것을 쓰지 않는다. 이
를 장군의 예라고 한다.

편안할 때나 위험할 때나 장군은 늘 병사들과 함께해야 한다. 그
렇게 하면 병사들은 일치단결하게 되며 아무리 힘든 일을 해도 피곤
한 줄을 모르게 된다. 이것은 장수의 의로운 은혜가 병사들에게 고
루 미쳐 그들의 마음을 가져왔기 때문이다.

故善戰者 求之於勢 不責之於人
고 선 전 자 구 지 어 세 불 책 지 어 인
故能擇人而任勢 任勢者 其戰人也 如轉木石
고 능 택 인 이 임 세 임 세 자 기 전 인 야 여 전 목 석

재미와 자극에만 만족해서는 안 된다

눈과 귀와 같은 감각기관은 생각이 없으니 사물에 얽매인다.

급속도로 발전하는 멀티미디어 시대에 누군가는 영상과 음향 작품이 서적과 간행물을 도태시킬 수 있다고 믿는다.

이는 한 가지 문제점을 적나라하게 폭로하는 것과 같다. 즉, 감각 기관의 자극과 즐거움을 추구하며 두뇌와 영혼의 성장과 발전을 배척하고 나아가 그걸 대체하겠다는 것이다.

이것은 시장화·대중화로 상징되는 문화생활이 가져올 부정적 영향의 일환이고, 사람들이 우려하는 현실적 도전이기도 하다.

사람은 단지 감각기관의 재미와 자극에만 만족해서는 안 된다. 자신의 사고와 영혼을 성숙시켜 정신 능력을 발전시키고 추구할 수 있어야 한다.

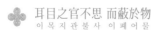

耳目之官不思 而蔽於物
이 목 지 관 불 사 이 폐 어 물

청백리를 롤 모델로 삼으라

조정의 높은 관리가 사신을 보내어 뇌물로 청탁하는 것을 들어주어서는
안 된다.

청탁의 유혹을 물리치고, 더 정확하게 말하자면 청탁을 할 때 으레 따라붙는 물질의 유혹을 물리치고 자신의 신념을 굳건히 지키기란 그리 쉬운 일이 아니다.

한번은 다산이 홍주 목사 유의에게 서신을 보내 공사를 논의하고자 했다. 그런데 며칠이 지나도 답신이 없었다. 훗날, 이에 관하여 다산이 유의에게 물었다.

"어찌하여 답신하지 않았소?"

"나는 원래 벼슬에 있을 때 서신을 뜯어보지 않습니다."

사실, 그에게 온 서신들은 거의 조정의 귀인들이 보낸 것이었다. 다산이 다시 물었다.

"내가 보낸 서신은 공적인 일에 관한 거였소. 다른 것들과 사안이 다른데 어찌 뜯어보지도 않았소?"

"그런 것이었다면 어찌하여 공문으로 보내지 않았습니까?"

"마침 비밀에 속한 일이기 때문이었소."

"비밀에 속한 일이라면 왜 비밀 공문으로 하지 않았습니까?"

순간 다산은 마땅히 대답할 말을 찾지 못했다.

凡朝貴私書 以關節相託者 不可聽施
범 조 귀 사 서 이 관 절 상 탁 자 불 가 청 시

배우고 생각하라

배우기만 하고 생각하지 않으면 갈피를 잡지 못하고, 생각만 하고 배우지
않으면 위태롭다.

생각만 하고 배우지 않는 학문의 길은 상당히 예술적이다. 이것은
마음의 파도와 조바심에만 의지한 채 생각을 지지고 볶으며 진리를
탐구한다. 이런 방법을 사용하는 대다수 사람은 아무것도 이루지 못
한 채 막연한 집착과 혼란 속에서 헤어나지 못한다.

배우기만 하고 생각하지 않는 것도 좋은 방법이 아니다. 인터넷
정보에만 의존하는 사람은 배우기만 할 뿐 생각하지 않는 헛똑똑이
다. 그들은 얕은 정보로 지식을 대체하고, 지식 대신 재미를 추구하
고, 남의 말에 부화뇌동하며 그것이 자신의 판단과 책임을 대신하도
록 한다.

고로 우리는 지식 탐구 과정에서 멍청해짐과 위태로움을 경계해
야 한다.

學而不思則罔 思而不學則殆
학 이 불 사 즉 망 사 이 불 학 즉 태

기회를 놓치면 후회해도 소용없다

배꼽을 물려고 해도 입이 닿지 않는다.

기원전 7세기 말, 초나라 문왕이 신나라를 치기 위해 등나라를 지나가고 있었다.

"오래간만에 조카가 왔으니 마음껏 놀아보자꾸나."

등나라의 임금 기후는 문왕의 삼촌으로서 문왕을 진수성찬으로 환대했다.

이 모습을 지켜보던 추생, 담생, 양생 등 세 현인이 기후에게 진언했다.

"머지않아 문왕은 반드시 우리 등나라를 공격할 것입니다. 지금 조치하지 않으면 훗날 후회해도 소용이 없을 것입니다."

그러나 기후는 화를 벌컥 낼 뿐 그들의 말을 귀담아듣지 않았다.

그렇게 10년이 지난 어느 날, 문왕이 마침내 군사를 이끌고 등나라로 쳐들어왔다. 결국 등나라는 초나라 문왕에게 짓밟혔다.

噬臍莫及
서 제 막 급

정신의 빈곤이 더 해롭다

어찌 배고픔과 목마름으로 느끼는 고통과 피해가 오로지 입과 배에만 있
겠는가? 사람의 마음 역시 마찬가지다.

배가 고프면 겨를 먹어도 꿀같이 달고, 배부를 땐 꿀을 먹어도 단
줄을 모른다고 했다. 죽을 만큼 배가 고파지면 거지가 먹는 음식조
차 산해진미로 보일지 모른다. 이처럼 허기는 죽어가던 입맛도 되살
리는 극약처방이 된다. 다만 여기서 말하고자 하는 것은 물질의 결
핍이 물질에 대한 과도한 갈망과 탐욕을 가져온다면, 정신의 결핍은
정신의 갈증·탐욕·불안·초조·과잉 감정으로 이어진다는 점이다.

사람이 배가 고프다고 해서 아무거나 주워 먹어 몸을 상하게 해서
는 안 되듯이, 정신적으로 결핍·공허·억압을 느낀다고 해서 함부
로 타인의 통제에 순응하거나 옳고 그름의 진위를 가리지 않고 무작
정 따라가면 안 된다. 또한 극단적이고 일방적인 선동, 허울뿐인 허
튼소리, 향정신성 마약에 넘어가 자신의 심리적 자질과 정신적 기능
을 망가뜨려서도 안 된다.

 豈惟口腹有飢渴之害 人心亦皆有害
개 유 구 복 유 기 갈 지 해　인 심 역 개 유 해

꿋꿋한 기상을 세워라

군자는 여러 사람과 어울리면서 사악함에 빠지지 않으니 얼마나 강한가.
그 꿋꿋한 기상이여. 또한 가운데 똑바로 서서 한쪽으로 기울지 않으니 얼
마나 강한가. 그 꿋꿋한 기상이여.

제자 자로가 공자에게 여쭈었다.

"강하다는 것은 어떤 걸 말합니까?"

"남쪽 지방에서 말하는 강함을 묻는 것이냐? 혹은 북쪽 지방에서
말하는 강함을 묻는 것이냐? 아니면 너 자신이 생각하는 강함을 묻
는 것이냐?"

자로는 자신의 질문에서 여러 답이 나오리라고는 생각하지 못했다.

"제가 잘못 여쭌 것 같습니다. 이 기회에 강함의 모든 것을 알고 싶
습니다."

"그렇다면 일러주마. 남쪽 지방에서는 너그럽고 부드러운 기운으
로 가르치고 잘못한 행동에 대해서는 보복하지 않는 것을 강하다고
한다. 북쪽 사람들의 용맹함이란 억세고 거친 사람들의 그것이다. 창
과 갑옷으로 무장하고 죽어도 아무 미련을 두지 않는 것이 그들이다."

"예, 그렇다면 어느 것이 진정한 용맹이라고 할 수 있습니까?"

"군자는 강한 것을 힘으로 여기지 않는 법이다. 군자는 아무리 어려
운 상황에 빠지더라도 평소에 잘 다져진 마음을 꿋꿋하게 지킨다. 이
것이 진정한 용기일 터. 자, 어느 쪽이 더 용맹스러운 것이겠느냐?"

君子和而不流 強哉矯 中立而不倚 強哉矯
군 자 화 이 불 류 강 재 교 중 립 이 불 의 강 재 교

중용의 패턴을 삶에 적용하라

《시경》의 〈관저〉는 즐거워하되 지나침이 없고, 슬퍼하되 마음을 상하게 하지 않는다.

'A하되 B하지 않는다'는 중용의 특징을 나타내는 일종의 패턴이다.

예를 들어 '즐기되 음란하지 않고, 슬퍼하되 감상에 빠지지 않고, 원망하되 분노하지 않고, 위엄이 있되 사납지 않고, 태연하되 오만하지 않고, 욕심을 부리되 탐욕하지 않는다' 하는 식이다.

이런 패턴은 '지나침은 모자람만 못하다', '적당한 선에서 멈출 줄 알아야 한다', '한 가지 성향을 반대할 때 또 다른 성향을 경계하라'와 같은 말처럼 '수신(修身, 몸과 마음을 갈고닦는다)', '사람됨'과 관련된 가르침에 근접한다.

關雎 樂而不淫 哀而不傷
관 저 낙 이 불 음 애 이 불 상

八月

8월

배우기를 늘 모자란 듯이 여기고,
배운 것을 잃을까 두려워하라.

《논어》

DAY 214

孟子
맹자

부끄러움을 알라

사람은 부끄러워하는 마음이 없어서는 안 된다. 염치를 모르는 것을 부끄럽게 여기면 부끄러워할 일이 없다.

사람이라면 부끄러워하는 마음이 없어서는 안 된다. 염치를 모르는 것을 부끄럽게 여기면 부끄러워할 일이 없다.

부끄러움을 아는 것은 일종의 미덕이다. 예를 들어 '예의염치(禮義廉恥)'의 '치(恥)'는 자기를 통제하고 존엄을 지키는 것이고, 반면에 '무치(無恥)'는 뻔뻔하고 파렴치하며 악행을 저지르는 것을 의미한다.

부끄러움을 알아야 비로소 용감하게 나아갈 수 있다. 자신의 부족한 점을 깨닫고 고치는 사람만이 희망을 볼 수 있다.

 人不可以無恥 無恥知恥 無恥矣
인 불 가 이 무 치 무 치 지 치 무 치 의

진심으로 교육하라

장자가 말했다. 일이 비록 작더라도 하지 않으면 이루지 못할 것이요, 자식이 비록 뛰어나더라도 가르치지 않으면 현명해지지 못한다.

증자의 아내가 시장에 가려고 하자 어린 아들이 칭얼거리며 따라왔다. 그녀는 아이를 달래려고 이렇게 말했다.

"집으로 돌아가 있거라. 시장에 다녀와서 돼지고기를 삶아줄 테니."

그녀가 일을 보고 집으로 돌아오자, 증자가 돼지를 잡으려고 칼을 갈고 있었다. 증자의 아내가 놀라 남편에게 말했다.

"정말 돼지를 잡을 참이에요? 저는 그저 아이를 달래려고 말했던 건데……."

증자가 나직이 말했다.

"아이에겐 실없는 말을 해서는 안 되오. 아이들은 무엇이든 부모의 흉내를 내고 배우려 하기 마련인데, 아무렇게나 말을 해놓고 행하지 않는다면 어찌 교육을 시킬 수 있고, 또한 아이가 총명해지기를 바란단 말이오."

결국 증자는 돼지를 잡아 아들에게 주고 어머니의 말을 믿도록 만들었다.

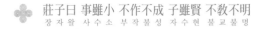

莊子曰 事雖小 不作不成 子雖賢 不敎不明
장 자 왈 사 수 소 부 작 불 성 자 수 현 불 교 불 명

중용으로 통합하고 조화를 이루라

중용의 덕은 지극히 중요한 것이리라! 하지만 많은 사람이 중용의 덕을 잃은 지 오래되었다.

중용의 장점은 장자가 언급한 '도추(道樞, 사물의 상대적인 참과 거짓, 옳고 그름의 대립을 초월한 절대적 도의 경지)'라고 할 수 있다.

그것은 큰 도를 깨우치고자 하는 마음이며 모든 방면을 두루 고려한다.

중용은 적절한 분별과 전체주의 및 상호주의를 중시하고, 극단주의와 분열주의 그리고 과장과 공포를 배격한다.

이처럼 중용은 통합과 조화를 강조하는 도이기에 더 귀한 가치를 지니고 있다.

 中庸之爲德也 其至矣乎 民鮮久矣
중 용 지 위 덕 야 기 지 의 호 민 선 구 의

강한 적은 세력을 분산시켜라

적의 진형은 드러나게 하고 아군의 진형은 보이지 않도록 하여 아군의 역
량을 모두 한곳에 집중하면 적의 세력은 분산될 수밖에 없다. 그리하여 아
군의 세력을 모두 한곳으로 집중하고, 적군의 세력은 열 곳으로 분산시킨
다면 열 개의 힘으로 적의 한곳을 공격하는 상황이 되는 것이다.

사기가 충천해 있는 군대를 공격해서는 승리하기가 어렵다. 그러
므로 그러한 상황에서는 적의 병력을 분산시킨 뒤 각각 격파시키
는 것이 낫다. 다시 말해, 상대방이 강화해놓고 있는 힘의 집결지를
직접 공격하지 않고 후방을 쳐서 힘을 무력화시키는 전술을 써야
한다.

'계란으로 바위 치기'라는 말이 있듯이 너무 강한 상대에게 무모
하게 대들면 패배할 게 뻔하다. 따라서 상대가 너무 강할 때는 정면
으로 대들 게 아니라 상대의 허술한 점을 잘 파악하여 그곳을 공격
해야 승리를 얻을 수 있다.

故形人而我無形 則我專而敵分
고 형 인 이 아 무 형   즉 아 전 이 적 분
我專爲一 敵分爲十 是以十攻其一也
아 전 위 일   적 분 위 십   시 이 십 공 기 일 야

심리적, 생리적 이중 강화 벽을 세우라

나는 호연지기를 잘 기른다네.

자아 수련의 핵심은 바로 몸과 마음의 원기를 기르는 것이다. 여기서 말하는 '기(氣)'는 상당히 추상적이면서도 실재적이다.

추상적이라는 말은 무형, 무성, 무색, 무취를 가리킨다. 실재적이라는 말은 그것이 몸과 마음속에 확실히 존재하고, 모든 결정에 영향을 미친다는 의미다. 이는 정신적인 영역에 속하지만 동시에 사람들은 그것의 물질적 실재성을 느낄 수 있다.

한 사람의 기세가 거침없고 정의로우며 강직하다면 세상을 대하는 그의 마음속은 강인함, 충만함, 당당함으로 가득 차 있을 것이다. 그것은 심리적 · 생리적 강인함을 모두 포함한다.

반대로 그의 마음속에 위축, 공허, 결핍, 나약함이 가득하다면 이것은 심리적 · 생리적 쇠약을 의미한다.

그러므로 심리적 · 생리적 균형과 강인한 정신력을 키우기 위해 의리, 도덕, 정신적 추구, 사람됨의 원칙을 끝까지 견지해야 한다.

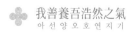

我善養吾浩然之氣
아 선 양 오 호 연 지 기

남보다 먼저 하면 이긴다

선수를 치면 상대편을 제압할 수 있다.

　시황제가 죽고 진나라가 혼란에 빠지자, 강동의 회계군수 은통은 항량을 불러 거사를 꾀했다. 항량은 고향에서 살인을 저지른 후 조카 항우와 함께 피해 있었는데, 병법에 밝은 인물이었다.

　"지금 강서에서는 모두 진나라에 반란을 일으키고 있소. 이는 진나라를 멸망시킬 기회가 왔다는 뜻이오. 내 듣건대 '선수를 치면 남을 제압할 수 있고, 뒤지면 남에게 제압당한다'라고 했소. 나는 그대와 환초를 장군 삼아 먼저 군사를 일으킬까 하오."

　은통은 항량을 이용해 출세하고자 한 것이다. 그러나 항량은 그보다 한 수 위였다.

　"우선 환초부터 찾아야 하는데, 그의 거처를 알고 있는 자는 제 조카 항우뿐입니다. 이 기회에 제 조카를 만나 그를 찾아오게 하시지요."

　은통이 수긍하자 밖에서 기다리고 있던 항우를 불러들였다. 항량은 들어오는 항우에게 은밀히 일렀다.

　"내가 눈짓하거든 무조건 은통의 목을 쳐라."

　이윽고 항량이 눈짓하자 항우는 잽싸게 은통의 목을 쳤다. 그렇게 항량은 은통보다 먼저 '선즉제인'하고 은통의 힘을 흡수했다.

先則制人
선 즉 제 인

지식의 다양성을 간파하라

자로는 좋은 가르침을 듣고 그 가르침을 미처 실행하지 못했다면 행여 또 다른 기르침을 들을까 봐 두려워했다.

실생활에서 학문은 다양성을 갖는다.

이를테면 실용적인 학문, 규범에 얽매인 학문, 참고용 학문, 지적 유희를 위한 학문, 우주관·인생관·마음의 평정 등을 다루는 형이 상학적 학문 등으로 말이다.

이런 학문에 모두 능통하려고 해서는 안 된다.

물론 너무 많은 정보를 접하고 듣는 것에 대해 두려움을 가질 필요는 없다.

자신이 잘 가려서 배울 수 있다면, 보고 듣고 생각할 수 있는 정보의 양은 많을수록 좋다.

子路有聞 未之能行 唯恐有聞
자 로 유 문 미 지 능 행 유 공 유 문

늘 갈구하듯 배우라

《논어》에서 말했다. 배우기를 늘 모자란 듯이 여기고, 배운 것을 잃을까 두려워하라.

화담 서경덕은 총명했으나 집안이 가난하여 거의 독학으로 공부를 한 인물이다. 그는 진사 시험에 합격했으나 대과를 포기하고 화담이라는 연못가에 정자를 짓고 그곳에서 학문에 전념했다. 그의 공부 방법은 특이했다.

예컨대 하늘의 이치를 알고자 하면, '천(天)' 자를 크게 써서 벽에 붙이고는 정좌한 채 며칠이고 그것을 응시했다. 그러다가 확실한 깨달음이 왔을 때 그 글자를 떼어내고 다음 공부로 넘어가곤 했다. 이런 식으로 몇 년을 공부하다 보니 어느새 사물의 이치를 통달했다.

공부를 마치고 마을로 내려와 친구들을 만난 자리에서 벗 하나가 그에게 물었다.

"자네는 보통 사람과는 달리 특이하게 공부했다고 하는데, 왜 그리 공부했는가?"

"알다시피 나는 가세가 좋지 않아 훌륭한 스승을 구하지 못했네. 그래서 보통 사람들보다 열 배, 스무 배 더 연구하지 않으면 안 되는 처지여서 그 방법을 택했던 것이네."

그의 말에 친구들은 모두 고개를 끄덕였다.

論語曰 學如不及 猶恐失之
논 어 왈 학 여 불 급 유 공 실 지

DAY 224

論語
논어

지혜로운 사람은 미혹되지 않는다

지식이 많고 사리에 밝은 사람은 미혹되지 않는다.

지혜로운 사람에게도 해결할 수 없는 문제가 있다.

그가 미혹되지 않는 것은 모든 일에 만능이기 때문이 아니다.

자신이 어떤 일을 할 수 있는지, 어떤 것을 영원히 알 수 없는지를 누구보다 잘 알고 있기 때문이다.

지혜의 특징은 자신에게 주어진 지혜의 한계를 명확히 알고, 이른바 주관적 능동성의 어떤 비능동성을 인지하는 데 있다.

知者不惑
지 자 불 혹

금은 어디에 있어도 빛이 난다

진정한 호걸이자 인재라면 문왕과 같은 성인이 없더라도 떨치고 일어나야
한다.

    진정한 인재는 현명한 지도자 없이도 떨치고 일어날 능력을 지니
고 있다. 이것은 금이 어디에서든 반짝반짝 빛이 나는 이치와 다르
지 않다.

    여기서 객관적 요소의 제한을 언급하지 않은 것은 긍정적인 사고
와 목표를 가지고 성공을 향해 나아갈 바라는 마음에서다.

    물론 때를 기다릴 줄 아는 것 역시 인재가 갖추어야 할 덕목이다.
기다릴 줄 모르는 사람은 뜻한 바를 이룰 수 없다. 인재는 언제 어디
서라도 그 빛을 잃지 않으니, 진리를 탐구하며 그 능력이 가장 귀하
게 쓰일 때를 기다려야 한다.

若夫豪傑之士 雖無文王猶興
약 부 호 걸 지 사 수 무 문 왕 유 흥

매사에 긍정의 마인드로 임하라

그는 집안을 잘 다스렸다. 처음 재산이 모이기 시작하자 "그런대로 모였
다"라고 했고, 어느 정도 재산을 가지게 되자 "그런대로 다 갖추어졌다"라
고 했고, 더 많은 재산이 모여 부유해지자 "그런대로 아름다워졌다"라고
했다.

항상 긍정적으로 자신을 격려해야 긍정의 에너지가 더해질 수
있다.

과하다 싶을 정도로 계속 자신을 격려하다 보면 부정적인 생각 혹
은 걱정스러운 일이 좋은 방향으로 변하기도 한다.

일마다 지나치게 회의적으로, 부정적으로 바라본다면 그 결과는
정말 재앙으로 변할 수 있다.

부정은 부정을 부르고, 긍정은 긍정을 부른다.

 善居室 始有 曰 苟合矣 少有 曰 苟完矣 富有 曰 苟美矣
선 거 실 시 유 왈 구 합 의 소 유 왈 구 완 의 부 유 왈 구 미 의

상벌을 분명히 하면 승리한다

적에게서 약탈한 노획물은 병사에게 분배해주고, 점령 지역을 확대하여 그 이득을 나눠주되 이득은 저울질하여 공평하게 나눠주어야 한다. 그리하여 우회와 직진의 장단점을 아는 자는 승리할 것이니 이것이 전쟁의 방법이다.

전국 시대 때 전략가 위료자는 군대에서의 군제는 엄하게 해야 하고 상벌은 공정하게 시행해야 한다고 했다. 그는 병사들이 전쟁에 나가 목숨을 걸고 싸우는 것은 결코 죽음을 즐기고 삶을 싫어하기 때문이 아니라고 했다. 단지 장수의 명령에 위엄이 있고 군의 법제가 엄하여 적진을 향해 뛰어 들어가지 않을 수 없도록 되어 있기 때문이라고 했다. 따라서 군대의 규율도 법제를 임하게 하여 병사들의 마음을 휘어잡을 수 있어야 한다고 했다. 그는 또한 상벌에는 지위 등급이 따로 없어야 한다고 했다. 아무리 귀한 자라도 잘못하면 죽는 것이고, 아무리 미미한 자라도 잘하면 상을 내리는 것이라고 했다. 벌에는 위가 없고 상에는 아래가 없을 때, 병사들은 마음으로 기꺼이 장수를 따르고 전쟁에 적극적으로 나서 공을 세운다고 했다. 그렇게 동기를 부여하고 사기를 진작시키면 반드시 승리를 거두게 될 것이라고 했다.

掠鄕分衆 廓地分利 懸權而動
약 향 분 중 확 지 분 리 현 권 이 동
先知迂直之計者勝 此軍爭之法也
선 지 우 직 지 계 자 승 차 군 쟁 지 법 야

나 자신을 돌아보고 문제점을 찾아라

행위가 소기의 목적에 도달하지 못하면 돌이켜 자신에게서 그 원인을 찾
아야 한다.

문제가 생기고 좌절할 때마다 하늘을 원망하고 남을 탓하며 불평
불만이 가득한 사람이 적지 않다. 경영에 문제가 생기면 직원의 자
질과 능력을 탓하고, 일이 뜻대로 안 풀리면 인재를 못 알아보는 세
상을 탓하고, 자신이 남보다 못하다고 생각되면 부모를 탓하고…….

이들은 살면서 남 탓을 하는 것이 습관처럼 몸에 배어 있다. 모든
책임을 남에게 전가하며 피 튀기게 물어뜯을 뿐 자신을 돌아보지 않
으니 무능하고 유약한 구제 불능으로 전락할 수밖에 없다.

그러므로 타인을 원망하며 남 탓을 하기보다 자신을 돌이켜 잘못
을 최대한 고치려 노력하고, 그 과정에서 스스로 행복을 만들어갈
수 있어야 한다.

 行有不得者 皆反求諸己
행 유 부 득 자 개 반 구 저 기

지식이 우선이다

태공이 말했다. 좋은 밭 만 이랑도 하찮은 재주 한 가지를 몸에 지니는 것
만 못하다.

커다란 배 한 척에 내로라하는 부자들이 타고 있었다. 부자들은
서로 자기 재물이 더 많다고 으스댔다. 그러나 쉽게 우열을 가릴 수
없었기에 자랑질도 시들해졌다. 그러다 시선이 일제히 말없이 앉아
만 있는 사내에게 쏠렸다. 부자 하나가 비아냥댔다.

"보아하니 당신은 빈자 같은데, 재산은 좀 있소?"

"이 배 안에서 제일 부자는 바로 나요."

"하하하, 대체 얼마나 있는데 그러시오? 어디 한번 봅시다."

"나에게 지식이 있지."

그때였다. 해적 떼가 느닷없이 그들이 탄 배를 습격했다. 배에 탄
사람들은 가지고 있던 재물은 몽땅 빼앗겼다.

세월이 흐르고, 사내는 아이들을 가르치는 스승이 됐다.

어느 날, 그때 배에 함께 탔던 부자 한 사람을 우연히 만났다. 그는
해적 떼에게 재물을 빼앗긴 뒤로 가난뱅이가 됐다. 그가 탄식했다.

"그때 당신 말이 옳았소. 우리가 갖고 있던 금은보화는 잃어버리
면 그만이지만, 당신이 가진 지식은 영원히 없어지지 않는 진정한
재산이오."

 太公曰 良田萬頃 不如薄藝隨身
태 공 왈 양 전 만 경 불 여 박 예 수 신

완벽할 수 없는 현실을 인정하라

'제후들은 제사를 돕고, 그 자리에 서 계시는 천자의 모습은 장엄하도다'라
는 가사의 노래를 어찌 이 세 대부들 집안의 사당에 쓰겠는가?

어떤 질서도 그 속을 들여다보면 불합리하고 부실한 일면을 가지
고 있다.

모든 질서를 파괴하고 재건하기 위해서는 그에 상응하는 대가와
시간이 필요하다.

이것은 인류 사회의 영원한 골칫거리이자 고통을 수반하는 숙제
라고 할 수 있다.

특정한 질서를 무너뜨린다는 것은 더 나은 질서와 새로운 희망을
약속하는 의미이기도 하다.

하지만 기대했던 희망이 뒤따르지 않으면 기존 질서에 대한 그리
움과 회귀본능을 피하기 어렵다.

相維辟公 天子穆穆 奚取於三家之堂
상 유 벽 공 천 자 목 목 해 취 어 삼 가 지 당

세상 만물이 모두 나의 스승이다

세 사람이 길을 가면 그 안에 반드시 내 스승이 될 만한 인물이 있다. 그중
선한 것을 가려서 따르고, 선하지 못한 게 있으면 그것을 거울삼아 자신의
잘못을 고쳐야 한다.

책을 스승으로 삼는 것도 좋지만 사람을 스승으로 삼는 것이 한
수 위이다.

또한 선한 사람을 스승으로 삼는 것도 좋지만 선하지 않은 사람을
거울로 삼는 것은 특히 더 어렵다.

세상이 가장 큰 스승이고, 생활이 가장 현실적인 스승이고, 우리
주위의 모든 사람이 가장 가까운 스승이다.

이런 마음가짐으로 배움을 바라보아야 비로소 진정한 배움의 길
로 나아갈 수 있다.

三人行 必有我師焉
삼 인 행 필 유 아 사 언
擇其善者而從之 其不善者而改之
택 기 선 자 이 종 지 기 불 선 자 이 개 지

좌절과 냉대 앞에서 절망하지 말라

버려지고 잊혀도 원망하지 않고, 곤궁에 빠져도 절망하지 않았다.

누구나 인생의 길 위에서 무수히 많은 좌절, 실패, 냉대, 소외와 맞닥뜨릴 수 있다.

그럴 때마다 그것을 어떻게 대처하고 극복하는지가 바로 인생의 성공 여부 혹은 행복지수를 결정짓는 관건이다.

이런 문제를 잘못 처리하면 심각한 심리적 문제를 초래할 수도 있다.

좌절과 실패를 견뎌내고, 냉대받고 잊혀도 남을 원망하거나 탓하지 않으며, 곤경에 빠지고 벽에 부딪혀도 절망하지 않는 것은 강한 내면의 힘이 뒷받침되지 않으면 불가능하다.

내적 힘이 강한 사람은 어떤 시련 속에서도 당당하고 여유로우며, 해결의 답을 찾아낼 지혜를 가지고 있다.

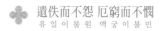

遺佚而不怨 厄窮而不憫
유 일 이 불 원 액 궁 이 불 민

억지로 휜 것은 바로잡을 수 없다

돌로 양치질하고 흐르는 물을 베개 삼는다.

진나라 초, 손초가 벼슬하기 이전의 일이다. 손초는 재주가 뛰어나고 총명한 젊은이였으나 속세를 떠나 산림에 은거하기를 원했다.

어느 날, 손초는 친구인 왕제에게 자신의 마음을 털어놓았다.

그런데 이때 '돌을 베개 삼아 눕고 흐르는 물로 양치질하고 싶다'라는 은거생활을 표현하려 했으나, 그만 실수하여 "돌로 양치질하고 흐르는 물로 베개 삼겠다"라고 해버렸다.

왕제가 웃으며 실수를 지적하자 자존심이 강한 데다 문장력까지 뛰어난 손초는 재빨리 둘러댔다.

"흐르는 물로 베개를 삼겠다는 것은 쓸데없는 말을 들었을 때 귀를 씻기 위해서고, 돌로 양치질한다는 것은 이를 닦기 위해서라네."

漱石枕流
수 석 침 류

배움의 길은 자기 발전의 길이다

현명한 이를 보면 그와 닮기 위해 노력하고, 현명하지 못한 이를 보면 자신을 반성하라.

어떤 사람은 어진 이를 보면 질투에 눈이 멀어 살의를 느낀다.

특히 사리 분별을 하지 못하는 어리석은 자 혹은 빈 수레가 요란한 편협한 자는 자기 발전을 위해 배움에 정진하는 것이 아니라 어진 이를 꺾어 무너뜨리는 데 혈안이 되어 있다.

그들은 그것이야말로 자기 발전의 지름길이라고 굳게 믿는다.

진정 언제 어디서나 배움의 기회와 본보기를 찾고, 배움의 경계로 삼아야 할 대상을 찾아 반면교사(反面教師)하는 사람이야말로 온전히 배움의 도를 좇으며 자기 발전을 이룰 수 있다.

見賢思齊焉 見不賢而內自省也
견 현 사 제 언 견 불 현 이 내 자 성 야

겸손하면 이로움을 얻는다

《서경》에서 말했다. 가득 차면 손해를 부르고, 겸손하면 이로움을 얻는다.

묵자는 3년이나 걸려 나무로 연을 만들었다. 그러고는 연을 가지고 나가 하늘에 날렸는데, 하루 만에 망가지고 말았다. 이를 두고 제자가 묵자에게 말했다.

"나무로 연을 만들어 하늘로 날리시다니, 참으로 솜씨가 훌륭하십니다."

"하지만 나는 수레의 축을 만드는 자의 교묘한 솜씨를 따를 수는 없다. 수레의 축은 짧은 통나무로 아침나절에 만들어 내어 삼십 석의 무거운 짐을 먼 곳까지 운반할 수가 있다. 또한 오랫동안 사용할 수도 있다. 이에 반해 나는 나무 연을 완성하는 데만 삼 년을 소비했고, 단지 하루 만에 무용지물로 만들어버리고 말았다."

훗날 혜자가 이 일화를 전해 듣고 말했다.

"묵자는 참으로 훌륭한 솜씨를 지닌 사람이다. 왜냐하면 실용성 많은 수레의 축을 만드는 일은 훌륭하다고 칭찬하면서, 실용 가치가 없는 연을 만드는 자신의 솜씨는 졸렬하다고 말했기 때문이다."

이후 묵자의 실용적인 사고방식과 겸손함은 사람들의 귀감이 되었다.

書曰 滿招損 謙受益
서 왈 만 초 손 겸 수 익

잘못을 인정하고 과감히 고쳐라

옛날의 군자는 허물이 있으면 고쳤는데 지금의 군자는 허물이 있어도 그
냥 밀고 나간다.

잘못을 대하는 태도에 따라 군자와 군자가 아닌 사람의 차이가 확
연해지는데, 특히 이것은 군자와 소인배의 큰 분수령이 되기도 한다.

누구나 실수를 하지만 그 후 어떻게 대처하느냐에 따라 그 결과는
달라진다. 다른 사람에게 자신의 실수를 드러내고 그들로부터 격려
와 위로를 받는 법을 배우는 것은, 실수를 인정하고 적극적으로 고
치겠다는 의지의 또 다른 표현이다.

옛말에 군자의 잘못은 일식(日食)이나 월식(月食)과도 같다고 했다.
일식이나 월식처럼 한때 그 빛이 가려질 수는 있지만, 그 근본을 이
루고 있는 정도와 덕행은 결국 다시 빛나 그 빛을 만천하에 드리우
게 되기 때문이다.

마음속에 당당한 기백을 품고 세상 앞에 정정당당한 사람만이 비
로소 잘못을 용감하게 인정하고 적극적으로 고칠 수 있다.

 古之君子 過則改之 今之君子 過則順之
고 지 군 자 과 즉 개 지 금 지 군 자 과 즉 순 지

승리의 최대 요건은 화합이다

군대를 운용하는 방법은 군주로부터 출격 명령을 받으면 장군이 군대를 집합시키고 군사들을 모아서 서로 화합시켜 군영의 막사에 머물며 적과 대치해야 한다. 적보다 유리한 위치를 얻기 위해 경쟁하는 것보다 어려운 것은 없을 것이다.

중국 고대 진나라 사람으로, 《사마법》의 저자인 사마양저는 역대 제왕의 뛰어난 군대 운용법에 관하여 이렇게 말했다.

옛날 임금들은 전쟁이 일어나면 백성들의 힘을 한곳으로 모으는 데 노력했다. 순임금은 백성들에게 일치단결하여 국난을 극복하지 않으면 안 된다고 경고했다. 이것은 국민으로 하여금 그 명령에 따르도록 하기 위함이었다.

하나라 우임금은 군사를 일으켜 출병할 때 휘하의 병사들에게 전쟁에서의 승리를 위해 총궐기할 것을 다짐하도록 했다. 이것은 그들로 하여금 우선 각자 잘 생각하여 스스로 적과 대결하도록 하기 위함이었다.

은나라 탕왕은 군영의 문밖에서 병사들에게 승리를 위해 목숨을 걸고 싸울 것을 다짐하도록 했다. 이것은 병사들로 하여금 우선 전투에 나서기 전에 전투 의욕을 갖게 하기 위함이었다.

주나라 무왕은 출병하여 공격을 시작하기 직전에 병사들에게 목숨 걸고 싸울 것을 다짐하도록 했다. 이것은 병사들로 하여금 나라를 위해 목숨을 던질 것을 원했기 때문이다.

凡用兵之法 將受命於君 合軍聚衆 交和而舍 莫難於軍爭
범 용 병 지 법 장 수 명 어 군 합 군 취 중 교 화 이 사 막 난 어 군 쟁

최악을 최고로 바꾸는 힘을 키워라

가난하면서 원망하지 않기란 어렵지만, 부유하면서 교만하지 않기란 쉽다.

부유하면서도 교만하지 않으면 금상첨화라 할 수 있는데, 이것은 어느 정도의 상식과 생각의 깊이를 갖춘 사람이라면 누구나 해낼 수 있는 일이다.

빈곤은 한 사람의 지위와 영예를 곤두박질치게 만든다.

또한 수렁에 빠진 듯 우울한 감정에서 헤어나기 어려울 만큼 사람을 무너뜨린다.

가난을 원망하는 마음과 그런 불평에서 벗어나려면 시련을 극복하고 더 높은 경지로 나아갈 수 있다는 믿음과 저력을 키워야 한다.

貧而無怨難 富而無驕易
빈 이 무 원 난 부 이 무 교 이

참모습은 이면에 있다

꾀꼬리가 지저귀고 꽃이 피어 산과 골짜기가 아름다운 것은 모두 천지의 한때 거짓된 모습이다. 물이 마르고 낙엽이 져서 돌과 벼랑이 앙상하게 드러났을 때 비로소 천지의 참모습을 보게 된다.

세상에서 가장 아름다운 여인이 아니라면 결혼하지 않겠다고 생각한 남자가 있었다.

남자는 수십 년간 오직 아름다운 여자를 찾는 데만 열중했다. 하지만 결국 남자는 환갑이 다 되도록 독신 신세였다.

어느 날, 지인이 찾아와서 물었다.

"그렇게 오랜 세월 배필감을 찾아다녔으면서 아직 혼자인가?"

"내가 원하는 여인이 없었기 때문이네."

"세상에는 수많은 여자가 살고 있는데, 자네 마음에 드는 여자가 한 사람도 없었단 말인가?"

"아닐세. 딱 한 명 있긴 했네."

"그래? 그렇다면 왜 함께하지 않았나?"

"그 여자도 세상에서 가장 완벽한 남자를 찾고 있었다네. 그래서 같이하지 못했네."

결국 남자와 여자는 아름다움의 본질을 모른 채 평생 혼자 살았다.

鶯花茂而山濃谷艶 總是乾坤之幻境
앵 화 무 이 산 농 곡 염 총 시 건 곤 지 환 경
水木落而石瘦崖枯 纔是天地之眞吾
수 목 락 이 석 수 애 고 재 시 천 지 지 진 오

나를 낮추면 남을 올려다볼 수밖에 없다

내가 나를 업신여기면 남도 나를 업신여기게 되어 있다.

객관적 요소의 역할만을 맹목적으로 추종하고 자신의 잠재력을 개발하는 일은 등한시하면서 한사코 자신을 경시하고 방임한다면 결국 생활과 일 속에서 입지가 점점 좁아지며 비루한 존재로 전락할 수밖에 없다. 그러다 난감하고 억울한 일을 당하기라도 하면 하늘을 원망하고 남 탓을 하느라 바빠질 것이다.

물론 이 사회에는 차이와 불공평이 존재하고, 때때로 도덕과 양심을 찾아볼 수 없는 경우도 많다. 하지만 그 책임이 자신에게 있지 않았는지 돌이켜볼 필요가 있다. 타인의 평가는 대부분 자신에게서 비롯되기 때문이다.

나 자신을 업신여기고 낮추면 남 역시 나를 업신여기고, 나 자신을 존중하면 남도 나를 존중한다.

人必自侮 然後人侮之
인 필 자 모 연 후 인 모 지

DAY 241

中庸
중용

인생의 정곡을 짚을 줄 알라

공자가 말했다. 활쏘기는 군자가 자기 행동을 반성하는 것과 유사한 점이
있다. 활을 쏘아 정곡을 맞히지 못하면 자신에게서 잘못을 찾는다.

말을 길들이는 조련사 제자 둘을 스승이 불러 시험했다.

"자, 여기 말 한 마리가 있는데 이 녀석이 뒷발질을 잘할 것 같은
지 한번 판단해보거라."

말은 성격이 고약한 놈이었다. 둘째 제자는 뒷발질이 심할 거라고
자신 있게 말했다. 하지만 첫째 제자는 말없이 그저 엉덩이를 서너
차례 때렸다. 그러자 말은 뒷발질은커녕 슬금슬금 피해 갔다. 고개
를 갸웃거리는 둘째 제자에게 첫째 제자가 말했다.

"이놈 앞무릎이 많이 부어올라 있어. 말이 뒷발질하려면 자기 몸
무게를 앞다리에 둬야 하는데, 앞다리가 이 모양이니 전혀 그럴 수
없지. 자네는 이 문제를 소홀히 했기에 오판하게 된 거야."

그때 잠자코 지켜보던 스승이 나서서 말했다.

"우리 인생에도 말의 앞다리처럼 그 힘의 중심이 되는 데가 있게
마련이다. 그러나 사람이 살아가다 보면 종종 그 중심이 되는 곳에
말의 앞다리처럼 문제가 생겨 자기 능력을 제대로 발휘할 수 없는
때와 마주하게 되어 있는 법. 너희는 지금 저 말을 통해 인생의 중요
한 것 하나를 배운 셈이다."

子曰 射有似乎君子 失諸正鵠 反求諸其身
자 왈 사 유 사 호 군 자 실 제 정 곡 반 구 제 기 신

얻는 것이 있으면 잃는 것도 있다

도에 뜻을 둔 선비가 거친 옷과 음식을 부끄러워한다면 더불어 도를 논할
만한 이가 아니다.

하나를 얻으면 하나를 잃게 마련이다.

장점이 있으면 단점도 있는 법이다.

무언가를 얻고자 한다면 그 대가 혹은 희생을 치러야 한다.

잇속을 차리며 손해 보는 것을 견디지 못하는 사람, 이익에 눈이
먼 사람, 작은 그릇을 주면 싫어하고 큰 그릇을 주면 부끄러워하는
식의 종잡을 수 없는 사람은 도와 거리가 먼 인물이다.

그런 사람은 도를 논할 자격조차 없다.

士志於道 而恥惡衣惡食者 未足與議也
사 지 어 도   이 치 악 의 악 식 자   미 족 여 의 야

드러내지 말고 드러나라

차라리 순박함을 지켜 총명함을 물리치고 약간의 정기를 남겨 천지에 돌려주어라. 차라리 화려함을 물리치고 청렴함을 달게 여겨 깨끗한 이름을 세상에 남겨라.

중국 위나라 무후가 신하들과 병법 회의를 했다. 신하들의 의견이 자기 생각에 미치지 못하자 그는 득의만만한 웃음을 지으며 회의를 마쳤다. 이를 보고 오자가 나서서 말했다.

"옛날에 초나라 장왕이 지금처럼 병법 회의를 연 적이 있었는데, 그때도 장왕보다 뛰어난 견해를 내놓은 신하가 없었습니다. 그런데 그때 장왕의 표정은 매우 침울했습니다."

"그것은 왜 그런가?"

"장왕은 무릇 성인을 알아보고 스승으로 모실 수 있어야 군주가 될 자격이 있고, 현자를 알아보고 친구로 삼을 수 있어야 우두머리가 될 수 있다고 하면서, 지금 자신은 별로 재능도 없는데 많은 신하 중 자신보다 생각이 뛰어난 자가 없으니 어찌 걱정스런 일이 아니겠냐고 했습니다. 그런데 지금 폐하께서는 오히려 신하보다 높은 생각을 갖고 계신 것을 기뻐하시니, 신은 그것이 두렵습니다."

오자의 말을 들은 무후의 얼굴이 붉게 물들었다.

寧守渾噩 而黜聰明 有些正氣還天地
영 수 혼 악 이 출 총 명 유 사 정 기 환 천 지
寧謝紛華 而甘澹泊 有個淸名在乾坤
영 사 분 화 이 감 담 박 유 개 청 명 재 건 곤

끊임없이 계속하면 큰일을 된다

떨어지는 물방울이 돌을 뚫는다.

북송 때 인물 장괴애는 어느 날 관아를 돌아보다가 창고에서 황급히 튀어나오는 관원을 발견했다. 당장 잡아서 조사해보니 관원의 상투 속에 엽전 한 닢이 있었다. 죄를 추궁하자 관원은 창고에서 훔친 것이라고 이실직고했다.

"네 이놈! 감히 관아의 창고에서 도둑질하다니. 당장 사형에 처하리라."

이 말을 들은 관원이 장괴애 앞에 납작 엎드리며 말했다.

"너무하십니다. 겨우 엽전 한 푼 훔쳤는데 큰 죄인 취급을 하시다니……."

이 말을 들은 장괴애는 격노하며 호통쳤다.

"네 이놈! 티끌 모아 태산이라는 말도 모르느냐? 하루 한 푼이라도 천 날이면 천 푼이 된다. '물방울도 끊임없이 떨어지면 돌에 구멍을 뚫는다'고 했거늘. 네놈은 필시 재정을 망칠 놈이다!"

장괴애는 말을 마치자마자 죄인의 목을 단호히 쳐버렸다.

水滴穿石
수 적 천 석

九月

9월

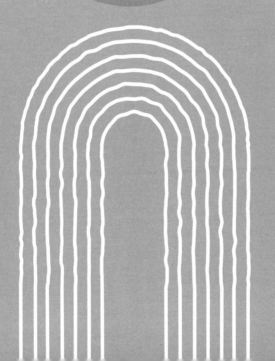

열매를 맺지 않는 꽃은 심지 말고,
의리가 없는 친구는 사귀지 말라.

《명심보감》

잘못을 고치는 추진력을 높여라

어떤 일이 잘못된 것을 알았다면 즉시 고치면 될 일이지, 무엇 때문에 내년 까지 기다린단 말입니까.

잘못을 몰라서 못 고치는 사람보다 잘못을 알면서도 못 고치는 사람이 더 많다. 그들은 잘못을 고쳐야 한다고 생각만 할 뿐 행동으로 옮기지 못한 채 계속 미루는 데 익숙하다. 그들에게는 잘못을 고치고 멈추려는 용기와 의지가 필요하다.

때로는 단호하게 결단을 내리는 용기도 있어야 한다. 계속 미루며 질질 끌기만 한다면 결국 더 많은 골칫거리가 생겨날 수밖에 없다.

자신의 잘못을 알고 있다면 가능한 한 빨리 과감하고 철저하게 그 뿌리를 뽑아내 더는 같은 실수를 반복하지 않아야 한다.

잘못에는 옳고 그름의 판단만 존재할 뿐, 정도의 차이는 존재하지 않는다.

如知其非義 斯速已矣 何待來年
여 지 기 비 의 사 속 이 의 하 대 래 년

쾌락을 경계하라

사내아이가 장성해 가거든 풍류나 술을 익히지 못하도록 하고, 계집아이가 장성해 가거든 놀러 다니지 못하게 하라.

제나라 군후 경공이 일곱 낮 일곱 밤을 쉬지 않고 술을 마시자, 이를 보다 못한 신하 현장이 나서서 죽을 각오로 진언했다.

"전하께서는 오늘까지 꼬박 일곱 낮 일곱 밤 동안 술을 드셨습니다. 바라건대 전하, 술을 끊으시옵소서. 그렇게 못 하시겠다면 제게 죽음을 내려주십시오."

현장의 간언이 너무 강해 경공은 재상인 안자를 불러들였다.

"현장이 와서 내게 간하기를, 술을 끊으라고 하면서 끊지 않으면 자기를 죽여달라고 했소. 그의 말을 들어주면 신하에게 제재받는 것이 될 것이고, 들어주지 않는다면 그가 죽어 슬플 텐데 어찌하면 좋겠소?"

"현장이 전하를 찾아뵌 것은 참으로 다행인 일입니다. 만약 현장이 걸왕이나 주왕 같은 임금을 만났다면, 이미 그의 목숨은 끊어진 지 오래였을 것입니다."

걸왕과 주왕은 고대 중국의 두 폭군이었다. 경공은 마침내 술을 끊었다.

男年長大 莫習樂酒 女年長大 莫令遊走
남 년 장 대　막 습 악 주　여 년 장 대　막 령 유 주

명리를 추구하되 명리에 빠지지 않는다

해진 솜옷을 입고서 여우나 담비 가죽옷을 입은 사람과 같이 서 있어도 부끄러워하지 않는 이가 있다면 바로 유(由) 아니겠는가? '남을 해치지 않고, 남의 것을 탐하지 않는다면 어찌 훌륭하지 않겠는가?'

좋은 사람, 바른 사람, 군자는 속세의 이해득실에서 벗어나 남들보다 못한 옷차림 때문에 부끄러워하지 않는다.

타인의 권세와 이익을 시기하거나 쫓아갈 필요가 없음을 깨달아야 한다.

또한 자신감에 안주하지 않고, 공덕과 업적을 세우며 세상에 선한 영향력을 행사하고, 후세에 길이 칭송받을 만한 일을 할 수 있어야 한다.

사실, 현실적으로 잘살지 못하는 상황에서 자신보다 잘사는 사람을 시기하지 않고 살아가는 것은 결코 쉬운 일이 아니다.

명리의 굴레에서 벗어날 수 있는 사람이 과연 몇이나 될까?

실제로 사회 구조는 명리를 추구하는 인간의 심리를 이용해 각종 시스템을 만들어내고 있다.

衣敝縕袍 與衣狐貉者立
의 폐 온 포 여 의 호 학 자 립
而不恥者 其由也與 不忮不求 何用不臧
이 불 치 자 기 유 야 여 불 기 불 구 하 용 부 장

과유불급으로 일을 망치지 말라

염려하고 부지런한 것이 미덕이긴 하지만 지나치게 수고하면 본연의 성정을 즐겁게 할 수 없다. 청렴결백한 것이 고상하긴 하지만 지나치게 메마르면 사람은 구해도 사물은 이롭게 할 수 없다.

한 부잣집에서 잔치가 벌어졌다. 주인은 하인들에게도 술독을 내놓았는데 양이 많지 않았다. 하인 하나가 말했다.

"우리 내기를 하자. 각자 땅바닥에 뱀을 먼저 그린 사람이 이 술을 모두 마시기로 하자."

하인들 모두가 동의하고 저마다 땅바닥에 뱀을 그리기 시작했다. 곧 하인 하나가 왼손으로 술독을 끌어당기고, 오른손으로 그림을 마무리하면서 소리쳤다.

"나 그림 다 그렸다. 어떤가? 시간이 남아 이렇게 발까지 그려놓았으니 당연히 내가 일등이지. 술은 내 것이다."

그러자 온전한 뱀 그림을 그린 다른 하인이 술독을 가로챘다.

"기다려! 세상에 발이 달린 뱀이 어디 있나? 그러니 자넨 뱀을 그린 게 아니야. 처음 약속은 뱀을 그리기로 하지 않았는가? 그러니 이 술은 내가 먹겠네."

뱀 그림에 발을 달아놓은 하인은 입맛만 다셔야 했다.

憂動是美德 太苦則無以適性怡情
우 동 시 미 덕 태 고 즉 무 이 적 성 이 정
澹泊是高風 太枯則無以濟人利物
담 박 시 고 풍 태 고 즉 무 이 제 인 리 물

고질병에는 독한 약을 써야 한다

약을 먹고도 명현 반응이 생기지 않는다면 그 병을 고칠 수 없다.

명현(瞑眩)은 원래 정신이 혼미하고 어지러운 것을 의미하는데, 약을 복용한 후 명현 반응이 생기지 않으면 그 병을 고칠 수 없다고 했다.

사실 이 말은 병의 치료에만 해당하는 것은 아니다.

우리가 난감한 문제에 부딪혔을 때 신속하고 철저하게 그 문제를 해결하려면 명현 반응을 감수하고라도 독한 약을 처방해야 한다.

약물의 부작용을 걱정해 그 약의 복용을 거부하고, 증상의 악화를 방치하는 것이 과연 현명한 선택이라고 할 수 있을까?

若藥弗瞑眩 厥疾不瘳
약 약 불 명 현 궐 질 불 추

의리 없는 자는 사귀지 말라

열매를 맺지 않는 꽃은 심지 말고, 의리가 없는 친구는 사귀지 말라.

한 목동이 자기가 기르는 양들을 이끌고 들로 나갔다. 양들이 한가롭게 풀을 뜯고 있는데, 갑자기 산양들이 몰려와 함께 어울려 풀을 뜯기 시작했다. 그 모습을 보고 목동은 생각했다.

'저것들을 데려가서 잘 길러야겠다.'

목동은 자기가 기르던 양들과 산양들을 모두 이끌고 귀가했다.

이튿날 목동은 비가 오는 바람에 축사에서 먹이를 줘야 했다. 목동은 창고에 쌓아둔 풀을 꺼내 양들에게는 허기만 면할 만큼만 주고, 산양들에게는 배가 터지도록 듬뿍 줬다.

다음 날 목동은 양들을 이끌고 들로 나갔다. 비가 온 뒤라서 풀은 싱싱하기 그지없었다. 양들은 들판에 이리저리 흩어져서 풀을 뜯는데, 산양들은 한쪽으로 모이더니 돌연 산으로 올라가기 시작했다.

"이리 오지 못해! 내가 너희들한테 얼마나 잘해줬는데!"

산양 한 마리가 멈춰 서더니 목동에게 말했다.

"우리는 당신을 믿을 수 없어. 당신 양들에게 그리 푸대접하는 걸 보니, 곧 우리에게도 그럴 테지."

목동은 아무 말도 하지 못했다.

不結子花 休要種 無義之朋 不可交
불 결 자 화 휴 요 종 무 의 지 붕 불 가 교

DAY 251

論語
논어

선택과 포기를 배우라

절실한 심정으로 묻고, 닥친 문제를 그때그때 생각하라.

겸손하게 가르침을 구하고 열정적으로 배움을 갈구하는 사람은 여러 장점을 가지고 있지만, 동시에 단점도 가지게 마련이다.

그 대표적인 것이 여기저기서 주워들은 말을 쉬이 받아들인다는 점이다. 그러다 보니 자질구레하고 단편적인 지식이 잡화점 수준으로 넘쳐난다.

이런 사람일수록 닥친 문제를 그때그때 생각하며 옳고 그름을 가려야 한다. 이로써 그 이치를 분명히 밝혀 선택과 포기를 할 수 있도록 노력해야 한다.

切問而近思
절 문 이 근 사

한쪽이 망하면 다른 한쪽도 망한다

입술을 잃으면 이가 시리다.

춘추 시대 말엽, 진나라 헌공이 괵나라를 공략하려고 했다. 하지만
그러기 위해서는 반드시 우나라를 거쳐야만 했다.

이에 헌공은 우나라의 우공에게 협조를 구하며 제안했다.

"길을 빌려주면 많은 재물을 주겠소이다."

입맛이 당기는 소리를 듣고 우공은 얼른 이 제안을 수락하려고 했
다. 그러자 중신 궁지기가 나서며 진언했다.

"전하, 괵나라와 우나라는 한 몸이나 다름없는 사이옵니다. 괵나
라가 망하면 우나라도 망할 것이옵니다. 옛말에 '입술이 없어지면
이가 시리다'고 했습니다. 이는 곧 괵나라와 우나라를 두고 한 말이
아니고 무엇이겠습니까. 그런 가까운 사이인 괵나라를 치기 위해 길
을 빌려준다는 것은 우리에게 너무나 위험한 일이옵니다."

하지만 우공은 진나라 문공에게 길을 내주고 말았다. 궁지기는 몹
시 안타까워하면서 우나라를 떠났다.

얼마 지나지 않아 괵나라를 멸하고 돌아가던 진나라 군사는 궁지
기의 예언대로 우나라를 공격했다. 순식간에 우나라는 진나라의 손
에 들어왔고, 우공은 포로로 잡히고 말았다.

 脣亡齒寒
순 망 치 한

권세를 잘 이용하라

(군왕은) 치국의 도를 즐겼고, 사람의 권세를 잊었다.

일상생활 속에서 드러나는 상하관계는 절대 권력 혹은 무조건적인 숭배 위에 세워져서는 안 된다.

천박하고 속된 관점에서 보면 권세는 바로 모든 것을 의미한다. 하지만 좀 더 멀리 내다본다면 도리에 합당해야 도와주는 사람이 많고, 도에 어긋나면 도와주는 사람이 적어진다. 또한 덕으로 사람을 복종시켜야 마음에서 우러나와 충심을 다하게 되며, 권세로 복종을 강요하면 결국 큰 후환을 피하기 어렵다.

물론 멀리 내다보고 착실하게 일하며, 도덕적 이상을 가지되 시세를 잘 살피고, 임기응변에 능해야 한다. 이상과 현실을 접목해 능력과 권력을 효율적으로 연동시키는 일은 결코 쉽지 않다. 하지만 이두 가지가 절대 대립해서는 안 된다.

樂其道而忘人之勢
낙 기 도 이 망 인 지 세

매사에 이기려고만 하지 말라

《경행록》에서 말했다. 자기를 굽혀 양보하는 자는 능히 중요한 지위에 있게 될 것이요, 이기기를 좋아하는 자는 반드시 적을 만나게 된다.

진나라 한신은 한고조 유방을 도와 천하를 통일하는 데 큰 공을 세운 인물이다. 그는 어려서 집이 가난하여 허구한 날 굶기가 일쑤였다.

하루는 마을의 불량배 패거리가 한신을 얕잡아 보면서 말했다.

"살고 싶으면 내 바짓가랑이 밑으로 기어가라."

주위에는 여러 사람이 모여 있었다. 그들의 말대로 한다면 큰 망신을 당하는 일이었지만, 한신은 고개를 숙이고 바짓가랑이 밑으로 기어 나왔다. 그 모습을 지켜본 사람들은 한신을 겁쟁이라며 비웃었다.

어려서 이 같은 수모를 당한 한신은 그 후 전쟁에서 여러 차례 큰 공을 세워 제나라 왕에 봉해졌다. 그때 그는 어려서 자신을 욕보였던 불량배를 내치지 않고, 오히려 벼슬을 주었다.

景行錄 云 屈己者 能處重 好勝者 必遇敵
경 행 록 운 굴 기 자 능 처 중 호 승 자 필 우 적

인생에서 세 가지를 경계하라

어린 시절에는 혈기가 안정되지 않아 여색을 경계해야 하고, 장성하면 혈기가 왕성해지니 싸움을 조심해야 하고, 늙음에 이르러 혈기가 쇠해지면 얻음을 경계해야 한다.

군자는 사는 동안 세 가지를 경계해야 한다.

즉 어린 시절에는 여색을 경계해야 하고, 장성해서는 싸움을 조심해야 하고, 늙어서는 얻음을 경계해야 한다.

나이가 들어 경계해야 할 '얻음'은 일반적으로 '이익을 바라는 것'으로 해석된다.

늙는다고 해서 반드시 무엇을 원하게 되는 것은 아니지만, 이 시기가 되었을 때 과욕을 버리고 마음을 비우기 위한 노력이 더 필요한 것도 사실이다.

少之時 血氣未定 戒之在色
소 지 시 혈 기 미 정 계 지 재 색
及其壯也 血氣方剛 戒之在鬥
급 기 장 야 혈 기 방 강 계 지 재 투
及其老也 血氣既衰 戒之在得
급 기 로 야 혈 기 기 쇠 계 지 재 득

속박에서 벗어나라

자신이 만물의 주인공이 되어 만물을 자기 뜻대로 쓸 줄 아는 사람은 명리를 얻었다고 해서 기뻐하지 않고, 잃었다 해서 근심하지 않는다. 이처럼 유연하게 세상을 산다면 온천지가 다 그의 것이 된다. 그러나 만물의 지배를 받는 사람은 물건의 노예가 되기 때문에 고난과 역경을 싫어하고, 또한 순경(順境)을 아끼니 털끝만 한 일에도 금방 얽매인다.

초나라 사람이 금화 한 냥을 잃어버리고는 말했다.

"초나라 사람인 내가 초나라 땅에서 금화를 잃어버렸다면, 그것은 결국 우리 초나라 사람이 주워갈 텐데 무슨 걱정이란 말인가?"

공자는 그가 딱하다며 이렇게 말했다.

"그 초나라 사람이 한 말 가운데 초나라 대신 천하를 집어넣으면 어떻겠는가?"

천하의 사람이 잃어버린 금화를 천하의 누군가가 주워간다면 무슨 걱정할 것이 있느냐는 말이었다. 금화를 잃어버린 초나라 사람보다는 훨씬 그릇이 큰 말이라 할 수 있는 것이다.

그런데 공자의 말을 듣고 노자는 이렇게 말했다.

"공자의 말 가운데 사람이라는 말까지 없애버리면 어떻겠는가?"

잃어버린 금화가 자연 속에 묻혀 영영 잊힌들 무슨 걱정이냐는 뜻이었다. 가히 무위자연(無爲自然)을 주장한 노자다운 말이라 하겠다.

以我轉物者 得固不喜 失亦不憂 大地盡屬逍遙
이 아 전 물 자 득 고 불 희 실 역 불 우 대 지 진 속 소 요

以物役我者 逆固生憎 順亦生愛 一毛便生纏縛
이 물 역 아 자 역 고 생 증 순 역 생 애 일 모 변 생 전 박

덕으로 사람을 복종시키는 것 역시 힘이 필요하다

덕으로 다른 사람을 복종시키는 것은 충심을 다해 기쁜 마음으로 성심껏 복종하게 만드는 것이다.

다른 사람을 복종시키는 데는 두 가지 방법이 있다. 하나는 인품과 덕성의 힘을 빌리는 것이고, 또 다른 하나는 힘에 의지하는 것이다.

힘에 의지해 다른 사람을 복종시킨다면 표면적인 복종밖에 얻을 수 없다. 이때 상대방은 단지 힘이 부족해 저항하지 못하는 것뿐이다. 인품과 덕성을 바탕으로 마음을 다해 타인을 대해야 비로소 진심 어린 복종을 얻어낼 수 있다.

하지만 주의해야 할 점은, 인품과 덕성으로 타인을 감화시키려면 우선 상대방보다 강한 힘을 가지고 있어야 한다는 것이다. 제갈량은 만왕 맹획을 정복하면서 그를 일곱 번이나 사로잡았다가 일곱 번 다 놓아주었고, 그 결과 맹획은 제갈량에게 진심으로 복종하여 다시는 모반을 일으키지 않았다.

덕으로 사람을 복종시키는 일 역시 힘으로 사람을 복종시키는 것과 결합하여야 더 큰 효과를 일으킨다. 다만 이때 '힘'은 수단일 뿐 목적이 되어서는 안 된다.

 以德服人者 中心悅而誠服也
이 덕 복 인 자 중 심 열 이 성 복 야

우물 속의 달만 보지 말라

DAY 258

明心寶鑑
명심보감

장자가 말했다. 사람이 배우지 않으면 재주도 없이 하늘에 오르려는 것과 같고, 배워서 지혜가 깊어지면 상서로운 구름을 헤치고 푸른 하늘을 보며 산에 올라 온 세상을 바라보는 것과 같다.

원숭이 한 무리가 숲속에서 놀다가 깊은 우물을 발견했다. 그 우물 속에는 달이 비치고 있었다. 대장 원숭이가 우물 속에 달이 비치고 있는 것을 보고 말했다.

"달이 우물 속에 빠져서 죽어가는구나. 우리 힘을 합쳐서 달을 꺼내자. 그래야 세상의 긴 밤을 밝혀줄 것 아니냐?"

"대장, 어떻게 달을 꺼내지?"

"내가 맨 위에서 나뭇가지를 잡으면 너희 중 하나가 내 꼬리를 잡고, 그다음에 하나가 꼬리를 잡고…… 그렇게 줄줄이 이어가면 우물 밑에 닿을 것이고, 달을 꺼낼 수 있겠지."

대장의 말에 따라 원숭이들이 줄줄이 서로의 꼬리를 잡으며 우물 안으로 들어갔다. 그러나 곧 대장 원숭이가 잡고 있던 나뭇가지가 부러졌고, 원숭이들 모두가 우물 속에 빠져버렸다.

혹자는 이 이야기를 전해 듣고 이렇게 말했다.

"참 무식한 원숭이들이구나. 왜 고개를 숙여 우물 속의 달만 쳐다보았을까? 한 번만 고개를 들면 하늘의 달을 볼 수 있었을 텐데."

莊子曰 人之不學 如登天而無術
장 자 왈 인 지 불 학 여 등 천 이 무 술
學而智遠 如披祥雲而覩靑天 登高山而望四海
학 이 지 원 여 피 상 운 이 도 청 천 등 고 산 이 망 사 해

하루 세 번 반성한다

나는 하루에 세 번 스스로를 성찰하고 반성한다.

증자는 하루에 세 번 스스로 반성했다.

그는 타인을 위해 일을 도모할 때 최선을 다해 심혈을 기울였는지 반성했다.

그는 친구와 사귈 때 말에 책임을 지며 신용을 지켰는지 반성했다.

그는 가르침을 받은 후 그것을 자기 것으로 만들고자 노력하고 실천했는지 살피며 자신을 돌아보았다.

하루에 세 번 자신을 반성하는 것은 더 나은 나를 위한 매우 보편적이고 유용한 자기 성찰법이다.

吾日三省吾身
오 일 삼 성 오 신

현명한 사람은 좋은 인물을 가려 섬긴다

현명한 새는 좋은 나무를 가려서 둥지를 튼다.

공자가 위나라에 갔을 때의 일이다.

하루는 공문자가 찾아와 공자에게 물었다.

"조만간에 대숙질을 공격하려 하는데 좋은 묘책이 없겠습니까?"

"글쎄올시다. 제사 지내는 일에 대해서는 배운 적이 있지만 전쟁에 대해서는 아는 것이 없사옵니다."

공자는 이렇게 말하고는 그 자리에서 벗어났다. 공자는 제자에게 서둘러 수레에 말을 매라고 일렀다. 제자가 그 까닭을 물었다.

"한시라도 빨리 위나라를 떠나야겠다. 예로부터 '현명한 새는 좋은 나무를 가려서 둥지를 튼다'고 했다. 마찬가지로 신하가 되려면 마땅히 훌륭한 군주를 가려서 섬겨야 하느니라."

良禽擇木
양 금 택 목

남을 도와 나를 구하라

세상을 살아가면서 한 발짝 양보하는 처세를 높게 평가하므로 물러서는 것은 곧 스스로 전진하는 토대가 된다. 사람을 너그럽게 대하는 것은 복이 되므로 남을 이롭게 하는 것은 자신을 이롭게 하는 바탕이 된다.

영국 작가 존 버니언의 종교적 우의소설 《천로역정》에는 다음의 이야기가 나온다.

지옥에 가보니 모여 있는 자들이 모두 바짝 말라 있었다. 먹지 못해 살이 마르고 기운이 빠져 있었던 것이다. 그런데 그들의 옆에는 맛있는 음식들이 가득했다. 어찌 된 영문인지 가만히 지켜보니 그들의 팔에는 모두 긴 나무판이 묶여 있었다. 그 탓에 팔을 굽힐 수가 없었다. 하지만 저마다 음식을 한 움큼씩 들고 입으로 가져가려 했다. 그러나 팔이 굽혀지지 않기 때문에 음식을 입에 넣는 일은 불가능했다.

천당에 가보니 모두 살이 통통하고 얼굴에 화색이 돌았다. 이번에도 가만히 지켜보니 그들에게 주어진 음식은 지옥의 그것과 똑같았다. 음식뿐만 아니라 팔에 나무판을 댄 것도 똑같았다. 그런데 그들은 지옥에 있는 자들과 달리 행동하고 있었다. 그들은 손에 음식을 들고 자기 입으로 가져가는 게 아니라 마주 앉은 자의 입에 넣어주고 있었다.

處世 讓一步爲高 退步 卽進步的張本
처세 양일보위고 퇴보 즉진보적장본
待人 寬一分是福 利人 實利己的根基
대인 관일분시복 이인 실리기적근기

문책을 회피하지 말라

제나라 선왕이 좌우를 둘러보며 다른 이야기를 했다.

'왕이 좌우를 돌아보며 다른 이야기를 했다'라는 말은 곤란한 문제에 부딪혔을 때 말꼬리를 돌리며 회피하는 것을 의미한다.

친구의 부탁을 진지하게 받아들이지 않는 사람은 계속 친구로 지낼 자격이 없으니 정리해야 하고, 능력과 책임감이 없는 관료는 책임을 물어 파면해야 한다.

그렇다면 군왕이 나라를 제대로 다스리지 못할 때는 어떻게 해야 할까? 이 문제에 대답할 수 없는 군왕이라면 어쩔 수 없이 다른 화제를 꺼내 말을 돌릴 것이다.

일찍이 2천여 년 전에도 이렇게 책임을 묻는 문제가 거론되었는데, 특히 최고 권력을 가진 사람의 책임과 징벌을 포함한 처벌 문제가 언급되었다는 것 자체가 무척이나 놀랍다.

王顧左右而言他
왕 고 좌 우 이 언 타

DAY
263

明心寶鑑
명심보감

말을 삼가고 또 삼가라

군평이 말했다. 입과 혀는 화와 근심의 근본이며, 몸을 망하게 하는 도끼와 같은 것이니 말을 삼가야 한다.

갈매기를 좋아하는 사람이 바닷가에 살고 있었다. 그는 매일 바닷가로 나가 갈매기 수백 마리와 노는 것을 낙으로 삼았다.

어느 날 아침, 그가 바닷가로 가려는데 그의 아버지가 불러 말했다.

"네가 갈매기를 좋아해 갈매기들이 너를 보고 달아나지 않는다고 하던데, 그게 사실이냐?"

"예, 아버지."

"거참 신기하구나. 나도 한번 놀아보고 싶으니, 이따가 돌아올 때 한 마리만 잡아 오너라."

아버지의 부탁을 받은 그는 바닷가로 나가 갈매기들이 모여들기를 기다렸다.

그런데 어찌 된 일인지 그날따라 한 마리도 그의 주변으로 날아들지 않았다. 그가 고개를 들어 하늘을 보니 갈매기들은 먼 곳에서 빙빙 돌기만 할 뿐이었다. 그는 퍼뜩 잘못을 깨달았다.

'아, 아무리 미물이라도 함부로 말해서는 안 되는 것이구나. 아침에 아버지가 하신 말씀을 저 갈매기들은 이미 마음으로 들었던 거야.'

 君平曰 口舌者 禍患之門 滅身之斧也
군 평 왈 구 설 자 화 환 지 문 멸 신 지 부 야

293

군자에게는 세 가지 두려움이 있다

군자에게는 세 가지 두려움이 있다. 천명 특히 하늘에서 내리는 징벌을 두려워하고, 덕이 높은 대인을 두려워하고, 성인의 말씀을 두려워한다.

   도덕적 기준이 되는 옛 성인의 말씀과 천명을 경외하지 않고, 인류가 축적해온 모든 물질과 정신적 자원을 소중히 여기지 않고, 세상을 업신여기며 분개하고, 입으로만 말할 뿐 실행하지 않아 일을 그르친다면 사는 동안 그 어떤 성취도 기대할 수 없다.

   소인은 천명을 모르니 거리낌이나 두려움이 없고, 성인의 말 또한 업신여긴다.

   천명을 두려워하는 것이 군자이니, 천명을 모르면 군자라 할 수 없다.

 君子有三畏 畏天命 畏大人 畏聖人之言
군 자 유 삼 외 외 천 명 외 대 인 외 성 인 지 언

사기와 심리를 다스려라

용병을 잘하는 자는 예리한 기세를 가진 적병을 피하고 느슨해져서 돌아
갈 생각만 하는 적을 공격한다. 이는 사기를 다스리는 것이다. 정비가 잘된
군대를 가지고 혼란한 군대에 대적하고, 엄숙한 군기를 가지고 적의 해이
함을 공격한다. 이는 심리를 다스리는 방법이다.

송나라 환공이 세상을 떠난 뒤 양공은 패권의 야심을 품었다. 그
는 자신을 무시하고 초나라와 내통한 정나라를 쳤다. 몇 달 후 초나
라는 정나라를 구원하기 위해 대군을 파병했다. 그는 초나라군을 맞
아 싸울 준비를 하고 있었으나, 적군이 강을 건너오려는 데도 공격
하지 않았다. 보다 못한 재상 공자목이가 간했다.

"적군의 수는 많고 우리는 적으니 적이 강을 다 건너와 전열을 가다
듬기 전에 공격해야 합니다. 그리하면 우리가 승리할 수 있습니다."

"남의 약점을 노려 공격하는 것은 군자의 도리가 아니오."

도강한 적군은 미처 군대의 진용을 갖추지 못했기에 공자목이가
또다시 간했다.

"아직 적이 진용을 가다듬지 못했으니 지금 진격해야 합니다."

"군자는 다친 자를 다시 다치게 하지 않으며 늙은이를 사로잡지
않는 법. 미처 정렬하지 못한 군대를 향해 북을 울리지 않겠소."

마침내 적군이 전열을 가다듬었다. 그제야 공격 명령을 내린 양공
은 그러나 참패했다.

故善用兵者 避其銳氣 擊其惰歸 此治氣者也
고 선 용 병 자 피 기 예 기 격 기 타 귀 차 치 기 자 야
以治待亂 以靜待譁 此治心者也
이 치 대 란 이 정 대 화 차 치 심 자 야

DAY 266

孟子
맹자

나부터 모범이 되라

나는 지금까지 자신을 굽히고 욕되게 하며 남을 바로잡았다는 사람에 대해 들어본 적이 없다.

'왕기정인(枉己正人)'은 자기 자신은 바르지 않으면서 남을 바르게 하려 한다는 의미의 성어다. 자신은 결점투성이인 데다 삐뚤어지고 형편없으면서 다른 사람을 바로잡고자 한다는 것 자체가 어불성설이다.

하지만 우습게도 우리 주변을 보면 자신에게는 너그러우면서 타인에게는 엄격한 잣대를 들이대는 사람들이 있다. 그들은 해박하지 않은 지식으로 남을 가르치려 들고, 일이 제대로 되지 않으면 모든 잘못을 남 탓으로 돌린다.

자신의 문제를 인정하지 않고 모든 잘못을 남에게 돌리는 것이야말로 실패의 근원이다. 다른 사람이 잘하기를 바란다면 먼저 자신부터 모범이 되어야 한다.

 吾未聞枉己而正人者也
오 미 문 왕 기 이 정 인 자 야

먼저 남을 신뢰하라

스스로 믿는 자는 남 또한 자기를 믿어서 오나라와 월나라 같은 견원 사이라도 형제처럼 될 수 있고, 스스로를 믿지 못하는 자는 남 또한 자기를 의심하여 자기 몸뚱이 하나 말고는 모두 원수가 된다.

위나라의 진진이라는 사람이 중용됐다. 그러자 혜자가 진진을 찾아가 조언했다.

"절대 공의 주변에 있는 사람들의 비위를 거스르는 일을 하면 안 됩니다. 진심으로 믿을 만한 자는 항상 신임해야 할 것이오."

혜자의 말에 진진이 결연한 어조로 말했다.

"나는 내 소신대로 일을 할 생각이오. 그러다 보면 주변 사람들에게 본의 아니게 싫은 소리도 할 터인데, 그것을 삼가라는 말이오?"

혜자가 설명을 시작했다.

"버드나무는 옆으로 심어도 죽지 않고, 거꾸로 심어도 죽지 않으며, 심지어 꺾은 다음 땅에 꽂아놓아도 잘 자라는 나무라오. 그러나 열이나 백 사람이 버드나무를 땅에 심어놓아도, 한 사람이 돌아다니면서 나무를 뽑아버린다면 한 그루도 살 수가 없지 않겠소?"

"음, 그렇겠지요."

"나무를 심는 건 어렵지만 뽑는 건 쉽소. 공이 아무리 일을 잘해도, 공을 자리에서 끌어내리려는 자가 생긴다면 결코 그 자리에 오래 있을 수 없소. 나는 다만 그걸 염려하는 거요."

 自信者人亦信之 吳越皆兄弟 自疑者人亦疑之 身外皆敵國
자 신 자 인 역 신 지 오 월 개 형 제 자 의 자 인 역 의 지 신 외 개 적 국

피해야 할 인간 유형을 알라

군자는 남의 나쁜 점을 말하는 사람, 아랫자리에 있으면서 윗사람을 비방
하는 사람, 용기만 있고 예가 없는 사람, 과감하기만 하고 융통성이 없는
사람을 미워한다.

　타인의 약점을 걸핏하면 들먹이는 사람이라면 일단 경계해야 한
다. 그런 사람은 다른 이에게 나의 욕도 얼마든지 할 수 있다. 거리
낌 없이 남의 험담을 늘어놓는 것 자체만 봐도 세 치 혀로 얼마든지
타인을 해칠 사람임을 짐작할 수 있다.

　약삭빠른 사람은 어디를 가든 자신을 과시하려 애쓴다. 하지만 그
의 우매하고 비열하고 노골적인 아첨과 이간질 그리고 자신의 공을
과장하며 허풍 떠는 모습은 타인의 거부감을 불러일으키기에 충분
하다.

惡稱人之惡者 惡居下流而訕上者
오 칭 인 지 악 자　오 거 하 류 이 산 상 자
惡勇而無禮者 惡果敢而窒者
오 용 이 무 례 자　오 과 감 이 질 자

일단 실행하라

군자의 도를 비유하면 이렇다. 멀리 가려면 반드시 가까운 곳에서부터 시작하고, 높이 올라가려면 반드시 낮은 곳에서부터 시작해야 하는 것과 같다.

두 승려가 더 넓은 세상을 보고자 여행을 계획했다. 한 승려는 가진 게 하나도 없었고, 한 승려는 제법 돈을 모았다.

어느 날, 가진 것 하나 없는 승려가 드디어 결심했다.

"이제 여행 계획도 마쳤으니, 내일 떠날까 하는데, 어떤가?"

"난 아직 덜 준비됐네. 한 이삼 년 더 저축해야지 싶은데, 그때 함께 가는 게 어떻겠나?"

"아닐세. 계획은 이미 충분히 세웠네."

"난 훨씬 먼저 계획을 세우고도 아직이라고 생각하는데, 자네는 겨우 한 달 계획을 세우고 떠나려 하다니 대체 뭘 믿고 그러는 겐가?"

"물병 하나와 밥그릇 하나만 있으면 되는 것을, 뭐가 더 필요하단 말인가?"

다음 날, 가진 것 하나 없는 승려는 홀로 여정에 올랐다.

3년 뒤, 여행을 떠난 승려가 견문을 넓히고 다시 절로 돌아왔을 때, 남아 있던 승려는 여전히 저축하며 여행 계획을 세우고 있었다.

君子之道 辟如行遠必自邇 辟如登高必自卑
군 자 지 도 벽 여 행 원 필 자 이 벽 여 등 고 필 자 비

뿌리는 대로 거두게 되어 있다

너에게서 나온 것이 너에게로 돌아간다.

'출이반이(出爾反爾)'는 맹자가 증자의 말을 인용해 자기가 뿌린 씨를 자기가 거두는 것이 세상사의 이치라고 말한 데서 유래했다.

하지만 지금 이 말은 이랬다저랬다 하거나 언행의 앞뒤가 맞지 않는다는 의미로 바뀌었다.

어쨌든 증자의 이 말은 세상사 모든 일이 양방향으로 상호 연동되어 있어서 상대방에게 원하는 것이 있다면 내가 먼저 그 원하는 것을 해줘야 한다는 뜻을 담고 있다.

이것은 매우 효과적이면서도 도량이 큰 사람만이 할 수 있는 행보다.

出乎爾者 反乎爾者也
출 호 이 자 　 반 호 이 자 야

물고기는 물을 잊고 새는 바람을 잊는다

물고기는 물을 얻어 헤엄을 치지만 물을 잊고 있으며, 새는 바람을 타고 날지만 바람이 있음을 알지 못한다. 이 이치를 알면 가히 물질의 얽매임에서 벗어날 수 있고 하늘의 오묘한 작용을 즐길 수 있다.

남미의 한 오지 마을에 서양인이 들어왔다. 그는 서양 문명을 전해주고자 했다. 그는 먼저 마차를 만들어주기로 했다. 그는 마을 젊은이들을 불러 마차 바퀴를 만들게 했다. 그다음 마차의 몸통을 만들어 완성시켰다. 그 후로 마을 사람들은 마차를 이용하여 물건들을 옮겼다. 마을 사람들은 너무 신기한 마차를 보고 모두가 감탄했다. 예전에는 반나절이 걸리던 일을 마차로 한 시간 만에 끝낼 수 있었다.

이제 마을 사람들은 나태해지기 시작했다. 남녀노소 할 것 없이 예전처럼 열심히 일하려 하지 않았다. 사태가 심각해지자 족장은 마을의 마차들을 모두 불태워버리고 서양인을 마을에서 쫓아냈다. 마차를 잃은 마을 사람들은 차츰 예전의 모습으로 돌아갔다. 손으로 무거운 것을 나르고 땀을 뻘뻘 흘리며 등짐을 졌다. 마차를 이용할 때보다는 훨씬 힘들고 피곤했지만, 누구도 불평하지 않았다. 마차로 인해 잊고 있었던 노동의 기쁨, 예전의 행복을 되찾았다는 기쁨이 더 컸기 때문이다.

魚得水逝 以相忘乎水 鳥乘風飛
어 득 수 서 이 상 망 호 수 조 승 풍 비
而不知有風 識此 可以超物累 可以樂天機
이 부 지 유 풍 식 차 가 이 초 물 루 가 이 락 천 기

좋은 사람이 되는 길이 가장 안전하다

(성현의 가르침에 대해) 두터운 믿음을 가지고 배우기를 좋아하며, 훌륭한
도를 사수하기 위해서라면 자신의 희생도 불사한다.

신용을 유지하고, 배우기를 좋아하고, 원칙을 고수하고, 정확히 올
바른 선택을 하는 것이야말로 도덕적 원칙뿐 아니라 영혼을 지키는
원칙에도 부합한다.

일반적 상황에서 올바른 삶과 꿈을 향해 나아가는 것이야말로 가
장 효과적으로 영혼을 지키는 길이다.

옳고 그름, 인과 불인, 의와 불의의 원칙이 있는 사람일수록 자신
을 잘 보호할 수 있다.

교묘하게 사리사욕을 취하고, 아첨을 일삼고, 무비판적인 추종과
횡포를 일삼고, 혼란한 틈을 타서 잇속을 차리고자 한다면 결국 자
신의 명예를 훼손하면서 자신을 망치는 사람이 되고 만다.

 篤信好學 守死善道
독 신 호 학 수 사 선 도

겉과 속이 다름을 경계하라

양의 머리를 걸어놓고 개고기를 판다.

춘추 시대, 제나라 영공은 궁중의 여인들에게 남장을 시켜놓고 눈으로 보는 것을 즐기는 별난 취미를 가지고 있었다. 그런데 이 취미가 곧 백성들 사이에서도 유행해 남장한 여인이 날로 늘어났다. 그러자 영공은 재상인 안영을 불러 물었다.

"내가 듣기로 요즘 궁 밖에서는 남장하는 여인들이 많다지요. 이는 국가에 해가 되는 일이니 모두 잡아들여 처벌하시오."

왕이 직접 남장 금지령을 내렸음에도 유행은 좀처럼 수그러들지 않았다. 영공은 다시 안영을 불러 그 까닭을 물었다.

"전하께서는 궁중의 여인들에게는 남장을 허용하시면서 궁 밖의 여인들에게는 금지령을 내렸사옵니다. 이는 '밖에는 양 머리를 걸어놓고 안에서는 개고기를 파는 것'과 다를 바가 없사옵니다. 이제라도 궁중의 여인들에게 남장을 금하옵소서. 그리하면 궁 밖의 여인들도 감히 남장하지 못할 것입니다."

안영의 말을 들은 영공은 자신의 그릇됨을 반성하며 즉시 궁 안의 여인들에게 남장 금지령을 내렸다. 그러자 다음 날부터 제나라에서는 남장한 여인을 찾아볼 수가 없었다.

羊頭狗肉
양 두 구 육

내가 먼저 깨우쳐야 남도 깨우칠 수 있다

현명한 사람은 자신이 확실히 이해한 이치로 남을 깨우치려 하는데, 오늘
날 어떤 사람들은 자신도 그 이치를 잘 모르면서 남을 깨우치려고 한다.

현자는 남을 밝은 이치 속으로 이끌고자 할 때 자신이 깨우친 이
치를 바탕 삼으나, 우리 주변에는 자신조차 깨우치지 못한 이치로
남을 이끌려는 이가 꽤 있다.

문제는 어리석은 사람일수록 타인이 자신의 말을 듣고 따라주기
를 바라고, 무능하고 무지한 사람일수록 자신의 재능과 지식 자랑하
기를 좋아한다는 것이다. 게다가 어리석고 무지한 자가 권력을 잡으
면 자신과 똑같이 어리석고 무지한 이들로 그 곁을 채우려 든다.

또한 비록 어리석거나 무지하지 않다고 해도 음모에 능하며 도량
이 좁고 의심이 많은 자 역시 자신보다 뛰어난 사람을 절대 곁에 두
려고 하지 않는다.

賢者以其昭昭使人昭昭 今以其昏昏使人昭昭
현 자 이 기 소 소 사 인 소 소   금 이 기 혼 혼 사 인 소 소

十月

10월

군자는 언제나
마음이 넓고 여유가 있지만,
소인은 늘 근심하고 걱정한다.

《논어》

군자는 즐거울 때 근심한다

군자는 환난에 처했을 때는 근심하지 않지만, 환락에 당면했을 때는 근심한다.

한동안 전쟁 없이 평화를 유지하는 나라가 있었다. 백성들과 병사들은 평온했고, 장수들도 느슨해져 군사훈련은 물론 말과 무기 관리를 소홀히 했다.

그러던 어느 날 이웃 나라가 선전포고를 했다. 장수, 병사 들은 화들짝 놀라 허겁지겁 전장에 나갈 준비를 했다. 그때 한 장수가 타고나갈 말을 점검하다가 말발굽 편자에 못 하나가 빠진 것을 발견했다.

"에잇, 이까짓 못 하나 빠졌다고 무슨 일이 있겠는가?"

장수는 편자에 못 하나가 빠진 채로 그냥 출전했다. 장수는 말 엉덩이에 채찍을 가하면서 기세 좋게 적진으로 내달렸다. 그런데 얼마 지나지 않아 편자 하나가 빠져버리고 말았다. 편자가 떨어진 말발굽에서 이내 피가 흐르기 시작했다. 장수는 그것을 아는지 모르는지 계속 채찍질을 하며 앞으로 달려가기만 했다. 장수는 적진에 도착했을 때야 비로소 말이 절룩거린다는 사실을 알게 되었다.

"아니, 이놈의 말이 왜 이렇게 됐지?"

결국 장수는 힘 한번 써보지 못하고 적의 칼에 맞아 말에서 떨어져 숨을 거뒀다.

 君子處患難而不憂 當宴遊而惕慮
군 자 처 환 난 이 불 우 당 연 유 이 척 려

소인배는 군자의 적수가 될 수 없다

군자는 언제나 마음이 넓고 여유가 있지만, 소인은 늘 근심하고 걱정한다.

군자의 최대 장점은 넓고 여유로운 마음을 가졌다는 것이다.

군자의 정신적 경지는 끝을 알 수 없을 정도로 드넓다. 그래서 암 암리에 행해지는 중상모략, 하찮은 소인배들의 공공연한 공격 따위 는 안중에 두지 않는다. 그의 정신 공간은 소인의 그것과 천지 차이다.

소인배는 우선 그릇이 작고, 안목이 짧다. 옹졸하고 계산적으로 따 진다. 마음이 꼬여 있고, 말과 행동이 야무지지 못하다.

이러하니 어찌 군자의 적수가 될 수 있겠는가.

君子坦蕩蕩 小人長慼慼
군 자 탄 탕 탕 소 인 장 척 척

만용을 삼가라

일을 만들면 일이 생기고, 일을 덜면 일이 줄어든다. (그러므로 부질없는 일을 해서 공연히 심신을 괴롭히지 말라.)

제나라에서 자신의 용기를 뽐내며 다니는 두 사람이 있었다. 한 사람은 성 동쪽에 살았고, 다른 한 사람은 성 서쪽에 살았다.

어느 날, 우연히 길에서 만난 두 사람은 의기투합하여 술집으로 향했다. 그들은 보통 사람보다 훨씬 큰 잔에 술을 부어 주거니 받거니 했다. 거나하게 취하자, 동쪽 사내가 말했다.

"안주가 별로 마음에 들지 않는구먼. 우리 생고기를 좀 사다 먹을까?"

그러자 서쪽 사내가 호기롭게 대꾸했다.

"따지고 보면 자네도 고깃덩이고 나도 고깃덩이가 아닌가? 새삼스럽게 생고기를 사러 갈 게 뭐 있겠는가? 그저 주모에게 양념만 달라고 하면 되는 거 아닌가?"

말귀를 알아들은 동쪽 사내가 품속에서 칼을 빼 들었다. 그러더니 자기 허벅지 살을 뭉텅 도려내어 소금에 찍어 먹었다. 이에 질세라 서쪽 사내도 자기 살을 베더니 피가 뚝뚝 떨어지는 살점을 씹어 먹었다. 이렇게 생살 먹기 시합을 벌이던 두 사람은 결국 숨을 거두고 말았다.

生事事生 省事事省
생 사 사 생   생 사 사 생

내실 없는 말을 경계하라

말에 내실이 없으면 상서롭지 못하다. 이런 상서롭지 못한 결과는 현명하고 능력 있는 사람을 모함하고 은폐한 아첨꾼이 감당해야 한다.

진실이 아닌 말, 거짓말, 흰소리는 자신뿐 아니라 남을 속이고 해칠 뿐인데, 이것은 의심의 여지가 없는 사실이다. 그런 말들은 그 말을 즐기는 사람과, 그들을 통해 얻을 수 있는 실리가 있기 때문에 시작된다. 그러다 거짓말이 거짓말을 낳고, 결국 영원히 돌이킬 수 없는 결과를 필연적으로 초래한다.

맹자의 흥미로운 설법은 이런 결과에 대한 책임을 자기보다 현명하고 능력 있는 사람을 시기한 자가 져야 한다는 것이다. 거짓말을 하고 타인의 능력을 시기하고 질투하는 자가 어떻게 현명하고 능력 있는 이를 눈엣가시처럼 여기지 않겠는가? 그들에게 뛰어난 능력의 소유자는 그저 모함하고 제거해야 할 대상일 뿐이다.

이런 사람은 지금 이 순간에도 우리 주변 곳곳에 숨어 있으니 늘 경계심을 늦추지 않아야 한다.

 言無實不祥 不祥之實 蔽賢者當之
언 무 실 불 상 불 상 지 실 폐 현 자 당 지

도요새와 조개를 한 번에 잡는다

어부의 이익, 쌍방이 다투는 사이에 제삼자가 이득을 본다.

전국 시대, 조나라의 혜문왕이 연나라를 치려 할 때 연나라의 신하 소대가 혜문왕을 상대로 설득에 나섰다.

"조개가 조가비를 벌리고 햇볕을 쬐고 있었습니다. 그때 갑자기 도요새가 날아와 뾰족한 부리로 조갯살을 쪼아 먹으려고 하자 깜짝 놀란 조개는 조가비를 굳게 닫고 부리를 놓아주지 않았습니다. 다급해진 도요새가 '이대로 이틀 동안 비가 오지 않으면 너는 말라 죽고 말 것이다'라고 했습니다. 이에 조개도 지지 않고 '내가 이틀 동안 너를 놓아주지 않으면 너야말로 굶어 죽고 말 것이다'라고 했습니다. 이렇게 조개와 도요새가 한 치의 양보도 없이 옥신각신하고 있었습니다. 그때 마침 이곳을 지나던 어부가 그 둘을 다 잡아 돌아갔습니다. 지금 전하께서는 연나라를 치려고 하십니다. 이는 연나라가 조개라면 조나라는 도요새가 되는 꼴이 됩니다. 두 나라가 싸워 백성들이 혼란에 빠지고, 병사들이 지치게 되면 어떤 일이 벌어지겠사옵니까? 분명 저 강대한 진나라가 어부가 될 것입니다."

소대의 말을 들은 혜문왕은 연나라 공격 계획을 중단했다.

漁父之利
어 부 지 리

좋은 사람만이 좋고 나쁨을 가릴 권리를 갖는다

오로지 바르고 어진 사람만이 남을 좋아할 줄 알고, 남을 미워할 줄도 안다.

인애(仁愛), 즉 선량하고 우호적이며 서로 돕는 마음은 사람됨의 주요 덕목이다.

당신이 바르고 어진 인물이라면, 당신의 친구 또한 바르고 어진 사람이 되도록 요구할 권리가 있다.

그리고 인에 어긋나는 일을 거절할 권리도 있다.

당신에게 인의 덕목이 전혀 없다면, 당신은 누구와도 우호적인 관계를 지속할 수 없다.

물론 누군가를 좋아하거나 미워할 권리도 없다.

 唯仁者能好人 能惡人
유인자능호인 능오인

내 안에 보물이 있다

그에게 부가 있다면 내게는 인이 있고, 그에게 벼슬이 있다면 내게는 의가
있다. 그러므로 군자는 임금과 재상에게도 농락당하지 않는다. 사람이 힘
을 모으면 하늘도 이기고, 뜻을 하나로 모으면 기(氣)도 움직인다. 그 때문
에 군자는 조물주가 만들어준 운명의 틀 속에도 갇히지 않는다.

중국 송나라에 졸부 하나가 살고 있었다. 그 졸부는 어찌나 운이
좋은지, 하루는 길을 가다가 옥을 주웠다.

"지금 재산만으로도 평생을 먹고살 수 있는데, 이런 횡재가…….
이는 필시 하늘이 내게 준 기회일 것이다."

그는 주운 옥을 들고 재상의 집으로 찾아갔다.

"이처럼 귀한 보물은 저 같은 소인배가 지닐 게 못 됩니다. 재상처
럼 군자의 품위를 지니신 분이 품에 두셔야 할 물건이니 사양하지
마시고 거둬주십시오."

제법 점잖게 말했지만, 사실 뇌물로 줄 심산이었다. 물론 재상이
그걸 모를 리 없었다.

"그대는 이 옥을 귀한 보물로 여기고 있소?"

"예, 그렇습니다."

"미안하게 됐소이다. 나는 그대가 보물이라고 여기는 이 옥을 받
지 않는 행위를 보물로 여기고 있소. 그러니 그대의 보물을 가지고
돌아가시오."

彼富我人 彼爵我義 君子固不爲君相所牢籠
피 부 아 인 피 작 아 의 군 자 고 불 위 군 상 소 뢰 롱
人定勝天 志一動氣 君子亦不受造物之陶鑄
인 정 승 천 지 일 동 기 군 자 역 불 수 조 물 지 도 주

DAY 282

孟子
맹자

낯선 분야에 관해 왈가왈부하지 말라

여기에 박옥이 있다면 그 자체로도 이미 아주 귀하지만, 역시나 전문적으로 옥을 다루는 장인을 불러 다듬고 조각해야 더 완벽하게 만들 수 있습니다.

전문적인 일은 그 분야 전문가의 손에 맡겨야 한다. 비전문가가 함부로 나서서 왈가왈부하면 도리어 일을 그르칠 수 있다. 자신의 한계를 무시한 채 옥석 장인에게 옥을 조각하는 법을 가르치려 한다면 그야말로 공자 앞에서 문자를 쓰는 격이다. 낯선 분야에 대해 함부로 왈가왈부하지 않는 것도 일종의 수양이자 지혜이다.

객관적으로 말해서 전문가와 비전문가는 각각의 장단점을 가지고 있다. 전문가는 그 분야에서 뛰어난 능력을 갖추고 있다. 하지만 한 분야의 전문가라고 해서 관련 분야를 통합해 장기적 영향력을 분석하고 전략을 세우는 일에 모두 능한 것은 아니다.

따라서 자신의 결점을 정확히 파악하고 늘 겸허한 자세로 인내할 때 양자의 상호보완을 할 수 있다.

 今有璞玉於此 雖萬鎰 必使玉人雕琢之
금 유 박 옥 어 차 수 만 일 필 사 옥 인 조 탁 지

314

DAY 283

明心寶鑑
명심보감

선행하면 복이 온다

공자가 말했다. 착한 일을 하는 자에게는 하늘이 복으로 답하고, 악한 일을 하는 자에게는 하늘이 재앙을 내린다.

노나라의 맹손이 사냥터에서 새끼 사슴을 잡고는 진서파라는 아랫사람에게 "이놈을 가지고 먼저 가라"고 명했다.

진서파는 새끼 사슴을 묶어 말 등에 얹은 다음 집으로 향했다. 그런데 뒤를 보니 어미 사슴이 슬픈 소리를 내며 계속 따라왔다.

'잡힐 수도 있는데, 그것조차 두려워하지 않는구나.'

진서파는 그 모정이 너무 갸륵하다 싶어 새끼 사슴을 풀어주었다.

얼마 후, 집으로 돌아온 맹손이 진서파를 불렀다.

"왜 사슴이 보이지 않는가?"

"어미가 따라오며 슬피 울길래 차마 볼 수 없어 놓아주었습니다."

이 말에 격노한 맹손은 진서파를 내쫓았다.

석 달 뒤, 맹손은 진서파를 다시 집으로 불러들였다.

"따져보니 꾸짖을 일이 아니었다. 그 정도의 심성을 가졌다면 내 아들을 충분히 보듬을 수 있을 터. 내 아들의 스승이 되어주시게."

 子曰 爲善者 天報之以福 爲不善者 天報之以禍
자왈 위선자 천보지이복 위불선자 천보지이화

모든 것을 다 잘할 수 없다

내가 아는 것이 있느냐? 나는 아는 것이 없다.

만사에 능통할 정도로 만능인 사람은 없다.

공자 또한 마찬가지였다. 그는 자신 역시 아는 것이 별로 없지만 비천한 사람이라도 나에게 질문을 하면 그것이 멍청한 질문일지라도 양단의 논리로 납득할 수 있도록 성의를 다해 말해줄 뿐이며, 그래서 자신이 좀 더 아는 것처럼 보이는 거라고 했다.

공자 같은 성인도 그러했거늘, 한 분야의 대가일지라도 "나는 모르는 것이 없다"고 자처해서는 안 된다.

吾有知乎哉 無知也
오 유 지 호 재 무 지 야

힘을 다스려라

가까이 움직임으로써 적이 멀리 움직이기를 기다리고, 편안히 지냄으로써
수고롭기를 기다리고, 배부르게 지내면서 굶주림을 기다려야 한다. 이것
이 힘을 다스리는 것이다.

당나라 태종 이세민에게 백전노장 이정이 아뢰었다.

"아군은 가까운 데서 멀리서 오는 적을 기다리며, 아군은 편안하
게 하고 적이 피로해지기를 기다리며, 아군은 배불리 먹으면서 적이
굶주리기를 기다린다는 손자의 말은 힘을 다스리는 법에 대해 대강
을 말한 것입니다. 용병에 뛰어난 자는 이 세 가지의 의미를 확대하
여 다음의 여섯 가지 방법으로 발전시킵니다. 첫째는 아군이 힘을
다스린다는 적을 유인하여 적이 다가오도록 기다린다는 것입니다.
둘째는 아군은 안정을 취하면서 적이 소란해지기를 기다린다는 것
입니다. 셋째는 아군의 병사들은 움직임을 신중하게 하면서 적이 경
솔하게 행동하기를 기다린다는 것입니다. 넷째는 아군은 방어를 엄
중히 하면서 적의 수비가 허술해지기를 기다린다는 것입니다. 다섯
째는 아군은 부대를 잘 통솔하면서 적이 문란해지기를 기다린다는
것입니다. 여섯째, 아군은 방어를 튼튼히 하면서 적이 공격해 오기
를 기다린다는 것입니다. 만약 이렇게 하지 않는다면 아군의 전투력
을 효과적으로 다스릴 수가 없게 됩니다. 모름지기 힘을 다스리는
전법을 쓰지 않고 어찌 적과 싸워 승리할 수 있겠습니까?"

以近待遠 以佚待勞 以飽待飢 此治力者也
이 근 대 원 이 일 대 로 이 포 대 기 차 치 력 자 야

주체적으로 관찰하고 판단하라

나라 사람이 모두 안 된다고 한다면 그를 살펴야 하고, 그가 정말 안 된다
는 것을 확인한 후에 버려야 합니다.

주변에 있는 많은 사람이 어떤 인물을 험담하면 그에게 느끼는 호
감을 끝까지 유지하기가 힘들어진다. 심지어 선입견이 생겨버려 그
를 멀리하는 일까지 생겨버린다.

이런 식으로 사람을 평가하고 멀리한다면 자칫 좋은 사람을 놓치
는 실수를 범하기 쉽다. 가장 올바른 방법은 다른 사람의 의견을 듣
는 동시에 자기 나름의 관찰 역시 하는 것이다.

의사결정에 앞서 객관적 정확도를 높이려면 다른 사람의 조언을
듣는 것도 중요하지만 자체적으로 해당 인물을 평가하고 판단하는
노력 역시 수반되어야 한다.

인사와 업무뿐 아니라 사람됨과 처세 역시 마찬가지다.

國人皆曰不可 然後察之 見不可焉 然後去之
국 인 개 왈 불 가   연 후 찰 지   견 불 가 언   연 후 거 지

먼저 나를 낮춰라

땅이 더러우면 초목이 무성하지만, 물이 너무 맑으면 고기가 없는 법이다.
그러므로 군자는 때 묻고 더러워지는 것도 용납할 수 있는 도량을 지녀야
하며, 깨끗함만 좋아하고 홀로 행하려는 지조는 버려야 한다.

월왕 구천은 왕위를 이어받자마자 원수 오왕 합려와의 일전을 준
비했다. 그는 병사들의 사기를 진작시킬 방법을 궁리했다.

어느 날, 그는 우선 두꺼비 두 마리가 서로 싸우는 광경을 유심히
지켜보았다. 얼마 지나지 않아 배가 불룩하고 힘 좋게 생긴 두꺼비
가 이겼다. 그는 그 두꺼비에게 허리 숙여 인사하며 경의를 표했다.
이에 수행원이 놀라 물었다.

"아니, 저 미물에게 고개를 숙이시다니 어찌 된 일이십니까?"

"나는 온당한 행동을 했을 뿐이다. 저 두꺼비가 비록 미물이나 싸
움을 치르는 동안 유심히 보니 매우 강한 기운을 갖고 있음을 알게
되었다. 그러니 내가 고개를 숙이지 않을 수 있겠느냐?"

얼마 뒤, 이 소문은 온 나라 안에 퍼지게 되었다. 병사들은 물론이고
백성들까지도 자기들의 왕은 강한 기운을 가진 자가 있다면 아무리
미물이라도 머리 숙여 경의를 표하는 사람이라고 평가하게 되었다.

마침내 구천이 오나라와 전쟁을 벌이자, 모든 병사가 죽기를 각오
하고 싸웠다. 결국 구천은 오왕 합려를 완전히 제압했다.

地之穢者 多生物 水之淸者 常無魚
지 지 예 자 다 생 물 수 지 청 자 상 무 어
故君子當存含垢納汚之量 不可持好潔獨行之操
고 군 자 당 존 함 구 납 오 지 량 불 가 지 호 결 독 행 지 조

좋은 사람이 되기 위한 원칙을 세워라

군자는 밥 먹는 동안에도 '인'을 떠나서는 안 되며, 아무리 위급하고 궁핍
한 상황에서도 '인'과 '대의' 안에 머물 줄 알아야 한다.

사람됨을 위해서라면 인의 원칙을 고수해야 한다. 인의 도덕적 마
지노선은 절대적 실용주의의 길을 피하고, 이익을 위해 의를 망각해
서는 안 되며, 천리(天理)를 해쳐서도 안 되고, 인간에 대한 선량한 마
음을 잃어서도 안 된다.

급격한 사회 변화의 길 위에서 사람들은 가치 혼돈을 겪고, 가치
기준을 잃거나 규범이 흔들리는 경험을 한다. 따라서 어떤 상황에서
도 흔들리지 않는 확고부동한 원칙을 가지고 있어야 하는데, 그것이
바로 인의 원칙이다.

 君子無終食之間違仁 造次必於是 顚沛必於是
군 자 무 종 식 지 간 위 인 조 차 필 어 시 전 패 필 어 시

리더는 아랫사람을 헤아린다

무릇 노복을 부리는 데는 먼저 그들의 춥고 배고픔을 염려해야 한다.

매서운 바람이 몰아치는 겨울, 위나라 왕은 백성들에게 후원의 조정 공사 시행을 명했다. 그러자 완춘이라는 신하가 간했다.

"이렇게 추운 날씨에 공사를 하는 것은 옳지 않습니다."

"오늘 같은 날씨에 춥다고 말하는 것은 이상하지 않은가?"

"지금 전하께서는 호랑이 털로 만든 옷을 입으시고 여우 목도리를 하고 계십니다. 더구나 이 방에는 따뜻한 화로가 피워져 있습니다. 그러나 밖에는 지금 살을 에는 바람이 불고 있습니다."

왕은 밖으로 나가 확인한 뒤 즉시 공사를 중지시켰다. 그러자 한 신하가 아뢰었다.

"이번 공사가 완춘 때문에 중지됐음이 알려진다면, 그의 덕은 높아질 것이지만 전하의 인심은 크게 떨어질 것입니다."

"그렇지 않다. 원래 완춘은 노나라의 평민이었으나 내가 데려와 요긴하게 쓰고 있는 인물 아니더냐. 지금까지 백성들은 완춘의 됨됨이를 몰랐으나 이번 기회에 제대로 알게 됐을 터이니 오히려 다행스러운 일이다. 또한 완춘이 선정을 베푼다는 것은, 곧 내가 선정을 베푸는 것과 다를 바 없다."

 凡使奴僕 先念飢寒
범 사 노 복 선 념 기 한

눈을 통해 마음을 투시하라

사람을 살피는 데 그의 눈을 보는 것만큼 확실한 것이 없다. 눈은 한 사람
의 나쁜 생각이나 악함을 가리지 못한다.

한 사람을 관찰할 때 그의 눈을 잘 살펴야 한다. 눈빛은 사람의 나
쁜 마음을 가리지 못한다.

마치 수사심리학에나 나올 법한 말 같지만, 이리저리 두리번거리
고 시선이 흔들리는 사람은 분명 정직한 느낌을 주지 못한다. 이것
은 한 사람을 판단할 때 많은 사람이 공감하는 가장 확실한 증거라
고 할 수 있다.

물론 눈, 눈동자, 속눈썹, 라인 등은 화장이나 성형을 통해 다양하
게 변화를 줄 수 있겠지만 눈빛만큼은 그 어떤 외적 요소로도 감출
수 없다.

그렇기에 통찰력 있는 사람은 눈빛의 작은 변화를 감지해 상대의
마음을 투시하기도 한다.

存乎人者 莫良於眸子 眸子不能掩其惡
존 호 인 자 막 량 어 모 자 모 자 불 능 엄 기 악

풀을 베어 뱀을 겁먹게 한다

적이 가까이에 있으면서 움직이지 않는 것은 험한 주변의 지세를 믿기 때문에 그걸 미끼로 아군을 유인하기 위한 술책인 것이다. 적의 주력부대가 멀리 있는데도 소규모 부대로 공격하는 것은 아군의 진격을 유도하려는 것이다. 적이 높은 곳에 주둔하지 않고 평평한 장소에 있는 것은 얻을 수 있는 이득이 있기 때문이다.

중국 명나라 말기, 농민반란을 일으킨 이자성은 군대를 파병해 개봉이라는 곳을 포위했다. 이를 안 조정에서는 급히 양문악, 좌량옥 등의 장군에게 20만 관군을 주어 개봉에 집결시켰다.

이자성은 쇠와 쇠가 부딪치면 소리만 요란했지 결론이 쉽게 나지는 않을 거라 판단하고, 허를 찌르는 전술을 쓰기로 했다. 그는 좌량옥 군대와 인접해 있는 호대위 장군의 진지를 먼저 공격해 쑥대밭으로 만들어버렸다.

이에 크게 놀란 양문악과 좌량옥의 관군은 지레 겁을 먹고 싸움할 생각도 하지 못한 채 계속 밀렸다. 이자성은 눈앞의 적 양문악과 좌량옥을 직접 치지 않고 오히려 후미의 호대위 군대를 공격함으로써 판세를 뒤집어 승리할 수 있었다. 이것이 바로 뱀(양문악과 좌량옥)을 잡기 위해 풀(호대위)을 먼저 베어 뱀을 겁먹게 한 전술이다.

敵近而靜者 恃其險也 遠而挑戰者 欲人之進也 其所居易者 利也
적 근 이 정 자 시 기 험 야 원 이 도 전 자 욕 인 지 진 야 기 소 거 이 자 이 야

흥미도 선택의 귀결점이 될 수 있다

만약 이런 기회가 없다면 나는 그냥 내가 관심 있는 일을 하겠다.

　발전과 흥미는 직업을 선택하는 데 가장 중요한 두 가지 요소다. 발전의 대가가 사회적 요구를 만족시키는 것이라면 흥미는 자신의 쾌락과 욕구를 만족시키는 것으로 족하다.

　누구나 이런 상황에 직면한다. 직업을 선택할 때 발전 가능성이 있는 분야를 선택하는 동시에 합법적이고 정당한 여론과 풍속에 어긋나지 않아야 한다. 하지만 그런 선택이 좋아하는 것과 반드시 일치하는 건 아니다. 전도양양한 양질의 직업을 찾을 수 없거나, 찾았다 해도 그 직업이 공의를 저버려 결국 구직이나 창업에 실패한다면 차라리 한 발짝 물러나 흥미와 관심을 최우선으로 삼는 편이 더 낫다.

如不可求 從吾所好
여 불 가 구 　 종 오 소 호

군자는 모자라는 곳에 머문다

의기는 가득 차면 엎질러지고, 박만은 텅 비어야 온전하다. 그러므로 군자
는 차라리 무(無)에서 살지언정 유(有)의 경지에서 살지 않고, 모자라는 곳
에 머물지언정 가득 찬 곳에 머물지 않는다.

한 마을에 재물을 많이 가진 부자와 책밖에 없는 선비가 살고 있
었다. 부자는 늘 자기 재산을 믿고 으스대며 선비를 조롱했다.

"아무리 책을 많이 읽어도 재물이 없으면 다 소용없는 일이야. 책
을 읽는 것도 다 재물을 모으기 위해서가 아니겠어? 그러니 재물이
많은 나는 이미 성공한 셈이지."

하지만 선비는 부자의 말에 눈 하나 깜짝하지 않았다.

그러던 어느 날, 마을에 큰불이 났다. 부자는 허둥대며 불을 끄려
고 했으나 결국 대궐 같은 큰 집을 몽땅 태우고 말았다. 반면 선비는
초가집과 책을 태웠을 뿐 잃은 것이 별로 없었다. 더구나 그 책들도
모두 다 읽은 것이라 머릿속에 온전히 들어 있었다.

세월이 지난 뒤 부자는 여기저기 떠돌며 구걸하는 신세가 되었고,
선비는 이곳저곳에서 스승으로 모시겠다는 사람들이 나타나 자리
를 옮겨 가며 가르침을 주었다.

결국 불에 타지 않는 학문을 가진 선비가 마지막에 웃을 수 있었다.

敧器 以滿覆 撲滿 以空全 故君子寧居無 不居有 寧處缺 不處完
의 기 이 만 복 박 만 이 공 전 고 군 자 녕 거 무 불 거 유 영 처 결 불 처 완

과하면 해가 된다

사랑함이 심하면 반드시 심한 소모를 가져오고, 영예로움이 심하면 반드시 심한 헐뜯음을 가져온다. 기뻐함이 심하면 반드시 심한 근심을 가져오고, 뇌물을 심하게 탐하면 반드시 망하게 된다.

한 뱃사공이 아들을 태우고 배를 저어 멀리 나아갔다. 한겨울의 칼바람이 살을 에는 듯했다. 그러나 사공은 힘겹게 노를 저은 탓에 이마에서 땀이 줄줄 흘러내렸다. 그는 더위를 참을 수가 없어 윗옷을 벗었다. 그러고는 선창 안으로 뛰어 들어가 아들에게 말했다.

"얘야, 너도 더울 테니 웃옷을 벗자."

사공은 아들의 겉옷을 벗겨 속옷 차림으로 놔둔 채 선창에서 나왔다. 사공은 더욱 힘을 내어 노를 저었다. 그러다 보니 방금 전보다 더 많은 땀이 흘러내렸다. 등줄기와 허벅지에도 땀이 고였다.

"정말 더워서 견딜 수가 없군."

그는 땀으로 몸에 착 달라붙은 속옷마저 벗어던졌다. 그러고는 다시 선창으로 뛰어 들어가 아들의 속옷마저 홀랑 벗겼다.

"얘야, 이렇게 더운데 옷을 두껍게 입고 있으면 더위 먹는다."

사공은 다시 노를 저어 앞으로 나아갔다. 그의 몸에선 더운 김이 무럭무럭 피어올랐다. 하지만 불쌍한 어린 아들은 선창 안에서 얼어 죽고 말았다.

 甚愛必甚費 甚譽必甚毀 甚喜必甚憂 甚贓必甚亡
심 애 필 심 비 심 예 필 심 훼 심 희 필 심 우 심 장 필 심 망

존중심으로 상대를 공손히 대하라

"감히 묻겠습니다. 교제는 어떤 마음가짐으로 해야 합니까?"
"그를 존중하는 마음으로 하는 것이 중요하다."

일상적인 교류 과정에서 어떤 마음가짐으로 상대를 대해야 할까? 당연히 존중하는 마음을 가져야 한다.

관계가 친숙한 사이라면 사적으로 허물없이 지낸다고 해서 문제될 것이 전혀 없다. 하지만 공적인 장소와 낯선 사람들이 함께하는 곳이라면 반드시 예를 갖춰야 타인에게 좋은 인상을 남길 수 있다.

교류 과정에서 주의해야 할 기본 예법은 학습을 통해 몸에 배게 만들어야 하고, 그에 앞서 마음속으로부터 우러나는 공경과 존중이 뒷받침되어야 한다.

敢問交際何心也 恭也
감 문 교 제 하 심 야 공 야

강자의 휴전 제의는 항복을 뜻한다

적이 지팡이를 짚고 걸어가는 것은 군량미가 떨어졌기 때문이고, 물을 길으러 가서 허겁지겁 먼저 마신다면, 이는 적진에 물이 없다는 증거다. 적의 형세가 유리한데도 공격해 오지 않는 것은 적이 피로해 있기 때문이며, 적진에 새들이 모여드는 것은 적이 모두 철수했기 때문이다. 한밤중에 큰 소리로 부르는 것은 적이 두려움에 빠져 있다는 증거다.

서기 279년, 서진은 오랜 준비 끝에 강국인 동오 침공을 감행했다. 서진군의 대대적인 공격으로 전세는 서진으로 급격히 기울었다. 그 무렵 조정에서는 어전회의가 열리고 있었다.

"이만하면 동오도 혼쭐났을 터! 그만 휴전하는 게 어떻소?"

왕의 말에 노신 두예가 결연히 반대하고 나섰다.

"폐하, 아군은 지금 확실히 승기를 잡았습니다. 내친김에 동오의 심장부까지 쳐야 합니다."

그때 전령이 동오왕 손호가 휴전 제의를 해 왔다고 알렸다. 이에 두예가 눈을 번뜩였다.

"폐하, 손호가 언제 저렇게 약하게 나온 것을 보셨습니까? 적은 지금 가장 약해 있을 때입니다. 이 기회를 잡지 못하면 훗날 동오는 다시 강해질 것입니다."

결국 왕은 계속 공격할 것을 명했다. 서진군은 거침없이 건업으로 진격했다. 서진군이 성 아래 이르자, 손호는 이미 대패했음을 깨닫고 스스로 포박한 채 나와 항복했다.

仗而立者 飢也 汲而先飮者 渴也
장 이 립 자 기 야 급 이 선 음 자 갈 야
見利而不進者 勞也 鳥集者 虛也 夜呼者 恐也
견 리 이 부 진 자 노 야 조 집 자 허 야 야 호 자 공 야

예의와 양보는 자신감에서 나온다

다재다능하면서도 능력이 없는 사람에게 묻고, 지식이 넘치면서도 나보다 덜 알고 있는 사람에게 묻고, 있으면서도 없는 듯하고, 꽉 차 있으면서도 텅 빈 듯하고, 남이 나에게 잘못을 해도 따지지 않는다.

예의, 양보, 겸손의 본질은 자신감이다. 자신감이 넘치는 사람일수록 타인을 존중하고, 가르침을 청하는 데 거리낌이 없다. 자신이 가진 정보와 지식이 많으므로 타인의 무시와 경멸을 두려워하지 않고, 모자란 점을 채우기 위해 스스럼없이 가르침을 청할 수 있는 것이다.

자신감이 넘치는 사람은 자신과 다른 의견일지라도 합리적이라면 기꺼이 수용할 줄 안다. 그의 내면에서 우러나오는 자신감은 사소한 시비, 오해, 감정적 일 처리에 절대 휘둘리지 않고 당당하면서도 겸손히 자신의 길을 가게 만드는 힘을 줄 수 있다.

以能問於不能 以多問於寡 有若無 實若虛 犯而不校
이 능 문 어 불 능 이 다 문 어 과 유 약 무 실 약 허 범 이 불 교

자신을 똑바로 알라

나를 착하다고 말해주는 사람은 곧 내게 해로운 사람이요, 나의 나쁜 점을
말해주는 사람은 곧 나의 스승이다.

제나라 선왕은 활을 매우 좋아했다. 거기다가 남이 자신을 강궁(強
弓)이라고 불러주면 좋아서 어쩔 줄을 몰라 했다.

하루는 신하들이 모인 자리에서 선왕이 한껏 뻐기며 이렇게 말했다.

"이 활은 내가 쓰는 것인데, 무게가 얼마쯤 될 것 같소?"

선왕이 물음을 던진 의도를 재빨리 간파한 신하 하나가 일부러 낑
낑거리며 활을 들더니 대답했다.

"전하, 대단히 무겁사옵니다. 적어도 아홉 섬의 무게는 될 것 같습
니다."

그러나 활은 기껏해야 두세 섬 정도 되는 무게였다. 선왕은 신하
의 말을 듣고 매우 기뻐하며 호기롭게 웃었다. 그렇게 선왕은 평생
자기 활의 무게가 아홉 섬이라 여기며 살았다.

道吾善者 是吾賊 道吾惡者 是吾師
도 오 선 자 시 오 적 도 오 악 자 시 오 사

정도의 차이는 있으나 결국은 똑같다

오십 보 도망친 사람이 백 보 도망친 사람을 비웃는다.

전국 시대, 위나라 혜왕이 맹자를 초청했다.

"부디 과인에게 부국강병의 비책을 가르쳐주오."

"저는 부국강병과 상관없이 인의(仁義)를 논할까 합니다."

"인의라면 과인도 평소 신경 쓰는 부분이오. 예컨대 하내 지방에 흉년이 들면 젊은이들을 하동 지방으로 옮기고, 늙은이와 아이들에게는 하동에서 곡식을 가져다가 나누어주라고 했소. 이처럼 과인은 그 어떤 왕보다도 인의의 정치를 하는데 이웃 나라의 백성들은 줄지 않고 우리 백성은 늘어나지 않고 있소. 대체 어째서 그런 거요?"

"전장에서 겁먹은 두 병사가 도망쳤습니다. 그런데 오십 보를 도망친 자가 백 보를 도망친 자를 보고 '비겁한 놈'이라고 비웃었다면 전하께서는 어찌 생각하시겠습니까?"

"두 사람 모두 도망치는 건 매한가지일 터, 비웃을 자격이 없을 거요."

"어려운 백성을 구호하시는 전하의 목적은 인의의 정치와 상관없이 오직 부국강병을 지향하는 이웃 나라들과 무엇이 다릅니까?"

혜왕은 얼굴이 빨개지면서 아무런 말도 하지 못했다.

五十步百步
오 십 보 백 보

허울뿐인 예의를 구분하라

예가 아닌 예와 의가 아닌 의를 대인은 행하지 않았다.

예(禮)라는 이름으로 만들어진 격식과 예의가 모두 예법의 원칙과 요구에 딱 맞아떨어지는 것은 아니다. 의(義)의 명목으로 만들어진 도리와 설법이 모두 정의의 원칙과 요구에 맞는 것도 아니다. 그래서 군자는 예가 아닌 예와 의가 아닌 의는 행하지 않았다.

많은 이가 예의 명목으로 예가 아닌 것을 행하고, 의의 이름을 내걸고 의가 아닌 일을 행한다.

예의가 아닌 것들은 거짓·허위·위선의 내용을 담고 있고, 언제라도 기회를 틈타 허울 좋은 명목을 내걸고 존재할 수 있다.

군자는 예와 의를 행하는 데서 겉과 속이 같다. 속마음을 숨긴 채 겉으로만 예의를 갖추는 것은 위선에 지나지 않는다.

 非禮之禮 非義之義 大人弗爲
비 례 지 례 비 의 지 의 대 인 불 위

먹는 일 또한 신성시하라

밥은 고운 쌀이어야 싫어하지 않으셨고, 회는 가늘게 썬 것이어야 싫어하지 않으셨다.

외식할 때 양식이나 일식은 격식에 맞춰 아주 그럴싸하게 먹으려고 애쓴다. 하지만 평소 집에서 식사할 때는 식사 예절에 크게 신경 쓰지 않곤 한다.

사실 식사 예절에 신경 쓰는 이유는 그 자리를 즐기며 한 차원 높은 문화를 만들어가기 위해서다. 매 끼니 식사 과정에서 식욕과 생존 욕구를 충족시키는 것도 중요하지만, 이에 못지않게 몇 가지를 중시할 줄 알아야 한다.

즉 식탁 앞에 앉아 밥을 먹을 수 있다는 것에 감사하고, 음식이 식탁에 올라오기까지 수고한 모든 이와 대자연에 감사하고, 함께 식사하는 사람들을 존중하는 것이다. 또한 맛있는 음식을 다른 사람에게 먼저 권하는 것, 음식을 천천히 음미하며 식사 자리를 즐기는 것 등의 마음 역시 중요하다.

食不厭精 膾不厭細
사 불 염 정 회 불 염 세

불우한 벗에겐 더욱 극진히 예우하라

옛 친구를 만나거든 이전에 사귀었던 정에 금이 가지 않도록 마음가짐을 더욱 새롭게 하고, 비밀스런 일을 처리할 때는 남의 의심을 사지 않도록 더욱 분명히 할 것이며, 불우한 친구나 사람을 대할 때는 예우를 더욱 융숭하게 해야 한다.

프랑스 화가 밀레는 궁핍 속에서도 계속 그림을 그렸다. 그러나 무명 화가의 그림을 사려는 이는 아무도 없었다.

어느 날, 친구 헨리 루소가 밀레를 찾아왔다. 루소는 이미 신진 화가로서 이름을 떨치고 있었다.

"여보게, 드디어 자네 그림이 팔렸네."

"뭐라고? 그게 정말인가?"

"그렇다네. 오늘 같이 오려 했지만 급한 볼일 때문에 오지 못했네. 그림 고르는 일도 내게 맡겼고. 값도 아주 후하게 매겨줬어. 자, 오백 프랑일세."

"오, 세상에! 어서 그의 마음에 들 만한 그림을 골라보게."

"자네 그림은 모두 훌륭하니, 어느 작품이든 다 만족할 걸세."

루소는 그림 한 점을 골랐고, 밀레는 그 그림에 사인한 뒤 정성스레 포장해서 건네주었다.

사실 밀레의 그림을 산 사람은 오래전부터 친구를 안타깝게 지켜본 루소 본인이었다.

遇故舊之交 意氣要愈新 處隱微之事
우 고 구 지 교   의 기 요 유 신   처 은 미 지 사
心迹宜愈顯 待衰朽之人 恩禮當愈隆
심 적 의 유 현   대 쇠 후 지 인   은 례 당 유 융

귀를 열어 장단점을 따져라

그대들은 들으라. 내가 그릇되면 그대들이 나를 도우라. 그대들은 면전에
서만 따르고 물러나서는 뒷말을 하는 일이 없도록 하라.

초나라 선왕 때 변사(辯士) 강을은 재상 소해휼을 눈엣가시처럼 여
겼다. 강을은 궁리 끝에 선왕을 알현했다.

"아랫사람들 하기에 달렸다는 말이 있습니다. 아래에서 모의하면
윗사람이 곤경에 빠지지만 아래에서 갑론을박하며 다투면 되레 윗
사람이 편안해진다 하니, 이 말씀 부디 잊지 마소서."

며칠 뒤 강을은 다시 선왕을 알현했다.

"어떤 신하가 다른 이의 좋은 점만 간한다면 어떻습니까?"

"물론 훌륭하게 평가하지."

"그럼 다른 이의 나쁜 점만 간하는 신하는 어떻습니까?"

"그런 자는 소인배나 다름없으니 가까이 두지 말아야겠지."

"그리되면 폐하께선 아비를 죽인 아들이나 임금을 죽인 신하가 있
다는 사실을 끝내 모르시게 될 것입니다."

"흠, 그대의 말이 옳다. 내 어찌하여 그 생각을 못 했단 말인가?"

그때부터 선왕은 나쁜 점을 간하는 신하의 말에도 귀를 기울였다.
물론 강을은 기회가 될 때마다 소해휼의 나쁜 점을 온전히 간했다.

 汝聽 予違汝弼 汝無面從 退有後言
여 청 여 위 여 필 여 무 면 종 퇴 유 후 언

공경 속에 진심을 담아라

표면적으로만 공경하고 진심이 없다면 군자는 이 허례허식의 구속에 헛되이 머무르지 않는다.

모든 예법은 공경이 그 바탕을 이르고 있어야 한다. 공경의 마음이 없으면 설사 모든 면에서 모자라지 않게 격식을 갖추었다 해도 인성, 도덕, 예법의 요구에 맞아떨어지지 않으니 본보기로 삼을 가치가 없다.

지금 사회는 너무 시장 위주로 실익만을 따지며 걸핏하면 자신을 굽혀 이익과 발전을 도모하는 풍조에 물들어 있다.

우리는 실익을 위해 모욕과 불의를 참고, 자신의 업적·지위·권세를 위해 타인을 공경해야 한다는 사실을 잊는다.

타인을 공경하는 행위 안에는 진심을 담아야 하고, 이와 더불어 타인에게서 꼭 필요한 공경을 얻어내야 한다.

恭敬而無實 君子不可虛拘
공 경 이 무 실 군 자 불 가 허 구

우직하게 노력하면 이뤄진다

어리석은 영감이 산을 옮긴다.

먼 옛날 태행산과 왕옥산 사이의 좁은 땅에 우공이라는 90세 노인이 살고 있었다. 우공은 집 앞뒤를 가로막은 두 산 때문에 큰 불편을 겪고 있었다. 어느 날 우공이 가족들에게 말했다.

"저 두 산을 깎아 평지로 만들까 한다."

이윽고 우공은 공사에 착수했다. 이를 본 지수라는 사람이 비웃으며 말했다.

"이름 그대로 우직하고 미련한 노인이구나."

이런 조소를 전해 들은 우공은 호탕하게 웃으며 말했다.

"하하하, 이는 절대 불가능한 일이 아니다. 내가 이 공사를 다 못 마치고 죽으면 내 아들이 계속할 것이고, 아들이 죽으면 또 손자가 할 것이고, 또 그 손자의 아들이 계속해서 이 일을 할 것이다. 자자손손 일을 계속한다면 언젠가는 이 산을 평지로 만들 수 있을 것이다."

하늘에서 이 말을 들은 옥황상제는 우공의 끈기에 감동했다. 옥황상제는 두 아들에게 명하여 각각 두 산을 업어 태행산은 삭동 땅에, 왕옥산은 옹남 땅에 옮기도록 했다. 그래서 두 산이 있었던 기주와 한수 남쪽에는 현재 작은 언덕조차 없다고 한다.

愚公移山
우 공 이 산

十一月

11월

남이 자기를 알아주지 않는다고
근심할 것이 아니라
자기가 남을 알아주지 못하는 것을
근심하라.

《논어》

타인에게 호의를 베풀라

군자에게 남을 도와 선을 행하도록 하는 것만큼 위대한 일은 없다.

군자에게 타인을 적대시하지 않고 호의를 베풀며 그들과 함께 공동의 선을 행하는 것만큼 위대한 일은 없다고 했다.

선을 행하고 덕을 베풀며 서로의 장점을 취하는 것은 개인의 성숙과 조화로운 사회를 만들기 위한 과정이다.

타인과 함께 공동의 선을 행하는 문제는 사람과 사람의 관계뿐 아니라 나아가 세상인심이 선을 향할 것인지, 악을 향할 것인지를 결정짓는 요소다.

도덕적 경향은 개인의 선택이 아니라 사회 집단의 상태와 연관되어 있다. 그래서 우리는 그것을 세도인심, 세상인심이라고 말한다.

세도(世道), 즉 사회 풍조가 인심을 결정짓는다. 사회의 조화는 그 구성원의 선의를 통해 만들어진다.

君子莫大乎與人爲善
군 자 막 대 호 여 인 위 선

섣불리 남을 의심하지 말라

귀로 남의 그릇됨을 듣지 말고, 눈으로 남의 모자람을 보지 말고, 입으로
허물을 말하지 않아야 군자라 할 수 있다.

전한 시대 때 인물, 직불의가 낭관으로 있을 때 일이다.

함께 근무하던 사람이 휴가 가면서 같이 있는 사람의 금을 자기
것으로 잘못 알고 가져갔는데, 금을 잃어버린 사람은 직불의가 가져
간 것으로 오해했다. 직불의는 변명하지 않고 금을 보상해줬다. 얼
마 뒤 휴가 간 사람이 돌아와서 금을 돌려주자, 직불의를 의심한 사
람은 사과하며 매우 부끄러워했다.

이 일이 있고 나서부터 사람들은 직불의를 덕망 높은 사람으로 받
들었다. 그렇게 직불의는 점점 출세하여 중대부 벼슬에 올랐다.

어느 날, 조정에서 천자를 알현하는 의식이 있었는데, 그 자리에서
직불의를 질투하는 사람이 이렇게 모함했다.

"직불의는 용모가 수려한 남자이다. 형수와 간통했다는 말이 들리
는데, 이것은 돌이킬 수 없는 죄이다."

이 말을 듣고 직불의는 변명을 구구절절 늘어놓지 않고 딱 한마디
만 했다.

"내게는 형이 없소."

그 뒤 직불의는 경제 말년에 감사원장인 어사대부가 됐다.

耳不聞人之非 目不視人之短 口不言人之過 庶幾君子
이 불 문 인 지 비   목 불 시 인 지 단   구 불 언 인 지 과   서 기 군 자

마음속에서 인이 떠나지 않도록 하라

안회는 그 마음이 석 달 동안 인에서 떠나지 않았다.

인을 행하기란 절대 쉽지 않다.

인간의 내면과 외면은 욕망 · 이기심 · 미련 · 원망의 감정 등으로 가득 차 있는데, 이런 것들이 한 사람의 인덕을 무너뜨리기 때문이다.

사실 시종일관 인이 아닌 것과 싸우면서 시시각각 긴장의 끈을 놓지 않기란 절대 쉽지 않다. 다만, 누구에게나 마음속에 인과 덕이 존재하기 때문에 내면 수양에 주목한다면 올바른 도덕적 선택을 끊임없이 할 수 있다.

내면의 수련은 영원히 그 끝을 알 수 없다.

其心三月不違仁
기 심 삼 월 불 위 인

눈속임도 중요한 전략이다

적의 말씨는 겸손한데 방어에 진력하고 있다는 것은 공격 준비를 하려는 것이다. 어조가 강경하며 진격 태세를 취하는 것은 철수하려는 것이다. 경 전차가 먼저 나와 측면에 배치되는 것은 진을 펼치려는 것이다.

서기 115년, 강족이 5천의 군사로 한나라 무도군을 침략했다. 이에 우후는 3천의 기병을 이끌고 응전했다. 한나라군과 강족군은 적정성에서 일주일간 교착 상태에 빠졌고, 8일째 되는 날 우후가 장군들을 불러 모았다.

"군사들에게 이렇게 지시하시오. 성 밖 적군에게 활을 쏘되 화살이 적에게 미치지 않도록 약하게 쏘라 하시오!"

우후의 명령대로 병사들이 일부러 화살을 힘없이 날리자 강족은 한나라 군사들이 활 쏘는 법이 미숙하다고 판단했다. 강족은 긴급회의를 열고 총공격을 결의했다.

이윽고 강족이 거침없이 적정성을 향해 돌진하자 우후가 명령했다.

"됐다! 있는 힘을 다해 활시위를 당겨라."

한나라군의 전력을 얕잡아보고 대들던 강족 군사들은 화살에 맞아 하나씩 고꾸라졌다. 삽시간에 전열이 흐트러진 강족은 더 이상 공격을 하지 못하고 혼비백산하여 뒤로 물러났다. 우후는 적의 눈을 속이는 전략으로 승리했다.

辭卑而益備者 進也 辭詭而强進驅者 退也 輕車先出其側者 陣也
사 비 이 익 비 자 진 야 사 궤 이 강 진 구 자 퇴 야 경 거 선 출 기 측 자 진 야

소인배를 미워하지 말라

소인을 대할 때는 엄하게 하기가 어려운 게 아니라 미워하지 않기가 어렵고, 군자를 대할 때는 공손하게 하기가 어려운 게 아니라 예를 바르게 하기가 어렵다.

묵자의 여러 제자 중 경주자는 학문을 게을리하고 품행이 단정치 못했다. 보다 못한 묵자는 그를 불러 가볍게 꾸중했다. 그랬더니 그는 발끈 화를 내며 스승에게 대들었다.

"스승님께서는 왜 저만 보면 꾸짖으십니까? 저도 나름대로 열심히 정진하고 있습니다. 스승님께서는 저를 색안경을 끼고 보시기에 제 행동이 거슬리는 것입니다."

그러나 묵자는 조금도 얼굴을 붉히지 않았다.

"네가 먼 길을 떠나게 되었다고 하자. 너는 마차를 타겠느냐, 소달구지를 타겠느냐?"

"당연히 마차를 타야지요."

"어찌하여 소달구지를 타지 않고 마차를 타려는 것이냐?"

"말은 채찍질하면 빨리 달리지만, 소는 아무리 채찍질해도 속력을 낼 수 없지 않습니까?"

"내가 너를 자주 꾸짖는 까닭도 그 이치와 같다. 너를 꾸짖으면 꾸짖을수록 행여나 좀 더 나아지지 않을까 하는 기대 때문이다."

경주자는 퍼뜩 깨달은 바가 있어 고개를 숙였다.

待小人 不難於嚴 而難於不惡 待君子 不難於恭 而難於有禮
대 소 인 불 난 어 엄 이 난 어 불 오 대 군 자 불 난 어 공 이 난 어 유 례

교제의 폭을 넓히라

공자가 진나라와 채나라 사이에서 곤욕을 치른 것은 그가 그 나라의 군신
과 교류가 없었기 때문이다.

'공자가 진나라와 채나라 사이에서 곤욕을 치른 것은 그가 그 나
라의 군신과 교류가 없었기 때문이다.'

이 말로 미루어 볼 때 맹자가 공적인 관계의 필요를 부정하지 않
는다는 것을 알 수 있다.

현대 사회에서 교제의 폭을 넓히고, 공적인 관계의 협력과 조화를
이루는 것은 개인과 기업의 발전을 위해 꼭 필요한 일환이자 치열한
경쟁에 대처하기 위한 적응 수단이기도 하다.

언제까지나 순풍에 돛단 듯 순조롭게 살 수 있는 사람은 아무도
없다. 불리한 환경 속에서도 광범위하게 교류의 폭을 넓혀라. 그 관
계가 우리에게 생기를 불어넣어줄 것이다.

 君子之厄於陳蔡之間 無上下之交也
군 자 지 액 어 진 채 지 간 무 상 하 지 교 야

인생은 덧없다

사람의 생은 아침 이슬과 같다.

전한 무제 때, 소무라는 장군이 포로 교환차 사절단을 이끌고 흉노의 땅에 들어갔다. 그런데 마침 그들의 내란에 말려 포로 신세가 되었다. 흉노의 우두머리 선우는 그에게 항복하면 부귀영화를 누리게 해주겠다고 설득했다. 하지만 소무는 단호히 거절했다. 이에 선우는 할 수 없다는 듯이 말했다.

"흠, 그렇다면 숫양이 새끼를 낳으면 너를 풀어주겠다."

결국 소무는 북해변으로 추방되어 들쥐와 풀뿌리로 간신히 목숨을 유지하며 지내게 되었다.

어느 날 고국의 벗 이릉 장군이 찾아왔다. 이릉 또한 흉노와 싸우다가 포로가 되었지만, 소무와는 달리 이릉은 선우의 빈객으로 후대를 받아 항장이 되었다. 이릉은 주연을 베풀며 소무에게 말했다.

"이보게, 이만 돌아가세나. 선우가 자네를 데려오면 부귀영화를 누리게 해주겠다고 약속했네. 어차피 '인생은 아침 이슬과 같은 것'이 아니겠는가?"

하지만 소무는 벗의 제안 또한 거절했다. 소무의 굳은 충심을 확인한 이릉은 고개를 숙이며 혼자 돌아가야 했다.

人生如朝露
인 생 여 조 로

효성을 다하라

《경행록》에서 말했다. 보화는 쓰면 다함이 있고, 충성과 효성은 누려도 다함이 없다.

유다 마을의 한 효자에게 큰 다이아몬드가 있었다. 어느 날, 랍비 하나가 그의 집으로 찾아왔다.

"당신이 갖고 있는 다이아몬드로 성전을 장식하는 데 쓰려 합니다. 금화 육천 냥에 파시죠."

그는 성전을 장식한다는 말에 다이아몬드를 건네기로 하고 방에 들어갔다. 그러다 순간 멈칫했다.

"아, 금고 열쇠를 어제저녁에 아버지 베개 밑에다 두었습니다."

"허허, 그게 무슨 문제란 말이오?"

"지금 아버지가 낮잠을 주무시거든요."

"잠깐 아버님을 깨우고 열쇠를 꺼내면 될 것 아니오?"

"곤하게 주무시는 아버지를 깨울 수 없으니 돌아가십시오."

"아니, 금화 육천 냥을 벌 기회가 생겼는데 그냥 없던 것으로 하겠다는 말이오?"

"금화 따위는 언제라도 취할 수 있지만, 아버지는 그렇게 내 마음대로 할 수 없어요."

랍비는 할 수 없이 발길을 돌렸다.

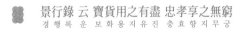

景行錄 云 寶貨用之有盡 忠孝享之無窮
경 행 록 운 보 화 용 지 유 진 충 효 향 지 무 궁

남에게 손해를 끼치면서 이로운 일을 하지 말라

지금 그대는 이웃 나라를 큰 골짜기로 삼고 있소. 물이 역류해 흐르는 것을 홍수라고 하오.

"지금 그대는 이웃 나라를 큰 골짜기로 삼고 있소."

이는 이웃 나라를 방패막이로 삼아 홍수를 일으킨다는 말로, 곤란한 일이나 재앙을 남에게 전가하는 것을 의미한다.

나와 타인을 다루는 문제에서 다양한 표현방식이 존재한다.

첫 번째는 자신을 위하지 않고 오로지 남을 이롭게 해야 한다는 것이다.

두 번째는 처치를 바꿔 생각하고, 자신이 하기 싫은 것을 남에게 강요하지 않으며, 자신이 하고자 하는 바를 남이 먼저 이루게 하는 것이다. 이것은 유가의 의견이다.

세 번째는 일하기 싫어하고 안일을 좋아하는 백성을 단속해야 한다는 법가의 주장이다.

네 번째는 신에게 자신의 한쪽 눈을 줄 테니 이웃의 두 눈을 잃게 만들어달라고 기도하는 것으로, 인도의 민간 고사에서 나온 말이다.

말하는 방식은 다 다르지만 분명한 사실 하나는 이웃을 골짜기로 삼아 남에게 손해를 입히고 자기 이익만 챙기면 안 된다는 것이다.

今吾子以鄰國爲壑 水逆行謂之洚水
금 오 자 이 인 국 위 학 수 역 행 위 지 홍 수

불통을 경계하라

평소에 군기를 바로잡아 명령이 제대로 전달되게 훈련했다면 병사들이 복
종할 것이다. 그러나 군기를 바로 세우지 못해 명령이 제대로 전달되지 않
았다면 병사들이 복종하지 않을 것이다. 명령이 평소에 잘 지켜지면 장군
과 병사들은 서로 이익을 얻게 될 것이다.

라코스트라는 사내가 있었다. 그는 나폴레옹과 웰링턴의 결전장
이었던 워털루 근처에 사는 농부였다. 그는 지형을 잘 알고 있었기
에 나폴레옹의 길잡이로 징발되었다.

참전한 어느 날, 나폴레옹이 쌍안경으로 고지 능선을 훑어보더니
옆에 있는 그에게 작은 소리로 뭐라고 물었다. 이에 그는 말없이 고
개만 가볍게 좌우로 흔들었다. 잠시 후 나폴레옹은 정예부대인 기병
사단을 향해 고지로 돌격하라 명했다. 그런데 고지의 정상에 도착한
기병사단은 예기치 않게 깎아지른 듯한 벼랑을 만나 아래로 추락했
고, 이로 말미암아 나폴레옹은 패하고 말았다.

'공격하는 데 장애물이 있느냐'는 나폴레옹의 물음에 라코스트는
'공격해서는 안 된다'는 뜻으로 고개를 좌우로 흔들었는데 나폴레옹
은 이 행위를 '장애물이 없다'는 뜻으로 잘못 받아들인 것이다. 그때
라코스트가 공격하면 안 된다고 한마디만 했어도 나폴레옹은 참패
하지 않았을 것이다. 이처럼 하찮은 실수가 엄청난 결과를 가져오는
현상을 라코스트의 이름을 따서 '라코스티즘'이라고 부른다.

令素行以教其民 則民服 令不素行以教其民 則民不服
영 소 행 이 교 기 민   즉 민 복   영 불 소 행 이 교 기 민   즉 민 불 복
令素行者 與衆相得也
영 소 행 자   여 중 상 득 야

사회 진출의 첫걸음, 타인을 이해하라

남이 자기를 알아주지 않는다고 근심할 것이 아니라 자기가 남을 알아주지 못하는 것을 근심하라.

누구나 사회생활을 하게 마련인데, 어떤 조직에 들어가면 필연적으로 서로 이해하고 의지하고 지지하는 문제와 맞닥뜨리게 된다.

속세를 떠나지 않는 이상 사회 속으로 발을 들여놓은 사람이라면 누구나 자신을 알아주지 못하는 세상과 능력을 제대로 발휘하지 못하는 현실에 불만을 품을 수 있다.

하지만 남들이 자신의 능력과 가치를 알아주지 않는 것을 염려하기에 앞서, 다른 사람의 생각을 이해하고 그의 가치를 알아보는 안목을 먼저 키워야 한다.

不患人之不己知 患不知人也
불 환 인 지 불 기 지 환 부 지 인 야

법을 두려워하라

법을 두려워하면 언제나 즐거울 것이요, 나랏일을 속이면 날마다 근심이 된다.

초나라 려왕은 백성들과 약속 한 가지를 해두었다. 비상시에 북을 쳐서 위험을 알리고, 대피토록 하는 약속이었다.

어느 날, 려왕은 술에 취해 그만 실수로 북을 치고 말았다. 그러자 백성들은 매우 놀라 변경으로 달아나려고 했다. 려왕은 그제야 정신을 차리고 병사들을 풀어 백성들을 만류했다.

"과인이 술에 취해 실수로 북을 친 것이다."

백성들은 모두 각자의 집으로 돌아갔다.

그 후 수개월이 지나 이번에는 정말로 적의 침입이 있어 려왕이 북을 쳤다. 그러나 백성들은 아무도 도망가려 하지 않았다. 그뿐만 아니라 다른 법령도 잘 지키려 하지 않았다.

이에 려왕은 깨달은 바가 있어 모든 법령을 다시 검토하여 새롭게 법을 세웠다. 그러자 백성들이 려왕의 말을 믿고, 다른 법령도 잘 따르게 됐다.

懼法朝朝樂 欺公日日憂
구 법 조 조 락 기 공 일 일 우

행동은 무겁게, 마음가짐은 가볍게 하라

군자는 행동을 가볍게 하지 말라. 행동이 가벼우면 사물에 마음을 주게 되어 여유와 침착함을 잃게 된다. 또한 군자는 마음가짐을 무겁게 하지 말라. 너무 무거우면 사물에 얽매여 시원스럽고 활달한 기운을 잃게 된다.

한 대학 강당에서 유명한 알렉산더 폰 훔볼트의 저서로 열띤 강의가 진행되고 있었다. 그 시간, 강당 한구석에 머리가 허연 노인 하나가 열심히 강의를 듣고 있었다. 그는 바로 훔볼트였다.

"어? 훔볼트 박사님 아니신가요?"

옆자리의 학생이 그를 알아보았다.

"쉿, 지금은 강의 중일세. 조용히 하게."

강의가 끝나자, 학생들이 몰려들었다.

"박사님은 박사님 저서로 강의하는 시간에 무엇을 더 배우시려고 여기 앉아 계셨습니까?"

"나는 아직도 젊은 시절의 향학열을 간직하고 있다네. 그래서 나이 든 지금도 열심히 강의를 듣지. 오늘은 내가 젊었을 때 간과했던 지층 구조에 대한 한 가지 사실을 발견했네. 자, 이제 나는 돌아가서 그 부분에 대해 더 연구해야겠네."

士君子持身不可輕 輕則物能撓我 而無悠閑鎭定之趣
사 군 자 지 신 불 가 경　경 즉 물 능 요 아　이 무 유 한 진 정 지 취
用意不可重 重則我爲物泥 而無蕭灑活潑之機
용 의 불 가 중　중 즉 아 위 물 니　이 무 소 쇄 활 발 지 기

DAY 319

孟子
맹자

벗을 사귈 때 실리를 따지지 말라

벗을 사귄다는 것은 상대방의 덕행이 마음에 들어서이며 그의 조건 때문이 아니다.

벗을 사귈 때는 실리를 따질 것이 아니라 재능과 덕을 겸비한 사람을 만나 그를 본받으려고 노력해야 한다.

벗을 사귀는 것은 학습효과를 높이고, 자신의 내실을 다지며, 시야를 넓힌다는 좋은 장점이 있다. 또한 자신의 미래를 개척하고, 역량을 키우는 데도 유리하다.

여기서 말하는 벗과의 교류는 서로의 덕행을 마음에 들어 하는 전제하에 이루어져야 하는데, 어느 한쪽의 조건을 보고 실리를 따져 만들어지는 관계가 아니다.

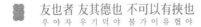
友也者 友其德也 不可以有挾也
우 야 자 우 기 덕 야 불 가 이 유 협 야

지성으로 사람을 움직여라

잘못이 있으면 자신에게로 돌리고, 잘한 일의 공로가 영에게로 돌아가지 않으면 어쩌나 하고 근심스런 마음을 가져야 한다. 그렇게 한다면 어찌 사람을 감동시키지 못하겠는가.

조정에 간신들이 들끓고, 서로 시기하며 정권을 잡으려 다투던 때 한비자가 왕을 깨우치기 위해 앞으로 나아가 간했다.

"벌레 가운데 회라는 기생충이 있는데, 몸은 하나지만 입이 두 개입니다."

"오, 그런 벌레도 있는가?"

왕은 신기한 표정을 지었다.

"그런데 그 벌레의 입은 먹이 하나를 두고 서로 다투기가 일쑤입니다. 다툼이 심해지면 서로 물어뜯기도 합니다."

"그렇다면 결국 자기 몸이 상하게 되는 것 아닌가?"

"그렇습니다. 결국 그 벌레는 싸우다가 피를 흘리며 스스로 제 몸을 죽이게 됩니다. 이와 마찬가지로 신하들이 서로 정권 쟁탈만 하다 보면 끝내는 그 나라를 망치게 되니, 회라는 미물의 소행과 다를 것이 무엇이겠습니까?"

왕은 그 말의 뜻을 알아듣고 조정의 기강을 세우는 일에 전념했다.

過則歸己 善則唯恐不歸於令 積此誠意豈有不動得人
과 즉 귀 기 선 즉 유 공 불 귀 어 령 적 차 성 의 기 유 부 동 득 인

총명함과 재능의 발톱을 드러내지 말라

매의 서 있는 모습은 조는 것 같고, 범의 걸음은 병든 듯하다. 하지만 이것이 바로 사람을 움켜잡고 물어뜯는 그들의 수단이다. 그러므로 군자는 총명함을 드러내지 말고 재능도 뚜렷하게 나타내지 말아야 하는데, 그렇게 함으로써 큰일을 맡을 역량이 된다.

당나라 태종이 진평왕에게 겉에 모란꽃이 그려진 선물 상자를 보내왔다. 상자 안에는 모란꽃 씨가 담겨 있었다. 덕만공주는 모란꽃 그림을 한참 들여다본 후 말했다.

"저 꽃 그림에는 향기가 없어. 그러니 씨앗을 뿌려 꽃이 핀다 해도 향기가 없을 거야."

과연 시간이 흘러 땅에 심은 모란이 꽃을 피웠는데, 그녀의 말대로 향기가 없었다. 진평왕과 신하들은 공주의 선견지명에 놀라며 어떻게 그 사실을 알았느냐고 물었다.

"본디 향기가 있는 꽃에는 나비가 찾아드는 법인데, 저 그림에는 꽃은 그려져 있지만 나비는 그려져 있지 않았어요. 그래서 향기가 없다는 사실을 알았지요."

"공주님의 지혜는 참으로 헤아릴 수 없이 넓고 깊습니다."

"과찬입니다. 꼼꼼히 살핀다면 누구나 알 사실입니다."

그 후 진평왕은 왕자가 생기지 않자 지혜로운 덕만공주에게 왕위를 물려주었다. 그녀가 바로 선덕여왕이다.

鷹立如睡 虎行似病 正是他攫人噬人手段處
응 립 여 수   호 행 사 병   정 시 타 확 인 서 인 수 단 처
故君子要聰明不露 才華不逞 纔有肩鴻任鉅的力量
고 군 자 요 총 명 불 로   재 화 불 령   재 유 견 홍 임 거 적 역 량

타인의 반응에 너무 얽매이지 말라

다른 사람이 알아주면 즐겁고 편안히 공감하고, 다른 사람이 알아주지 않아도 얽매이지 않는다.

'효효(囂囂)'는 즐겁고 편안하며 근심, 걱정이 없는 마음을 가리킨다.

다른 사람이 자신의 말을 듣고 인정해주면 즐겁게 공감하고, 이해해주지 않는다 해도 얽매이지 않아야 한다. 전자는 실천하기 쉬울지 몰라도 후자는 상당한 노력이 필요하다.

다른 사람이 자신을 이해해주지 못하면 마음속에 먹구름이 끼고, 그것을 걷어내는 일은 절대 쉽지 않다. 타인을 이해하기도 어려운데, 타인이 이해해주길 바라는 일은 더 어렵다.

이런 이치를 이해한다면 타인의 반응에 얽매이는 일도 크게 줄일 수 있다.

人知之 亦囂囂 人不知 亦囂囂
인 지 지 역 효 효 인 부 지 역 효 효

장수를 다스릴 줄 알아야 승리한다

붕(崩)이란 지휘자와 간부들 간의 접촉이 잘 안되고 간부들이 불만을 품고
지휘자의 명령에 복종하지 않으며 전투가 벌어졌을 때 그러한 간부들의
능력을 인정하지 않는 경우를 말한다.

한나라 고조 유방과 신하 한신이 장수 능력에 관한 이야기를 나눌
때, 한신은 유방이 10만쯤 거느릴 수 있는 장수라고 했고, 본인은
'다다익선'이라는 표현으로 자신의 통솔력에 한계를 두지 않았다.
여기에는 유방이 병사들을 잘 다스리지 못하지만, 자신 같은 장수들
을 잘 다스린다는 속뜻이 숨어 있다.

아무리 능력이 뛰어난 장수라 해도 만사에 통달할 수는 없는 일이
다. 여러 장기(長技)와 특징을 지닌 장수들을 잘 거느림으로써 그들
의 능력을 하나로 뭉칠 수가 있는 것이다.

항우는 그 개인을 놓고 볼 때 고조 유방보다도 뛰어난 인물이었지
만 장수들을 제대로 통솔할 줄 몰랐다. 그랬기에 그의 뛰어난 힘과
능력에도 불구하고 고조 유방에게 멸망당했던 것이다.

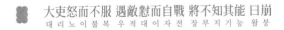

大吏怒而不服 遇敵懟而自戰 將不知其能 曰崩
대 리 노 이 불 복   우 적 대 이 자 전   장 부 지 기 능   왈 붕

인정에 얽매이지 말라

군자는 친족을 괄시해서는 안 되고, 대신들이 써주지 않음을 원망하게 해서는 안 되고, 오래도록 알고 지내온 사람들을 큰 과실이 없는 한 버려서는 안 되고, 한 사람에게 완벽함을 요구해서는 안 된다.

인정에 얽매이다 보면 자칫 원칙을 무너뜨려 화를 자초할 수 있다.

오랫동안 알고 지내던 사람이나 친구와의 관계를 소중히 여기는 것은 물론 선의에 해당한다.

다만 이 관계에 발목이 잡히면 더 이상의 발전을 기대하기 어렵고, 시야가 좁아지며, 편협해질 수 있다.

특히 곁에 있는 오랜 벗이 권력관계를 이용해 사익을 탐하며 범죄를 저지르는 경우라면, 사사로운 인정의 끈을 단호히 끊어내고 의리와 원칙을 지켜야 한다.

君子不施其親 不使大臣怨乎不以
군 자 불 시 기 친 불 사 대 신 원 호 불 이
故舊無大故 則不棄也 無求備於一人
고 구 무 대 고 즉 불 기 야 무 구 비 어 일 인

말의 신용과 행동의 결과를 뛰어넘어 큰 도리를 따르라

대인군자라고 해서 모든 말에 신용이 있을 필요가 없고, 모든 행동에 결실을 볼 필요가 없다. 그들이 따라야 하는 것은 의와 도, 즉 큰 도리뿐이다.

'한 번 내뱉은 말은 반드시 지키고, 행동에는 반드시 결과가 있어야 한다.'

어릴 때부터 우리는 이 말을 들으며 자라왔다. 하지만 맹자는 전혀 상반되는 말로 엄청난 융통성을 보인다.

우리가 분명히 알아야 할 점은 작은 도리가 큰 도리에 복종해야 할 때도 있지만 대부분 큰 도리의 기초이자 전제가 될 수도 있다는 사실이다.

한 번 내뱉은 말을 반드시 지키고자 할 때는 유리한 위치를 점하고 거침없는 기세로 휘몰아치는 강한 정신이 있어야 한다.

말의 신용과 행동의 결과를 뛰어넘어 큰 도리를 따를 때는 철저하고 신중하며 한 치의 착오도 없는 과학적인 태도가 필요하다.

大人者 言不必信 行不必果 惟義所在
대 인 자 언 불 필 신 행 불 필 과 유 의 소 재

하늘에 죄를 짓지 말라

공자가 말했다. 악한 일을 하여 하늘에 죄를 지으면 빌 곳이 없다.

위나라의 실력자 대부 왕손가가 공자의 마음을 떠보려고 찾아왔다. 그는 공자에게 은근한 물음을 던졌다.

"선생께 한 가지 묻겠습니다. '깊은 방 속에 모셔놓은 신주에게 비는 것보다 차라리 부뚜막 귀신에게 비는 것이 낫다'는 말이 있는데, 이게 무슨 뜻인지 아십니까?"

공자는 위나라에 도착해 왕을 알현한 자리에서 벼슬을 할 뜻이 있음을 전한 바 있었다. 그런데 이 사실을 안 왕손가가 실질적 권력을 쥐고 있는 자신에게 부탁하지 않고, 힘도 없는 위왕에게 먼저 부탁했느냐는 뜻으로 한 말이었다. 공자는 대답할 가치조차 없다고 생각했으나, 자신의 소신을 분명히 전하기 위해 짧게 대답했다.

"그 말뜻은 알고 있지만, 결코 옳은 것은 아닙니다. 하늘에 죄를 짓게 되면 빌 곳이 없게 됩니다."

공자가 천리를 내세우며 교묘하게 왕손가의 제의를 거절하자 그는 말없이 돌아갔다. 공자는 하늘이 자신에게 부여한 일만 충실히 하겠다는 뜻을 왕손가에게 전한 것이었다.

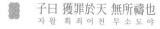

子曰 獲罪於天 無所禱也
자 왈 획 죄 어 천 무 소 도 야

비난을 두려워하지 않는 자신감을 가져라

선비는 더 많은 비난을 받게 마련이다.

사람들은 제멋대로 지껄이는 그런 부류를 싫어한다.

사람이라면 누구나 실수하게 마련이고 억울한 마음이 들 때도 있다. 한때는 물론 평생 이해받지 못하는 면도 가지고 있다. 위대한 인물일수록 생각을 달리하는 사람들과의 대립각이 없을 수 없다.

품성과 덕행이 뛰어난 삶을 살려면 과감해야 하며, 소인배들의 말에 억울함을 호소하거나 원망을 품고 자신의 명예가 실추될까 봐 걱정해선 안 된다.

또한 자신의 명예에 먹칠하는 소인배들의 공격을 피할 수 없는 과정으로 인식하고, 내 몸이 바르면 그림자가 비뚤어져도 두려워하지 않는다는 자신감을 가져야 한다.

 士憎兹多口
사 증 자 다 구

배수의 진을 쳐라

병사들이 죽게 될 상황에 처하면 전력을 다하여 싸우게 될 것이다. 또한 병사들이 깊은 함정에 빠지게 되면 죽기를 두려워하지 않으며, 오고 갈 장소가 없으면 끈끈하게 뭉치고 적지에 깊이 들어가서는 거리낌 없이 용감해진다. 이처럼 어쩔 수 없는 상황이 되면 곧바로 싸우게 된다.

항우와 유방이 천하를 다툴 때, 유방의 총사령관 한신은 위나라를 쳐부순 다음 조나라로 쳐들어갔다. 그때 한신의 군대는 겨우 2만에 불과했고, 조나라군은 20만이나 되었기에 전력상으로는 명백히 열세였다. 그러나 한신은 명장답게 일부러 강을 뒤로하고 진지를 구축하는 배수의 진을 치기 위해 2천의 매복조를 선별한 후 명령했다.

"우리는 내일 거짓으로 패주할 것이다. 그리되면 적군은 도망가는 아군을 추격하려고 성을 비울 것이니, 그때 매복조는 성안으로 들어가 우리 깃발을 꽂도록 하라!"

계획대로 한나라군은 공격하는 척하면서 조나라군을 강가까지 유인했고 이미 주둔해 있던 병력과 합류했다. 그 틈에 매복조는 성을 점령하고 한나라 깃발을 꽂았다. 강을 등진 한나라군은 더 이상 물러설 곳이 없었기에 필사적으로 싸웠고, 기세에 눌린 조나라군은 점점 자기 성으로 밀려났다. 급기야 자신들의 성에 한나라 깃발이 나부끼고 있는 걸 보자 조나라군은 큰 혼란에 빠졌다. 그 틈에 한나라군은 맹공을 퍼부었고, 결국 대승을 거두었다.

死焉不得士人盡力 兵士甚陷則不懼
사 언 부 득 사 인 진 력 병 사 심 함 즉 불 구

無所往則固 深入則拘 不得已則鬪
무 소 왕 즉 고 심 입 즉 구 부 득 이 즉 투

집중하여 적중한다

쏜 화살이 돌에 깊이 박혔다.

전한 문제 때, 용맹하기로 이름난 이광이라는 장군이 있었다. 그는 특히 활을 잘 쏘고, 말을 잘 타기로 유명했다. 그는 흉노를 크게 무찔러 공을 세웠고, 사냥에서 큰 호랑이를 잡아 사람들을 놀라게 하기도 했다.

그가 국경의 수비대장으로 활동할 때는 국경 부근의 흉노들을 토벌했는데, 언제나 이기는 장군으로 이름을 날렸다. 그래서 흉노들은 그를 '비장군'이라 부르며 두려워했다.

어느 날, 해 질 무렵 들판을 지나던 그는 어둠 속에 웅크리고 있는 호랑이 한 마리를 발견했다. 그는 정신을 집중하고 단번에 호랑이를 죽이겠노라 활을 당겼다. 화살은 명중했다.

그런데 화살을 맞은 호랑이가 꿈쩍도 하지 않았다. 이상히 여겨 가까이 가보니 그가 쏜 화살은 호랑이 모양의 돌에 깊이 박혀 있었다.

그는 처음의 자리로 돌아와 좀 전과 같이 다시 활을 쏘았다. 그러나 화살은 돌에 명중하기는 했지만 그대로 튀어 올랐다. 아까처럼 정신을 집중하지 않았기 때문이다.

中石沒鏃
중 석 몰 촉

DAY
330
———
孟子
맹자

모든 사람을 기쁘게 해줄 사람은 없다

모든 사람을 기쁘게 해주려면 온종일 수레로 강을 건너게 해주어도 부족할 것이다.

한 가지 일을 할 때 아무리 멀리 내다보며 주도면밀하게 계획해도 모든 사람을 만족시킬 수 없으니, 가능한 한 많은 사람을 만족시키는 것으로 충분하다.

모든 사람을 만족시키려고 든다면 주된 취지와 상관없는 사소한 문제가 대세에 영향을 미쳐 결국 그 무엇도 이루지 못할 것이다.

그러니 누군가는 불만을 드러낼 수 있음을 인정해야 한다. 그래야 남에게 미움을 받을까 봐 전전긍긍하며 사소한 일에 얽매이지 않을 수 있다.

모든 사람을 만족시키려 들면 정신없이 수고롭기만 할 뿐 결국 아무도 만족시킬 수 없다.

每人而悅之 日亦不足矣
매 인 이 열 지 일 역 부 족 의

365

오월동주로 사람을 움직여라

감히 문답하건대 아군의 군사를 솔연처럼 움직일 수 있겠는가? 가능하다.
오나라 사람들과 월나라 사람들은 서로 미워하는 사이지만 그들이 함께
배를 타고 물을 건너다 풍랑을 만나게 되면 서로 돕기를 마치 왼손과 오른
손처럼 하여 서로를 구하려고 할 것이다.

춘추 시대 후기, 오나라와 월나라는 양자강 하류의 남방에서 세력
을 키운 신흥 국가였다. 두 나라의 싸움에서 오왕 합려가 부상당해
죽은 것을 계기로 20여 년에 걸친 복수전이 펼쳐졌는데, 거기서 와
신상담의 고사가 나올 정도로 서로 원수지간이었다. 이러한 사정을
잘 알고 있는 오나라의 손무는 《손자병법》에 이렇게 적고 있다.

'병(兵)을 쓰는 법에는 아홉 가지의 땅이 있는데, 마지막 것인 사지
(死地)는 죽음을 각오한 최후의 격전지가 되는 곳이다. 이곳에서는
앞에는 강적이 버티고 뒤로는 물러설 수 없는 절벽 등 나아갈 길이
없기에 필사적으로 싸워 승리를 쟁취하는 것 말고는 살아남을 방법
이 없다. 오나라 사람과 월나라 사람은 원수지간이지만 같은 배를
타고(吳越同舟) 가다가 풍랑을 만나게 되면 평소의 적개심을 잊고 서
로 왼손과 오른손처럼 필사적으로 돕는다.'

즉, 사람이란 서로 미워해도 위험에 처하면 서로 돕게 된다는 것
이다.

敢問 兵可使如率然乎 曰可 夫吳人與越人相惡也
감 문 병 가 사 여 솔 연 호   왈 가   부 오 인 여 월 인 상 오 야
當其同舟而濟 而遇風 其相救也 如左右手
당 기 동 주 이 제   이 우 풍   기 상 구 야   여 좌 우 수

왜 나쁜 벗을 사귀게 될까?

정직한 사람, 성실한 사람, 견문이 넓은 사람이 서로 벗하면 유익함이 있다. 마음이 바르지 못한 사람, 행동이 성실하지 못한 사람, 말만 하고 아첨하는 사람과 서로 벗하면 해로움이 있다.

대다수가 아첨, 음모, 투기를 일삼는 사람들을 알아본다. 그런데도 그들이 자신의 답답한 마음을 풀어주고 기분 좋게 만들어주는 것에 혹하여 언젠가 써먹을 데가 있겠지 싶어 곁에 둔다. 하지만 그런 마음조차도 결국 그들에게 이용당한다.

또 한편으로는 어떤 사람들의 강직하고 성실한 모습을 인정하면서도 그들이 의뭉을 떠는 것은 아닌지 의심하고, 듣기 거북한 말에 불만을 품는다. 그래서 처음에는 그들을 경원시하고, 그다음에는 싫어서 멀리하고, 결국에는 분노하며 그들을 책망한다.

友直 友諒 友多聞 益矣 友便辟 友善柔 友便佞 損矣
우 직 우 량 우 다 문 익 의 우 편 벽 우 선 유 우 편 녕 손 의

톱밥도 아껴두면 쓸모가 있다

천지가 만물을 낳아 사람으로 하여금 누려서 쓰게 한 것이니, 하나의 물건
이라도 버리지 않아야 재물을 잘 쓴다고 말할 수 있다.

중국 진나라의 인물 도간은 형주자사로 있을 때 물건을 함부로 쓰
는 자를 엄히 다스렸다. 그는 부하들에게 나무를 자를 때 생기게 마
련인 톱밥까지도 빠짐없이 챙겨두도록 명했다.

도간의 검소함은 익히 알고 있었으나, 쓸모없어 보이는 톱밥까지
챙기라는 소리에 부하들은 일면 귀찮은 마음이 없지 않았다.

"톱밥은 거름으로도 쓸 수 없고 공연히 창고의 자리만 차지할 터
인데……."

부하들은 내심 투덜댔지만, 그의 명령을 따랐다.

그해 겨울은 유난히 눈이 많이 내렸다. 봄이 되어 눈이 녹자 마치
큰비가 내린 듯 길은 온통 진창이 되었다. 그러자 도간은 창고에 쌓
아둔 톱밥을 꺼내라 명했다.

"고을의 길이란 길에는 빠짐없이 톱밥을 뿌려 백성들이 편히 다닐
수 있도록 하라."

부하들은 톱밥조차도 아껴두면 언젠가는 쓸모가 있다는 사실과
함께 앞을 내다보는 도간의 혜안에 감탄을 금치 못했다.

天地生物 令人亨用 能使一物無棄 斯可曰善用財也
천 지 생 물 영 인 향 용 능 사 일 물 무 기 사 가 왈 선 용 재 야

잘못을 지적해줬다면 마땅히 기뻐하라

다른 사람이 잘못한 것이 있다고 지적해주면 기뻐했다.

다른 사람이 잘못을 지적해주었다면 낙심하거나 수치스러워하지 말고 도리어 기뻐해야 마땅하다.

왜 기뻐해야 마땅할까?

첫째, 당신의 부족한 점을 고치고 개인의 수양과 경지를 더 높일 수 있기 때문이다.

둘째, 상대방이 당신의 잘못을 직접적으로 지적해주는 자체가 당신을 긍정적으로 보고 있다는 방증이다.

유감스럽게도 우리 주변에는 이런 사람이 너무 적다. 잘못을 지적 당하고도 기뻐할 수 있어야 비로소 자신을 더 잘 이해하고, 나아가 발전시킬 수 있다.

人告之以有過 則喜
인 고 지 이 유 과 즉 희

모든 일을 유비무환의 눈으로 보라

모든 일은 미리 준비해야 한다. 미리 준비해두면 뜻밖의 변이 생기더라도
이에 대처할 수 있으니 근심이 없다.

자식교육을 엄히 하는 아버지가 있었다. 어느 겨울날, 아들이 땔감
을 구하려고 대문을 나서는데 아버지가 그를 불러세웠다.

"지금 여기서 백 리나 떨어진 남산에도 땔감이 있고, 백 걸음만 가
면 되는 야산에도 땔감이 있다고 하자. 너는 어느 곳으로 가서 땔감
을 구하겠느냐?"

"물론 백 걸음만 가면 되는 야산으로 가 나무를 베어 오겠습니다."

"거리가 가깝다 하여 쉽게 구해선 안 된다. 거리가 멀다 하여 포기
하는 일도 없어야 한다."

"좀 더 상세히 말씀해주십시오."

"가까운 야산의 땔감은 항상 가져다 쓸 수 있다. 즉, 그 나무들은
우리 집 땔감이나 마찬가지라는 말이다. 그런데 멀리 남산에 있는
나무는 천하의 땔감이다. 우리 집 땔감을 아껴둔 채 천하의 땔감을
먼저 가져다 쓴다면, 천하의 땔감이 다 없어진다 해도 우리 집 땔감
은 남아 있을 것이다. 무슨 말인지 알겠느냐?"

"예, 알겠습니다. 지금 대문을 나서서 천하의 땔감이 있는 산으로
가 나무를 해 오겠습니다."

惟事事 乃其有備 有備無患
유 사 사　내 기 유 비　유 비 무 환

十二月

12월

삶은 내가 바라는 것이고,
의리 역시 내가 바라는 바이다.
두 가지를 다 얻을 수 없다면
나는 삶을 버리고 의를 지키리라.

《맹자》

DAY 336

論語
논어

함께하는 법을 배우라

나이가 마흔이 되어서도 덕이 없어 남의 미움을 산다면 그 인생은 끝나고 말 것이다.

군자는 다른 사람의 마음을 사지 않고 자기편으로 끌어들이기 위해 전전긍긍할 필요가 없다. 그렇다고 해서 말과 행동으로 혐오감을 불러일으키고, 누군가를 욕하는 것을 자랑으로 여겨서는 안 된다.

젊을 때는 객기를 부리며 많은 사람의 미움을 사도 용서가 된다. 하지만 어떤 일에도 미혹되지 않는 마흔 살이 되어서도 여전히 사람들과 화합하는 기본적인 도리를 모른다면, 공자조차도 구제 불능이라고 느낄 것이다.

年四十而見惡焉 其終也已
연 사 십 이 견 악 언 기 종 야 이

기강 없는 조직은 승리할 수 없다

용병을 잘하는 사람들은 마치 한 명의 병사를 수족처럼 부리듯이 군대를 운용한다. 이는 병사들이 그렇게 움직이지 않을 수 없도록 만들기 때문이다.

제나라 왕 경공은 진과 연의 연합군을 물리치기 위해 전양저를 대장군으로 임명했다. 그때 전양저는 자신보다 더 재능 있는 인물을 상전으로 기용할 것을 간했고, 이에 왕은 가장 아끼는 신하 장고를 전술고문으로 임명했다. 전양저와 장고는 다음 날 진영에 들어가기로 하고 서로 분투할 것을 맹세했다.

그러나 이튿날 출정 후 모두가 진지를 구축하느라고 분주한 가운데 장고는 어디에서도 찾아볼 수 없었다. 장고는 해가 뉘엿뉘엿 기울 무렵에야 모습을 드러냈다.

"허허, 전 장군 미안하게 됐소. 가족, 친지들이 예까지 찾아와 환송 잔치를 마련해주더이다."

전양저는 전장에 합당한 이유 없이 늦게 임한 자, 장고를 꿇리고 군법대로 사형을 명했다. 장고는 기겁하며 전양저에게 매달렸지만, 결국 형장의 이슬로 사라졌다. 이 광경을 지켜본 모든 장병은 감히 전양저의 명령에 불복하려 들지 않았다. 이 같은 군대의 엄격함과 공명정대함은 오히려 군의 사기를 올리는 데 기여했고, 장차 진·연 연합군과의 싸움에서 승리하는 데 밑거름이 되었다.

故善用兵者 携手若使一人 不得已也
고 선 용 병 자 휴 수 약 사 일 인 부 득 이 야

위선자를 단호히 배척하라

광자는 진취성이 있고, 견자는 하지 않는 바가 있다.

사람들은 인정과 도리에 맞고, 안정적이며 성숙한 사람을 좋아하지만 이런 조건에 걸맞은 사람은 그리 많지 않다. 그래서 우리는 덜 성숙하고 개성이 강하고 과격한 사람과 사귈지언정 교활하고 거짓으로 가득 찬 사람과는 교류하지 않고, 결점이 있는 사람과 사귈지언정 속을 알 수 없는 위선자와 상대하기는 원하지 않는다.

뜻이 높은 광자(狂者)든 자기 뜻을 절대 꺾지 않는 견자(狷者)든 그들은 우리가 배척할 대상이 아니다. 전자는 큰소리를 치고, 후자는 무리와 맞지 않는 단점이 있다. 하지만 그들은 모두 진취적이고 처음 먹은 생각을 바꾸지 않는다. 이런 사람들은 설사 결함이 있다 해도 항상 어떤 기대와 희망을 가져다준다.

狂者進取 狷者有所不爲也
광 자 진 취 견 자 유 소 불 위 야

리더라면 소통할 줄 알아야 한다

상사가 이치에 맞지 않는 일을 군현에 강제로 배정하면 목민관은 마땅히
그 이해를 차근차근 설명하여 불합리하게 봉행하지 않기를 기해야 한다.

한나라 한연수가 영천 태수로 있을 때의 일이다. 이전의 태수는
그 고을 풍속에 붕당이 많은 것을 걱정하여 아전과 백성들을 심문하
여 서로의 잘못을 서로 들추고 드러내도록 했다. 그러나 이런 정사
로 인해 백성들 간에 원수가 되는 일이 많았다.

이에 한연수는 예의와 겸양을 가르치기 위해 고을에서 가장 신망
이 두터운 자들을 불러들여 술과 음식을 대접하고 현재 잘못된 풍속
과 백성들의 괴로움을 토로하며 이들이 다시 서로를 아끼고 믿을 수
있도록 힘써줄 것을 당부했다.

한연수의 말을 들은 사대부들은 백성들이 서로 화목하고 친애하
며 원망하던 것들을 풀어버릴 방도를 하나씩 제시하기 시작했다. 그
리고 그들도 곧 그렇게 될 것임을 확신하게 되었다.

上司以非理之事 强配郡縣 牧宜敷陳利害 期不奉行
상사 이 비 리 지사 강 배 군 현 목 의 부 진 이 해 기 불 봉 행

창업보다 수성이 더 어렵다

일을 시작하고 이룬 것을 지킨다.

당나라 태종 이세민은 후세의 군왕들이 본보기로 삼을 성대를 이루었다. 어느 날, 태종은 신하들이 모인 자리에서 질문했다.

"창업과 수성 중 어느 쪽이 어렵다고 생각하오?"

방현령은 "창업은 천하가 어지러울 때 많은 영웅과 다투어 이를 물리쳐야만 이룰 수 있는 것이므로 창업이 더 어렵습니다"라고 말했다.

반면, 위징은 "임금의 자리는 어렵게 얻는 것입니다. 그러나 안일하면 쉽게 잃게 됩니다. 그만큼 수성이 더 어렵습니다"라고 말했다.

이에 태종이 말했다.

"방공은 나를 따라 천하를 평정하는 일에 참가하여, 몇 번이나 목숨을 잃을 뻔한 경험을 했소. 그래서 창업이 어렵다고 했을 것이오. 또 위공은 나와 함께 나라의 인정을 위해 노력하고 있기에, 교만하고 사치하면 나라가 위기에 빠질까 염려하고 있소. 그래서 수성이 어렵다고 했을 것이오. 그러나 이제 창업의 어려움은 끝났으니, 앞으로 나는 그대들과 함께 수성에 힘쓸 것이오."

創業守成
창 업 수 성

청렴하고 신중하고 근면하라

《동몽훈》에서 말했다. 관리된 자의 지켜야 할 법은 오직 세 가지가 있으니,
청렴과 신중과 근면이다. 이 세 가지를 알면 몸 가질 바를 안다.

생선을 좋아하는 청렴한 정승이 있었다. 어느 날, 한 사람이 정승
에게 귀한 생선을 보냈다. 정승은 생선 꾸러미를 보자 격노했다.

"당장 이것을 돌려보내라!"

하인들은 얼른 그것을 주인에게 돌려주었다.

나중에 부하가 정승에게 그 일에 대해 물었다.

"정승께서는 그토록 생선을 좋아하시면서 그때 왜 그 생선 꾸러미
를 받지 않으셨습니까?"

"내가 생선을 좋아하기 때문에 받지 않았던 것일세."

"생선을 좋아하시면 당연히 받으셨어야지요."

"그 생선은 뇌물이었네. 뇌물인지 알면서도 그것을 받는다면 나는
부정한 관리가 되지 않겠나? 그리되면 결국 나는 정승 자리에서 물러
나야 할 것이고, 물론 녹봉도 받지 못할 것이니, 그나마 가끔 먹을 수
있던 생선마저 못 먹게 될 것 아닌가? 나는 그때 뇌물을 받지 않은 것
이 얼마나 다행스러운지 모르겠네. 앞으로도 계속 근면하면서 녹봉을
받을 것이고, 또 좋아하는 생선도 계속 먹을 수 있게 됐으니 말일세."

童蒙訓曰 當官之法 唯有三事 曰淸曰愼曰勤 知此三者 知所以持身矣
동 몽 훈 왈 당 관 지 법 유 유 삼 사 왈 청 왈 신 왈 근 지 차 삼 자 지 소 이 지 신 의

선택 앞에서 확고한 신념이 있어야 한다

나는 마흔 살이 된 후부터 마음이 흔들리거나 동요한 적이 없다.

누구나 수많은 선택과 마주하고 택해야 하는 곤혹스러움을 겪는데, 이 역시 심적으로 괴로운 일 중 하나다. 때로는 선택의 어려움과 갈등 속에서 심리적으로 동요하고, 정신적으로 무너지는 상황이 찾아오기도 한다.

마음이 흔들리면 난처한 처지에 빠지고, 마음이 굳건하면 안정적으로 편안하게 올바른 선택을 할 수 있다.

마음이 흔들리지 않는 것은 바로 외부의 영향을 받지 않고 침착하게 일관성을 유지하는 것을 의미하며, 이 태도를 취하려면 자신만의 신념이 필요하다.

이런 신념은 심리적 자신감, 수용력, 자아 통제력뿐 아니라 도덕적 자신감과 용기와도 연관되어 있다.

我四十不動心
아 사 십 부 동 심

화났을 때는 아무것도 결정하지 마라

이롭지 않으면 움직이지 않고, 얻는 것이 없으면 병사를 쓰지 않으며 위태
롭지 않으면 싸우지 않는다. 군주는 한때의 노여움 때문에 군대를 일으키
지 않고, 장수는 성난다고 해서 전투를 해서는 안 된다.

칭기즈칸이 어느 날 부하 몇과 매를 데리고 사냥에 나섰다. 시원
찮은 사냥 뒤, 그는 부하들을 물리고 지름길을 택해 홀로 돌아오기
로 했다. 길을 가다가 졸졸대는 샘을 만난 그는 은잔을 꺼내 물을 받
기 시작했다. 그때 느닷없는 강한 바람 때문에 은잔을 떨어뜨리고
말았다. 그는 짜증스럽게 주위를 둘러보았다. 바람을 일으킨 것은
자신의 매였다. 그는 은잔을 주워 다시 물을 받아 마시려는데 이번
에는 매가 쏜살같이 날아와 날개로 은잔을 쳐서 땅에 떨어뜨렸다.
그는 버럭 화를 내며 소리쳤다.

"한 번만 더 몹쓸 짓을 하면 죽여버릴 테다!"

그가 다시 은잔으로 물을 받으려는 찰나, 이번에도 매가 잽싸게
날아들어 잔을 낚아챘다. 폭발한 그는 칼을 빼 매의 목을 쳤다. 갈증
이 극에 달한 그는 좀 더 위에 있는 웅덩이로 가 물을 퍼마시기로 했
다. 물웅덩이에 가까이 간 그는 순간 깜짝 놀랐다. 그곳에는 독사가
독을 내뿜은 채 죽어 있었는데, 그 물을 마시면 위험했을 것이었다.
그는 그제야 매가 왜 그토록 방해했는지 깨닫고는 생각했다.

'화가 났을 때는 무슨 결정이든지 해서는 안 된다.'

非利不動 非得不用 非危不戰 主不可以怒而興師 將不可以慍而致戰
비 리 부 동 비 득 불 용 비 위 부 전 주 불 가 이 노 이 흥 사 장 불 가 이 온 이 치 전

역지사지를 배우라

공자께서는 (상을 당한 사람이 있어) 이날에 곡을 하시면 노래를 부르지 않으셨다.

마음속으로 이웃을 가족처럼 여기고 만물을 나와 더불어 존재하는 대상으로 바라보며, 상을 당하거나 불행한 일을 겪은 사람을 동정하는 것이 측은지심, 즉 인심(仁心)이다.

측은지심은 사람됨의 기본으로, 다른 사람의 입장이 되어 생각할 줄 아는 역지사지야말로 나와 주변 사람들의 마음을 이어주는 연결고리다.

이런 인덕과 인심을 갖출 때 비로소 사람의 마음을 움직이고 얻을 수 있다.

子於是日哭 則不歌
자 어 시 일 곡 즉 불 가

DAY
345

孫子兵法
손자병법

작은 것을 던져 큰 것을 얻는다

이익이 있으면 움직이고, 이익이 없으면 전투를 벌이지 말아야 한다. 노여움은 다시 기쁨이 될 수 있고 성냄은 다시 즐거움이 될 수 있지만, 한 번 망한 나라는 다시 존재할 수 없고 한 번 죽은 자는 다시 살아날 수 없기 때문이다.

수차례 공격에도 교나라군이 성 밖으로 나와 응전하지 않자, 신하들이 갑론을박을 벌였다.

"저들을 성 밖으로 유인할 수 있습니다. 바로 국경의 나무꾼들을 이용하는 겁니다. 그들에게서 호위 병력을 철수시키십시오."

"안 됩니다. 그들은 땔감을 공급하는 중요 자원입니다. 호위 병력이 없으면 적들이 바로 잡아갈 겁니다."

"그렇게라도 해야 저들이 성문을 열고 나올 게 아닙니까?"

결국 초왕은 호위 병력의 철수를 명했다. 그리고 부대 한 무리는 교나라 성문 인근에, 또 한 무리는 나무꾼들이 일하는 산중에 매복시켰다. 그리고 주력부대 또한 공격 태세를 갖추게 했다.

예상대로 교나라 군사들은 호위 병력이 없음을 확인하고 나무꾼들을 잡아갔다. 나무꾼 포획을 위해 더 많은 교나라 군사들이 성문을 열고 나오자, 이윽고 초나라의 매복부대와 주력부대가 일제히 기습을 감행했다. 순식간에 교나라군은 무너졌고 교나라 왕은 탄식했다.

"작은 미끼에 눈이 멀어 이렇게 나라를 잃고 마는구나!"

合於利而動 不合於利而止 怒可以復喜 慍可以復悅
합 어 리 이 동 불 합 어 리 이 지 노 가 이 복 희 온 가 이 복 열
亡國不可以復存 死者不可以復生
망 국 불 가 이 복 존 사 자 불 가 이 복 생

382

정도를 걷지 않으면 고립무원에 빠진다

자신이 정도를 걷지 않으면 아내와 자식에게 그 도가 행해질 수 없다. 사람을 쓸 때 정도를 따르지 않으면 아내와 자식에게도 그 도가 미치지 않는다.

자신이 정도를 걷지 않으면 설령 아무리 친한 사람이라도 당신의 말을 듣게 할 방도가 없다. 사람을 쓸 때도 정도를 따르지 않으면 그들에게 도가 미치지 않는다. 그만큼 정도를 지키는 일은 중요하다.

그렇지만 생활 속에서 타인의 충고를 무시한 채 정도에서 벗어난 길을 걷는 사람이 적지 않다. 이런 사람들에게 주변에 좋은 영향을 주기를 바랄 수 없을뿐더러 그들이 재앙을 가져오지 않는 것만으로도 다행으로 여겨야 한다. 결국 그들은 사람들로부터 외면을 받고 고립무원 상태에 빠질 수밖에 없다.

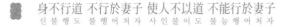

身不行道 不行於妻子 使人不以道 不能行於妻子
신 불 행 도　불 행 어 처 자　사 인 불 이 도　불 능 행 어 처 자

죽고 사는 일은 정성에 달린 것이다

기근과 유행병으로 사망자가 속출하면 거두어 매장하는 일을 진휼(구제하여 돌보는 일)과 함께 시행해야 한다.

수나라 때의 문신 신공의는 민주 지방의 목민관이 되었는데, 그곳 사람들은 염병(장티푸스)을 몹시 무서워했다. 병에 걸린 사람들을 피하는 것은 물론 심지어 가족 중에 환자가 생기면 온 가족이 피해버렸다. 그래서 병자들은 그대로 죽거나 치료도 받지 못하고 있었다. 그것을 안 신공의는 병자들을 모두 관청 안으로 들게 했다.

"병에 걸린 것도 분한데, 가족까지 외면하는 게 말이 되는가?"

그리하여 청사 안은 염병을 앓고 있는 사람들로 들끓게 되었다. 신공의는 밤낮으로 그들을 돌보며 곁을 떠나지 않았다. 더구나 자신의 월급으로 약을 사다 먹이며 정성껏 보살폈다. 그러한 정성이 하늘에 닿았는지 많은 사람이 목숨을 건졌다. 그는 살아난 사람들의 가족과 친척들을 불러다 모아놓고 말했다.

"죽고 사는 것은 하늘에 달린 일이다. 만일 그들의 병이 무조건 전염되는 것이었다면 나는 벌써 죽었을 것이다. 정성이야말로 사람이 죽고 사는 일의 가장 으뜸인 것이다."

이에 가족들은 모두 부끄러워하며 신공의에게 감사의 절을 올렸다.

其或饑饉癘疫 死亡相續 收瘞之政 與賑恤偕作
기 혹 기 근 려 역 사 망 상 속 수 예 지 정 여 진 휼 해 작

가까운 곳에서부터 시작한다

윗사람의 지지를 받으려면 방법이 있으니, 먼저 벗의 신임을 얻지 못하면
윗사람의 지지를 받을 수 없다.

우선 벗의 신임을 얻지 못하면 윗사람의 지지를 받을 수 없다. 예
컨대 친구들이 모두 당신을 험담하면 윗사람은 다수의 의견에 영향
을 받아 당신에 대해 부정적인 인상을 받게 된다.

그러나 친구의 신임을 얻는 것은 윗사람의 지지를 얻기 위한 필요
조건이지, 충분조건은 아님을 명심해야 한다. 친구가 아무리 좋은
평가를 해도 윗사람이 그 조건에 주목하지 않을 가능성도 있기 때문
이다.

그런데도 이 말을 언급한 것은 많은 일이 우리 주변에서부터 시작
된다는 사실을 일깨워주기 위해서다.

獲於上有道 不信於友 弗獲於上矣
획 어 상 유 도 불 신 어 우 불 획 어 상 의

DAY 349

孫子兵法
손자병법

비밀을 위해 잠꼬대도 관리하라

참으로 미묘하고도 미묘한 일이니, 전쟁에서는 간첩을 이용하지 않는 곳이 없다. 간첩이 발견되어 미리 알려지면 간첩은 물론 그 정보를 발설한 자도 모두 죽여야 한다.

전한의 제8대 황제 소제에게 당계공이라는 사람이 여쭈었다.

"여기에 천금이나 나가는 아주 귀한 금잔이 있다고 해보겠습니다. 그런데 그 잔의 밑바닥에 구멍이 나 있습니다. 그렇다면 그 잔에 술을 담을 수 있겠습니까?"

"말하나 마나 담을 수 없겠지."

"이번에는 여기에 하찮은 유리잔이 있다고 해보겠습니다. 그런데 이 유리잔은 바닥이 새지 않는다면 술을 담을 수 있겠습니까?"

"그야 말하나 마나 담을 수 있겠지."

"천금이나 나가는 금잔이라도 밑이 뚫려 있다면 아무 소용이 없습니다. 이처럼 중요한 말을 다른 사람에게 새게 하는 임금은 흡사 밑 빠진 금잔과 같습니다. 아무리 지혜가 뛰어난 임금이라도 그 지혜가 빛을 발하지 못하는 까닭은 다른 이에게 비밀을 누설하기 때문입니다."

이 말을 듣고 크게 깨달은 소제는 이후 큰 계획을 세울 때면 신중히 행동했다. 그는 잠자리에 들 때도 혹시 잠꼬대해서 중요한 비밀이 새어 나갈까 봐 꼭 혼자 침대에 누웠다.

微哉微哉 無所不用間也 間事未發而先聞者 間與所告者皆死
미 재 미 재 무 소 불 용 간 야 간 사 미 발 이 선 문 자 간 여 소 고 자 개 사

어리석은 이와 부화뇌동하지 않는다

장문중이 집에 점을 치는 큰 거북을 모셔두고 기둥 윗머리에는 산을 새기고, 동자 기둥에 물풀 무늬를 그렸으니 어떻게 그가 지혜로운 사람이라고 하겠는가?

　똑똑한 사람은 어리석은 사람을 쫓아 부화뇌동하지 않고, 그들과 비슷한 수준의 생각으로 핏대를 올리며 논쟁을 벌이지도 않는다.

　똑똑하고 지혜로운 사람은 어리석은 사람이 멍청하고 망령된 짓을 벌이고 있을 때 어떻게 해야 할까? 어리석은 이의 생각과 행동이 심각한 상황을 초래하기 전에 그의 아둔함과 법도와 예에 어긋나는 행동에 경종을 울릴 줄 알아야 한다. 이것이야말로 똑똑한 사람이 어리석은 이를 대하는 올바른 태도다.

 臧文仲居蔡 山節藻梲 何如其知也
　　　　　장 문 중 거 채　산 절 조 절　하 여 기 지 야

DAY 351 — 리더는 사람을 진심으로 품어야 한다

牧民心書 목민심서

군졸들 중 추위와 굶주림으로 인하여 여위고 병든 자에게는 옷과 음식을 줘서 죽지 않도록 해야 한다.

오자의 부하 중 하나가 등에 종기가 나서 몹시 고생하고 있었다. 오자는 망설임 없이 부하의 종기에 입을 대고 고름을 빨아냈다. 며칠 뒤 상처는 씻은 듯이 나았다.

이 광경을 본 다른 부하 병사가 휴가를 받아 고향으로 내려가던 중 마침 종기가 났던 병사의 어머니를 만나게 되었다. 그는 그 사실을 어머니에게 말해주었다. 그러자 그 어머니가 통곡하며 말했다.

"등에 종기가 나는 것은 우리 집안의 내력이라오. 내 남편도 일찍이 오 장군 밑에서 부하로 있었는데 그때도 남편 등에 종기가 나자 장군이 직접 입으로 빨아서 치료를 해주었지. 남편은 장군의 은덕에 감격하여 목숨을 바쳐 충성하겠다고 맹세했는데 정말 전쟁이 일어나자 용감히 싸우다가 전사했다오. 그런데 이번에는 내 아들이 또 장군에게 은덕을 입었으니, 전쟁터에 나가면 또 죽음을 두려워하지 않고 싸울 게 뻔하오."

몇 달 후, 정말 어머니의 염려대로 그 병사는 전쟁터에 나가 자기 아버지처럼 오자를 위해 용감하게 싸우다가 전사하고 말았다.

 軍卒羸病 因於凍餒者 贍其衣飯 裨無死也
군 졸 이 병 인 어 동 뇌 자 섬 기 의 반 비 무 사 야

문화의 영향은 더 오래간다

군자가 끼친 은혜와 덕택은 오대(五代)가 지나가면 끊어진다.

 누구를 막론하고 사업적 성공과 영향력이 보통 한두 세대에 국한될 리 없겠지만 그렇다고 해서 영구적이거나 무한한 것도 아니다. '부자도 삼대를 못 간다'라는 말이 나온 것도 같은 이치다. 삼대가 지나서 증손자 대가 되면 설사 그의 성공이 가문의 영광일지라도 그에 대한 기억은 희미해질 거고, 오대 현손(玄孫, 손자의 손자) 대로 가면 현조에 대한 기억이 남아 있지 않을 것이다.

 좋은 가풍만이 전통에 대한 경외심을 바탕으로 대대로 이어져 내려오고, 이런 좋은 영향력만이 시간과 혈맥을 뛰어넘는 힘을 가질 수 있다. 또한 삼대에 걸쳐서야 비로소 품격과 수양을 갖춘 귀족 가문이 하나 탄생한다는 말도 있다. 이것은 이런 문화적 영향력이 어떻게 지속되는지, 그 힘을 잘 드러내주는 말이다.

君子之澤五世而斬
군 자 지 택 오 세 이 참

항상 방비해야 한다

만약 풍년이 들어 방비가 완화되더라도, 군사 조련을 행하라는 명령이 멈추지 않는 한 대오를 채우고 장비를 갖추는 데 힘써야 한다.

춘추 시대 말, 오나라 왕 부차는 궁궐에 새 노비를 들였다. 그 노비는 한순간도 쉬지 않고 온종일 말에게 먹일 여물을 썰고 물을 길어 오고 마당을 쓸었다. 그는 바로 오나라와의 전쟁에서 패한 월나라의 왕 구천이었다.

구천은 지성으로 3년 동안 부차에게 충성심을 보여줘 마침내 고국 월나라로 돌아갈 수 있었다. 그는 귀국하자마자 복수를 위해 하나씩 준비했다. 우선 인재를 고르는 데 각별한 노력을 기울였다. 또한 군사를 훈련하는 데 엄청난 노력을 기울였다. 그렇게 그는 와신상담, 절치부심의 나날을 보냈다.

세월이 흘러, 이제 월나라는 강국으로 거듭났다. 구천은 정사를 내팽개친 채 문란한 생활을 일삼는 부차에게 서시, 정단을 앞세운 미인계를 쓰며 더욱더 방탕한 생활로 유도했다.

기원전 473년, 오나라에 지독한 가뭄이 들자 민심은 원성으로 들끓었고, 그 틈을 타 구천은 마침내 압도적인 군사력으로 오나라를 멸망시켰다. 20년 만의 복수였다.

若年豊備弛 朝令無停 以行習操 則其充伍飾裝 不得不致力
약 년 풍 비 이 조 령 무 정 이 행 습 조 즉 기 충 오 식 장 부 득 불 치 력

생명의 마지막 순간을 중시하라

살아 있는 부모를 섬기는 것은 대사라고 말할 수 없다. 부모의 임종을 지키고 장례를 치르는 것이 바로 대사에 해당한다.

장례를 치르는 일이 중대사라는 말에는 의심의 여지가 없다. 장례는 부모의 노년을 함께하며 옆에서 잘 모시는 것보다 더 큰 무게를 차지할 수도 있다.

이 말은 마지막 가는 길을 지키는 장례에 담긴 문화, 도덕, 예법의 의미를 강조하는 것이기도 하다. 또한 장례의 의미와 역할을 강조하는 것은 그걸 좀 더 긍정적으로 바라보기 위해서다.

장례의 역할 중 하나는 꿈, 환생, 물거품, 그림자, 이슬, 번개 등 여섯 개로 비유되는 육여(六如)의 허무감 등을 좀 줄이는 것이다.

이미 죽었다고 해도 장례는 무상감으로 꽉 찬 의식이 아니라, 착실하게 살아온 일생에 치르는 성대한 총결산이 되어야 한다.

養生者不足以當大事 惟送死可以當大事
양 생 자 부 족 이 당 대 사 유 송 사 가 이 당 대 사

지혜롭게 임기응변한다

DAY
355

牧民心書
목민심서

목민관은 곧 병부를 가진 관원이어서 앞일을 예측하지 못할 변이 많다. 그러므로 임기응변의 방법을 미리 강구하지 않으면 안 된다.

사람은 심리상 자신이 익숙해져 있는 것에 대해서는 경계심을 갖지 않고 평범하고 쉽게 생각하게 되는데, 이러한 사람들의 허점을 이용하여 자신의 목적을 이루는 일이 허다하다. 따라서 항상 겸손해야 하고 자신의 조그만 재주나 능력을 과신해서도 안 되며 유사시에는 임기응변의 실력도 갖추고 있어야 지혜롭다고 할 것이다.

어떤 사물을 자주 보게 되면 그것에 익숙하게 되고 아무런 의심도 하지 않게 된다. 음모라는 것은 대체로 매우 평범한 것 뒤에 숨어 있어서 이를 분별해내기란 쉽지 않다. 더구나 때로 소위 공명정대하다고 하는 것들 가운데도 검은 비밀이 숨겨져 있다. 평범한 것, 늘 눈에 익어 전혀 의심하지 않는 것에도 주의를 기울여야 한다.

守令 乃佩符之官 機事多不虞之變 應變之法 不可不預講
수 령 내 패 부 지 관 기 사 다 불 우 지 변 응 변 지 법 불 가 불 예 강

징후가 보이면 과감히 결단하라

처음 점을 칠 때 성심껏 한다면 길흉을 잘 알 수 있다. 하지만 그 결과가 못마땅하여 다시 여러 번 점을 친다면 어지러워져 길흉을 제대로 알 수 없다. 점의 신성함을 모독하는 것이기에 진실이 잘 나타나지 않는 것이다. 따라서 곧고 바르게 나아가야 이로운 것이다.

한 마을에 남녀노소 가리지 않고 주먹을 휘두르는 망나니가 살고 있었다. 이를 보다 못한 동네 사람 하나가 이웃 마을로의 이사를 결심했다. 이를 본 옆집 사람이 말렸다.

"그 망나니는 머지않아 자멸하고 말 거요. 그러니 참읍시다."

"나는 그 얼굴만 봐도 치가 떨려 아무 일도 못 하게 되었소."

"동네 사람들 중 그놈을 두려워하지 않는 이가 어디 있소?"

"내가 그를 두려워하는 것은 조금 다르오. 그가 내게 행패를 부리는 것이 나에 대한 그자의 마지막 행동일지 모른다는 것, 그게 내가 정말로 두려워하는 거요. 나는 지금 떠날 것이오."

며칠 뒤, 그를 만류했던 옆집 사람이 죽고 말았다. 눈 뒤집힌 망나니가 칼을 들고 설치다가 이웃을 찔러버린 것이다. 이 사실을 전해 들은 현자가 말했다.

"세상을 살다 보면 여러 징후와 마주치게 된다. 그 징후가 나쁜 것이든 좋은 것이든 일단은 신경을 써서 파악해야 한다. 가장 중요한 것은 어떤 징후가 보일 때 단호히 결단하고 행동하는 일이다."

初筮告 再三瀆 瀆則不告 利貞
초 서 고 재 삼 독 독 즉 불 고 이 정

진정으로 배움을 좋아하는 사람이 되라

열 집이 사는 작은 마을에도 나처럼 충성스럽고 믿음직스러운 사람이 반드시 있겠지만, 그들 중 나처럼 배움을 좋아하고 정진하는 사람은 없을 것이다.

배움을 좋아하는 것은 타고난 천성과 양심을 지식과 교양의 수준으로 끌어올리는 것과 같다.

배움에 능하지 않고, 그 배움을 자기 것으로 체화하지 못하고, 학문을 인격으로 승화할 수 없는 사람은 배움을 좋아한다고 할 수 없다.

자기 과시에만 집착하는 부류, 사고방식이 고루하고 진부한 부류, 탁상공론에 능한 부류, 얕은 지식으로 입만 열면 문자를 쓰는 부류 등은 배움을 좋아하는 자들이 아니다.

十室之邑 必有忠信如丘者焉 不如丘之好學也
십 실 지 읍 필 유 충 신 여 구 자 언 불 여 구 지 호 학 야

주고받는 것도 적정 기준이 필요하다

받을 수도 있고 받지 않을 수도 있는데, 받으면 청렴함에 흠집이 생긴다.
줄 수도 있고 안 줄 수도 있는데 주면 은혜에 상처를 입힐 수 있다.

받을 수도 있고 받지 않을 수도 있으면 받지 말아야 한다. 이럴 때
받으면 청렴함에 흠집이 생긴다. 줄 수도 있고 안 줄 수도 있으면 주
지 말아야 한다. 이럴 때 주면 베푸는 마음에 상처를 입힐 수 있다.

특히 청렴결백하게 자신을 다스릴 때는 엄격해야 하며, 받지 말아
야 할 것은 받지 말아야 한다. 받을 수도 있고 받지 않을 수도 있는
거라면 받아서는 안 된다. 이렇게 해야 관계가 투명해질 수 있다.

베푸는 것도 신중해야 한다. 주고도 도리어 욕을 먹을 수 있기 때
문이다. 상대방이 가장 필요로 하거나, 갈증을 해소해줄 수 있는 것
이 아니면 함부로 끌어들이지도 말고 인정을 베풀어서도 안 된다.

요컨대 주고받는 문제에 직면하면 반드시 자신만의 엄격한 기준
이 있어야 한다.

可以取 可以無取 取傷廉 可以與 可以無與 與傷惠
가 이 취 가 이 무 취 취 상 렴 가 이 여 가 이 무 여 여 상 혜

어려울 때는 나눈다

굶주린 가구를 뽑아 세 등급으로 나누고, 그 상등은 또 세 급으로 나누며
중등과 하등은 각각 한 급씩을 만든다.

조선 시대 때 인물 이규령이 안동 부사로 있을 때 큰 흉년이 들었다. 그러자 그는 굶어 죽어가는 사람들의 호적을 조사하고 식구를 계산하여 죽을 쑬 곡식을 나눠주었다. 그런데 더러 식구를 늘려 속이고 더 타 먹는 자가 있었다. 그래서 아전들이 이런 자들을 가려내어 곡식을 주지 말아야 한다고 간했다. 그러나 그는 아전들의 말을 듣지 않고 이렇게 말했다.

"그들을 지나치게 가려내어 궁하고 굶주린 자로 하여금 먹을 것이 없게 하기보다는 차라리 거짓말하는 것을 용서하여 관가가 백성들에게 속임을 당하는 것이 더 낫다. 그리고 주림을 당하여 사람마다 각자 자기의 부모와 처자를 사랑하여 죽음에서 구하려는 계책을 쓰는데, 어찌 차마 모두 거짓이 있다고 해서 그들을 구휼하지 않겠는가!"

이규령의 이러한 어진 마음 때문에 살아난 백성이 수백 명이 넘었다.

乃選飢口 分爲三等 其上等又 分爲三級 中等下等 各爲一級
내 선 기 구 분 위 삼 등 기 상 등 우 분 위 삼 급 중 등 하 등 각 위 일 급

선은 많이 추구하고 이익은 적게 추구하라

순임금과 척을 구분하고 싶으면 다른 것은 없고 이익과 선을 구하는 차이를 보면 된다.

순임금은 위대한 성인이고, 척은 대도(大盜)이다. 이 둘의 차이는 다른 데 있는 것이 아니라 단지 선을 위해 사느냐, 이익을 위해 사느냐에 달려 있다. 이런 이분법적 관점이 조금은 극단적으로 보일 수도 있다. 순과 척 사이에서 중립을 지키는 사람들도 있기 때문이다.

선을 추구하는 사람은 많다. 문제는 그들이 선을 추구하면서도 동시에 이익을 얻고자 한다는 점이다. 재물을 탐하는 사람은 많지만, 그렇다고 해서 그들이 모두 무시무시한 대도가 될 운명을 가진 것도 아니다.

그런데도 순임금이 되지 못하면 필연적으로 대도가 된다고 말하는 이유는 명료한 가르침을 주기에 효과적이기 때문이다.

欲知舜與蹠之分 無他 利與善之間也
욕 지 순 여 척 지 분 무 타 이 여 선 지 간 야

항상 떠날 때를 염두에 둔다

관직은 반드시 체임되게 마련이니 갈려도 놀라지 말고 잃어도 미련을 갖지 않으면 백성들이 공경하게 된다.

'관원생활은 품팔이 생활이다'라는 말이 있다. 아침에 승진했다가 저녁에 파면되어 믿을 수 없음을 말하는 것이다. 그런데 천박한 목민관은 관청을 자기 집으로 여기고 그곳에서 오래 지내려고 생각한다. 그러다가 상부에서 공문을 보내오거나 통보가 있으면 몹시 놀라고 당황하여 어찌할 줄을 모른 채 큰 보물을 잃기라도 한 듯 아쉬워한다. 그렇게 되면 처자식은 직업을 잃은 지아비와 아버지를 보며 눈물을 흘리고 아전과 종들은 비행을 저질러 물러나는 전직 상관을 비웃는다. 그렇다면 관직을 잃은 것 외에도 잃은 것이 더 많으니 이어찌 슬픈 일이 아니겠는가. 예전의 어진 수령들은 관아를 잠시 머물다 가는 여관으로 여겼다. 마치 이른 아침에 떠나는 것처럼 그동안의 장부를 정리하고 짐을 묶어두고, 가을날 매가 가지에 앉았다가 훌쩍 날아가는 것처럼 한 점의 속된 미련도 두지 않았다.

훌륭하고 청렴한 목민관이란 평소에 상부에서 공문이 오면 곧 떠날 각오로 업무에 임하고, 떠날 때는 어떠한 미련도 두지 말아야 한다. 이것이 맑은 선비의 행실이라고 할 수 있다.

官必有遞 遞而不驚 失而不戀 民斯敬之矣
관 필 유 체 체 이 불 경 실 이 불 연 민 사 경 지 의

이익과 도의의 윈윈을 이루라

위아래에 있는 사람들이 모두 각자의 이익만 좇는다면 나라가 위태로워질
것이다.

이익에만 눈을 돌린다면 쟁탈과 혼란을 유발할 것이고, 이익을 논
하지 않으면 적극성을 동원할 수 없다. 이것은 오늘날에도 여전히
존재하는 딜레마다.

사람에게는 이익을 좇고 손해를 피하고 싶은 마음이 늘 존재하지만
오로지 이익만 추구하는 사회는 삭막할 수밖에 없다. 그래서 사람들
은 이익을 따르면서도 좋은 사람에게는 좋은 보답을 하고, 선을 행하
며 이익을 얻는 공정하고 올바른 도리가 살아 있는 사회를 원해왔다.

우리는 큰 이익과 작은 이익을 구분하고, 장기적으로 이익과 도의
의 변증관계를 명확히 하여 이익 쟁탈을 평등화, 정당화, 법제화해
야 한다. 이와 더불어 이익의 쟁탈을 공평 경쟁의 정상적인 궤도로
올려놓아 그 안에서 이익의 생산, 분배, 경쟁이 합리적으로 이루어
지게 해야 한다.

이익과 도의가 더는 대립하지 않아야 비로소 상호 윈윈할 수 있다.

上下交征利而國危矣
상 하 교 정 리 이 국 위 의

DAY 363

論語
논어

아름다움은 우리 마음속에 있다

"당체꽃이 팔랑팔랑 나부끼니 어찌 그대가 그립지 않겠소? 그러나 그대 머무는 곳이 너무 머오." 공자께서 이 시를 듣고 이리 말씀하셨다. "그대는 그 꽃을 그리워하는 것이 아니네. 진정 그리워한다면 어찌 거리가 멀 까닭이 있겠는가?"

세상에 존재하는 모든 아름다운 것은 우리에게서 결코 멀리 떨어져 있지 않다. 문제는 생각에만 그치는 것이 아니라 행동으로 옮기는지에 달려 있을 뿐이다.

인과 애를 원한다면, 자신이 먼저 세상을 향해 인과 애를 실천해야 한다. 아름다움을 원한다면, 자기 내면과 외면을 더 아름다워 보이도록 해야 한다. 그래야 세상이 자신으로 말미암아 더 아름다워지기 때문이다. 우리의 삶이 좀 더 빛나기를 바란다면, 자신이 가진 빛을 어두운 곳에 나눠주는 것부터 시작해야 한다.

아름다움은 우리 마음속에 있다. 따라서 그것을 끄집어내어 주변으로 전파해야 한다. 세상의 추악한 어둠을 빛으로 밀어내는 힘은 우리 자신의 마음에서부터 시작된다.

唐棣之華 偏其反而
당 체 지 화 편 기 반 이
豈不爾思 室是遠而
기 불 이 사 실 시 원 이
子曰 未之思也 夫何遠之有
자 왈 미 지 사 야 부 하 원 지 유

400

정신적 추구의 잣대를 높여라

삶은 내가 바라는 것이고, 의리 역시 내가 바라는 바이다. 두 가지를 다 얻을 수 없다면 나는 삶을 버리고 의를 지키리라.

맹자는 '물고기와 곰 발바닥 모두 내가 좋아하는 음식이지만, 두 가지를 다 맛볼 수 없다면 물고기를 버리고 더 맛있는 곰 발바닥 요리를 취하겠다'라고 했다. 이것은 인생에서 언제라도 맞닥뜨릴 수 있는 취사와 선택 문제에 중요한 화두를 던지는 말이다. 위인과 범인, 고상함과 비천함, 현자와 소인배, 열사와 겁쟁이는 바로 중대한 선택과 취사의 갈림길에서 판가름이 난다.

우리는 존엄을 중시하고, 인간의 존엄과 생명의 가치가 의리와 도의에 있다고 강조한다. 생명이 전부가 된다면 '생존주의'는 인과 의를 저버리고, 존엄을 상실하며, 마지노선을 무너뜨린 채 오로지 구차하게 살아남는 삶만을 추구하게 될 것이다. 그러니 우리는 선택 앞에서 정신적 추구의 잣대를 높여야 한다.

生 亦我所欲也 義 亦我所欲也
생 역아소욕야 의 역아소욕야
二者不可得兼 舍生而取義者也
이 자 불 가 득 겸 사 생 이 취 의 자 야

돌아가는 행장은 가벼워야 한다

맑은 선비가 돌아가는 행장은 가뿐하고 시원스러워 낡은 수레와 여윈 말이라도 맑은 바람이 사람을 감싼다.

고려 시대 때 최석이 승평 지방을 다스릴 때 일이다. 그 고장에는 전례가 하나 있었는데, 고을의 목민관이 교체되어 돌아갈 때는 반드시 말 여덟 필을 주되 마음대로 고르게 했다. 최석이 임기를 마치고 떠날 때가 되자 그는 웃으며 말했다.

"돌아갈 수 있으면 족하지, 이 말 저 말 가릴 것이 있겠는가?"

결국 최석은 말들을 물렸다. 이에 고을 촌로가 와서 말했다.

"이는 우리 고을의 오랜 풍속이거니와 공께서는 그동안 저희 고을을 무탈하게 이끌어주셨기에 좋은 말을 타고 가실 자격이 충분합니다."

"그렇지 않소. 만약 내가 돌려보낸 말을 받지 않는다면 그건 나를 탐욕스러운 사람이라고 여겨서 받지 않는 것과 같소. 내가 기르던 암말이 이 고을의 수말과 접하여 망아지를 낳았는데 내가 그 망아지를 끌고 돌아온 적이 있소. 그것은 내가 탐욕스러웠기 때문이오."

그러면서 그 망아지까지 돌려보냈다.

훗날 최석의 일화가 고을에 대대로 전해졌고 마침내 고을의 풍속이 고쳐졌다. 승평 지방 사람들은 이를 기리기 위해 비를 세웠으니, 이를 '팔마비(八馬碑)'라고 했다.

清士歸裝 脫然瀟灑 幣車羸馬 其淸飆襲人
청 사 귀 장 탈 연 소 쇄 폐 거 리 마 기 청 표 습 인

핵심을 찍어 마무리한다

용을 그린 다음 마지막으로 눈동자를 그린다.

남북조 시대, 남조인 양나라에 장승요라는 화가가 있었다. 그는 붓 하나로 모든 사물을 실물과 똑같이 그리는 재주로 유명했다.

어느 날, 장승요는 금릉의 안락사 주지로부터 용을 그려달라는 부탁을 받고, 절의 벽에 구름을 헤치고 금방이라도 하늘로 날아오를 것 같은 두 마리의 용을 그렸다.

물결처럼 꿈틀대는 몸통, 갑옷처럼 단단해 보이는 비늘, 날카롭게 뻗은 발톱 등 모든 것이 마치 살아 움직이는 듯했다. 그 용을 본 사람들은 너무 놀라 입을 다물지 못했다.

그런데 한 가지 이상한 점이 있었다. 용의 눈에 눈동자가 없는 것이었다. 사람들이 그 이유를 묻자, 장승요는 이렇게 대답했다.

"눈동자를 그려 넣으면 용은 당장 하늘로 날아갈 것입니다."

사람들은 그의 말을 믿지 않고, 당장 눈동자를 그려 넣으라며 독촉했다. 사람들의 성화에 견디다 못한 장승요는 붓을 들어 한 마리의 용 눈에 점을 찍었다. 그러자 갑자기 벽 속에서 번개가 치고 천둥소리가 들리더니 용이 튀어나와 눈 깜짝할 사이에 하늘로 날아갔다. 그러나 눈동자를 그려 넣지 않은 용은 그대로 벽 속에 남아 있었다.

畫龍點睛
화 룡 점 정

1일 1페이지
고전 수업 365

1판 1쇄 인쇄 2024년 4월 03일
1판 1쇄 발행 2024년 4월 10일

엮은이 | 미리내공방
펴낸이 | 최윤하
펴낸곳 | 정민미디어
주 소 | (151-834) 서울시 관악구 행운동 1666-45, F
전 화 | 02-888-0991
팩 스 | 02-871-0995
이메일 | pceo@daum.net
홈페이지 | www.hyuneum.com
편 집 | 미토스
표지디자인 | 강희연
본문디자인 | 디자인 [연;우]

ⓒ 정민미디어

ISBN 979-11-91669-63-3 (03190)